왜 민주주의인가?
민주시민교육의 첫걸음

진인진

목차_

머리말

민주주의가 요즘처럼 뜨거운 주제였던 적은 없었다. 유럽이나 미국의 몇백 년 된, 긴 역사를 지닌 민주주의에서, 어떤 사람들은 더 많은 민주주의를 요구하고, 다른 사람들은 민주주의의 결점을 보충할 것을 요구한다. 최근의 민주주의에서는 사람들이 안정적이고 효율적인 '진정한' 민주주의를 정립하기 위해서 채택해야할 제도들을 걱정한다. 민주주의가 아직 정착되지 못한 곳에서는 반대파들이 다양한 형태로의 도약을 희망한다. 민주주의를 비판하고 적대하는 불협화음을 잊지 말자. 그것은 거의 두 세대의 침묵 후에 다시 들리고 있다.

　찬성이든 반대든 모두가 민주주의에 대해 말하고 있을 때, 아무도 그 말마디의 의미에 대해 합의하기 어렵다는 사실로 인해 걱정하지 않는다면, 민주주의 벗은 이런 만장일치를 그저 기뻐하기만 할 수도 있을 것이다. 자유의 체제? 물론이다. 하지만 자유란 무엇인가? 평등의 체제? 아마도 그럴 수 있다. 하지만 평등의 이름으로 얼마나 많은 범죄가 저질러졌는가. 다수가 결정하는 체제? 그런데 다수가 터무니없는 말이나 괴상망측한 말에 찬성을 한다면? 그러면 먼저, 민주주의는 하나의 정치체제인가, 혹은 사회조직의 한 형태인가, 어떤 정신상태인가, 일군(一群)의 행동들인가, 아니면 이 모든 것과 그 밖의 것들인가?

　이 모든 질문들에 대해 대답들은 얼마든지 있을 것이다. 하지만 그것들은 분산되고, 양립불가하며 모순적일 것이다. 그것들은 우선 이념적 열정에 따라 뒤죽박죽일 것이다. 각각의 이념은 '그' 좋은 정치체제를 제안하지만, 다수의 이념들이 있다. 민주주의의 분석은 객관적이어야 한다고 주장하면서 빠져나올 수 없는데, 이런 연구의 대상은 어떻더라도 상관이 없을 수 없다. 다시 말해서 '좋은 체제'처럼 민주주의의 '좋은' 개념규정은 대상의 속성 자체에 각인되어 있는데, 경험적 확실성이라는 단순한 이유로, 크메르 루즈와 스위스, 스탈린 체제의 러시아와 트루만 대통령 시절의 미국, 인민 민주주의들과 유럽 스칸디나비아 반도의 민주주의들을 동일한 차원에 놓을 수는 없다. 결국 우리는 객관성과 동시에 위계화하는 가치판단을 가능케 하는 관점을 구성해야 한다.

이런 소망은 이내 두 번째 애로에 봉착하게 되는데, 그것은 법률적, 정치학적, 사회학적, 철학적, 역사적 관점들의 다중성이다. 이런 관점들은 정당하고, 저런 관점들은 거부되어야 한다고 결정할 가능성은 전혀 없다. 모두가 그들 나름대로 존재 이유를 가지고 있다. 관점들의 병렬 상태에서 하나의 해결책을 바라는 것이 헛되고, 그럼에도 불구하고 우리는 민주주의의 일반이론을 추구하고 있기 때문에, 유일한 해결책은 모든 관점들에게 나름대로 의미를 부여하고 그것들을 조화시킬 수 있는 관점을 구성하는 것이다.

이런 이중의 도박을 감당하려면, 의심의 여지가 없는 견고한 기반을 발견하고 그 위에 구축하기 위해서, 최대한 과거로 거슬러 오르거나 요구되는 만큼 최대한 깊이 파헤침으로써 문제를 근원에서 파악하는 것이 마땅하다. 다른 한편, 사상들의 순수한 세계에 국한시키는 것은 이 책의 의도에 부응하는 것이 아닐 것이다. 우리는 일반적인 동시에 특수한 민주주의 이론을, 일반적으로 민주주의의 본성에 대한 진정한 분석을 제시하고 인류의 민주적 경험들을 풍부하게 해줄 민주주의 이론을 구성하는데 도달해야만 우리의 과업을 완수하게 될 것이다. 한마디로 그것은 우리가 가설-연역적 이론과 그것을 검증할 실험들을 결합하는 것이다. 이런 결합은 과학적 과정을 명확하게 규명한다. 사실 우리는 '민주주의학(民主主義學)'의 큰 틀을 여기에서 제시하려는 소망을 갖고 있다.

그러나 간략하게 쓰는 것이 부과된 제약이었다. 간결함은 핵심에 직행하는 것을 강요하는 이점이 있다. 그것에는 독자가 다루어지는 주제를 연이은 단계별로 이해하게 해주는 선회와 우회기법을 금지하는 불편이 있다. 나는 논의를 가능한 한 가장 단순하게 표현하고, 할 수 있는 대로 가장 명쾌하게 그것을 논증에 연결함으로써, 그 중간의 길을 모색해보았다.[*]

---

[*] 나는 얼마 전에 이 문제들에 대한 방대한 저서, 『민주주의들*Démocraties*』 (Calmann-Lévy, 1985)을 출판했다. 이 시론(試論)은 그 저서의 요약이 아니라, 내 생각에는 그 이론을 보다 정합적이고 설득력 있게 새로 구성한 것이다. 반면에 이론을 위해 모아진 고고학적, 민족지적, 역사적이고 사회학적인 자료들은 그 가치를 고스란히 간직하고 있는 것으로, 나는 보고 있다. 다른 한편, 나는 다수의 논문들에서 부속되고 연관된 문제들에 접근하고 논급한 바 있다. 내가 보기에 가장 중요하고 유용한 논문들은 하나의 편리한 논문집, 『부주제와 논평*Contrepoints et Commentaires*』(같은 출판사에서 근간, 1995)에 모두 수록되어 있다.

옮긴이 서문

왜 다시 민주주의인가?

이 책은 프랑스 파리 4(소르본) 대학의 역사사회학 교수였으며, 옮긴
이의 박사논문 지도교수이기도 했던, 쟝 베슐레르의《Précis de la
démocratie》를 번역한 것이다. 원저의 제목은《민주주의학 개론》정도
이지만, 한국 독자들에게 울림이 있는 제목을 택하다보니,《왜 민주주
의인가?-민주시민교육의 첫걸음》으로 하게 되었다.

옮긴이가 이 책을 처음 접하게 된 것은, 이 책이 발간된 지 2년이
지난 1996년 1월이었다. 박사논문을 끝내고 귀국했다가 다른 프랑스
관련 프로젝트를 하러 파리에 가서 은사를 만났을 때, 선물로 받고서
였다. 이미 730쪽에 달하는 베슐레르 교수의 역저《Démocraties》("민주
주의들")을 읽은 바 있는 옮긴이로서는 그 역저의 요약본 정도로 알고,
강의의 참고도서로 활용했을 뿐, 번역할 필요까지는 느끼지 못했다.

그도 그럴 것이, 당시 한국 사회는 1987년 6·10 민주화운동을 계
기로 정착된 민주체제를 기반으로 해서, 산업화와 민주화를 동시에 압
축적으로 달성한 '선진국'으로 자타가 공인하던 상황이었기 때문이다.

그런데 얼마 전 박근혜 정부의 국정농단과 이에 대항한 민주시민
들의 촛불시위는 우리 민주주의의 실상을 다시 한 번 생각하지 않을
수 없게 해주었다. 민주주의를 위해 그토록 많은 희생을 치른 후 평화

적 정권교체를 여러 차례 경험함으로써, 이제 한국의 민주주의는 적어도 제도적 차원에서는 정착되었다고 자부해 오지 않았던가? 그런 한국사회에서 어떻게 민주주의의 근본을 부정하는 권력의 전횡이 벌어질 수 있었을까? 그것도 한국의 엘리트들로 구성된 권부의 핵심에서 말이다. 그것을 대통령 개인의 일탈로 단죄할 수 있는 일일까? 아니면 한국사회의 민주적 토대에 심각한 균열이 발생하고 있는 것은 아닐까?

한국사회가 경험했던 산업화의 압축성장은 얼마간의 사회적 무리를 감수하는 조건으로 가능할지 모르나, 민주화의 장정은 압축이 불가능한 것이 아닐까? 민주주의는, 비유하자면 아주 까탈스럽게 크는 나무와도 같아 보인다. 즉 부단한 관심을 가지고 계속 돌봐주지 않으면 병충해에 걸려 죽을 수도 있는 나무 말이다. 한반도의 남쪽에 어렵사리 심겨진 민주주의의 나무는 아직 뿌리를 튼실히 내리지 못하고 있는지도 모른다.

우리는 그 나무를 옹골차게 키우기 위해 얼마나 지속적이고 체계적인 노력을 기울여왔었던가? 소위 '386세대'들이 거리의 최루탄 연기 속에서 몸으로 민주주의를 배웠다고 하더라도, 그 자녀들에게까지 거리의 촛불 속에서 민주주의를 배우게 해서야 되겠는가? 물론 '촛불'의 체험은 소중하고, 그나마 민주주의의 위기를 넘어서게 해주었다는 점을 인정하면서도, 이제는 때늦은 감이 없지 않지만 민주주의를 차분히 교실에서 가르쳐야 할 마지막 기회가 아닐까?

'286'세대에 속하는 옮긴이가 받았던 교육을 돌이켜볼 때, 우리 사회에서의 민주주의 교육은 그다지 충실하지 않았다. 민주주의는 그저 '좋은 것'으로 통했고, '왜 좋은지', 그렇게 좋은 것이 '왜 그토록 쉽게 부패하는지' 등에 대해서 체계적으로, 즉 책을 통해서 교육받은 기억이 없다. 이런 부실함이 다음 세대들에서는 어느 정도 개선되었는지 모른다.

민주주의가 후세에 물려줄 지고의 가치를 지닌 것이라면, 그것을 물려주기 위한 구체적 활동, 즉 미래의 민주시민을 길러내기 위한 교육은 필수불가결한 것이리라. 새로움에 민감한 국내 독자들, 특히 젊은 독자들에게, 결코 새롭지 않아 보이는 민주주의 해설서를 번역하기로 늦게나마 용기를 낸 이유가 바로 이것이다.

베슐레르는 〈머리말〉에서 밝히고 있는 것처럼, '민주주의學'의 큰 틀을 제시하려는 의도를 가지고 있으면서도, 일반 독자들에게 다가서기 위해 논의를 간결하게 정리하고 있기 때문에, 이 책이 그리 '상식적으로' 읽히지는 않는다. 다시 말해서 '상식적인' 주제를 너무 깊게(또는 새롭게) 다루고 있기에, 민주주의의 정치교양서를 제공하려 했던 옮긴이에게는 난감한 대목들이 있었다.

먼저, 베슐레르는 우리가 민주주의에 대해 가지고 있는 편견을 제거하고 있다. 우리는 흔히 민주주의를 그리스 도시국가들의 '고안물'로 알고 있다. 그러나 지은이는 역사 자료를 토대로, 민주주의는 인류가 무리를 형성하기 시작한 구석기 시대부터 세계 도처에서 발견되는 가장 자연스런 정치체제였었고, 신석기시대 이후의 사회변동(주로 전쟁)을 통해 소멸했다가, 16세기 후반 네덜란드 7개주 연합공화국의 독립전쟁에서 재창안되어 오늘에 이른다는 흥미로운 사실을 전해주고 있다. 이런 시각으로 보면, 백제의 정사암회의나 신라의 화백회의 같은 제도는 우리 나름대로의 민주주의 유산일 수 있음을 알 수도 있다.

그의 주장에 따르면, 인간의 본성에 가장 자연스런 정치체제가 민주주의일지라도, 민주주의가 가능하려면, 먼저 정치공동체가 존속해야 하고, 이 정치공동체가 제국화(帝國化)의 위험에 빠지지 말아야 하며(즉 과두체제의 국제 체계가 바람직), 사회적으로 의사결정의 자율적 중심이 복수로 존재해야 하며, 시민들의 정치적 미덕이 함양되어야 한다는 것이다. 그의 이런 민주주의에 대한 분석은 인간성에 대한 고찰로부터 가족, 사회, 국가, 국제정치체제에 이르는 여러 차원을 균형있게 종합하고 있으며, 거기에 인류 역사의 초기부터 현대에 이르는 정치적 경험을 포괄함으로써, 민주주의 이론 구성의 토대를 마련하기에 성공한 것으로 보인다.

그는 인간의 정치적 행위를 설명함에 있어서, 인간을 합리적 행위자로 보는 합리적 선택이론의 입장에 서는 것으로 보이는데, 이 이론이 비판받아온 '합리성'이 주로 경제적 차원('시장')의 것으로 통할(그 결과 '경제주의'로 비판받을) 가능성을 회피하기 위해서, 그리스어 아고라 agora에서 취한 '아고리'agorie 라는 신조어를 분석에 활용하고 있다. 아고리는 담론의 교환, 즉 공적 회합이 진행되는, 우선은 정치적 공간이라는 의미로의 광장을 의미하며, 어느 영역에서도 문맥에 따라 의미제한이 없는 중립적이고 일반적인 용어로 채택되었다. 다만 이 용어를 우리말로 번역하는 작업은 차후로 미루는 게 낫다고 판단했다.

끝으로 이 책의 번역을 격려하고 출판사를 섭외해주신 은사, 서울대학교 사회학과 명예교수이자 학술원 회원이신 임현진 교수님과, 진인진 출판사에 감사를 드린다.

2019년 봄,
전남 장흥의 우거, 솔본루에서.

I. 정치의 본성

1. 보편적 인간

어디에서 출발할까? 보편적 인간에서부터 출발하자. 우리는 정치적으로 '좋은 체제'의 정의를 내리는 것을 목적으로 하고 있기에, 그것이 좋은 체제라면 모든 이에게 좋다. 그러므로 논의를 시작하기 위해서는 모든 사람들, 즉 보편적 인간의 관점을 채택해야 한다. 그런데 즉시 다음과 같은 반론이 제기될 우려가 있다. 보편적 인간은 존재하지 않고, 구체적 인간들만 있다고. 여기서 유럽 중세말의 실재론자와 명목론자들이 대립했던 '보편성'에 대한 철학적, 논리적 논쟁에 끼어들지는 말자. 실재론자는 '동물'이나 '인간'같은 보편적 개념들을 실재하는 것으로 간주하는 반면에, 명목론자의 입장은 구체적이고 특수한 인간들만이 실재하고, 그 나머지는 다소간 편리한 말마디에 지나지 않는다는 것이다. 이 논쟁은 인위적으로 만들어진 것이 아니다. 아마도 중도적인 해결책은 건전한 양식을 따른다면 다음과 같이 정리할 수 있을 것이다. 인간들이 꿀벌들도 아니고 침팬지들도 아니라는 최소한의 의미에서 인류가 실재로 존재한다고 말이다. 그러므로 인간 이외의 모든 동물들로부터 인간을 구분하게 해주는 특성들을 정의하는 것이 가능해야 한다. 지금부터 다음과 같은 일반적인 대답을 정해두자. 즉 우리에게 보편적 인간은 우선 자유와 합리성과 목적성을 가진 존재로 정의된다. 굳이 구체적 인간들이 아니라 보편적 인간이라 하는 이유는 인간들 각자가 자유롭지 않고, 비합리적이고, 아무런 목적도 추구하지 않는 인간의 사례를 보여줄 수 있기 때문이다. 그러므로 온당한 입장은 보편적 인간이 구체적 인간들 속에 육화되어서만 존재하며, 구체적 인간들이 자신들 속에 실현하기에 이른 보편적 인간 특성만큼 인간적이라는 것이다.

이렇게 분명히 인간의 의미를 규정하는 것은 중요한데, 그 이유는 정치체제에 대한 모든 연구는 다음 두 가지 함정을 조심해야하기 때문이다. 그 하나는 정치체제가 구현되는 역사적, 사회적 조건들을 고려하지 않고 이성으로 정치체제의 개념을 구축하는 것이고, 다른 하나는 특수한 조건들만을 고려하고 특수한 사례들만 존재한다고 추론하는 것인데, 좋은 정치체제와 나쁜 정치체제 사이에서 판정할 가능성을 포기하는 위험이 따른다. 우리는 보편적 인간에 대해서 했던 것처럼 다음과 같이 보다 만족스런 입장을 취하고자 한다. 민주주의는 보편적 가치를 띤 본성을 갖고 있지만, 무한대로 다양한 역사적 사실들을 통해 굴절된 상태로만 존재하기 때문에 같으면서도 동시에 색다른 복수의 민주주의들만 볼 수 있는 것이다.

2. 자유로운 인간

자유의 개념은 가장 논쟁적이고 모호한데, 그것은 심리학, 정치학, 윤리학, 종교 같은 상이한 분야들에서 이 말을 모호하게 사용하기 때문일 것이다. 이 말의 용법들은 너무나 일정해서 자의적이거나 인위적일 수 없는데, 하나의 일반 공식으로부터 비롯된 다수의 특수한 옮겨적기들로 가정할 수 있다. 그 일반 공식에 도달하기 위해서 두 가지 접근방법이 가용하다. 그 하나의 접근법은 자유란 말의 모든 출현빈도를 기록하고, 모든 용례들을 설명하는 하나 또는 그 이상의 정의들을 거기서 끌어내 보는 것이다. 하지만 이런 방법은 오래 걸리고, 지겹고, 불확실하며, 연구 대상 언어의 선택 문제를 제기한다. 즉 연구가 고대 중국어로 돌연 옮겨갔는데, 거기에는 그 말이 존재하지도 않는다면! 보다 확실한 방법은 하나의 가설로부터 연역하고, 이어서 그 용법들이 연역된 결론들에 부합한다는 것을 검증하는 것이다.

우리의 가설들은 어떤 면에서 부정적일 것이다. 즉 자유의 본성을 그 반대 개념인 부자유로부터 출발해서 파악하는 것이다. 근원적으로 부자유의 세 가지 상태는 필연성, 타율성, 무질서라고 상정해보자. 필연성은 "만약 A라면, B이다."라는 일반 정식으로 표현되는데, 인과관계와 결정론의 정식이다. 거기서 모든 것은 예측가능하고 필연적으로 일어난다. 그 반대는 예측불가능성과 우연성의 정식으로서, "만약 A라면, B 또는 C이다." 자유롭다는 것은 행위자의 관점에서 볼 때 복수의 해결책들 중에서 선택할 수 있는 능력이고, 외부 관찰자의 관점에서 볼 때 행위자의 실제 선택을 예측할 수 없는 상태이다. 여기서 자유의 첫 번째 정의를 **선택**으로 요약하자.

"만약 A라면, B 또는 C이다."라는 정식은 다른 해석도 가능하다. 앞의 정식에서 '또는'이란 말은 여러 요인들에 의해 결정된다는 의미로 간주할 수 있다. 즉 $f(X, Y, Z)$라는 요인들은 차례대로 보다 미묘하고 먼 거리의 요인들에 종속되거나, X요인 또는 Y요인 또는 Z요인은 $f(O, P, Q)$요인과 같다는 식으로. 그래서 선택을 예측할 수 없다는 것이 행위자의 자유에서 비롯되는 것이 아니라, 그의 선택을 결정하는 요인들이 매우 많고 복잡하게 얽혀 있어서 그 요인들이 결정하는 것을 행위자와 관찰자가 포착하지 못하는 것이다. 반대로 정의하자면 자유롭다는 것은 숙고를 거쳐 원인을 안 상태에서 선택하는 것이고, 보다 정확히 말해서 계획을 수립하고 그것을 달성하기 위한 수단들을 동원할 수 있는 것이다. 그것은 결국 다른 사람의 숙고와 계획과 수단들의 외부적 간섭을 받지 않고 자기 것을 할 수 있는 것이다. 여기서 자유의 두 번째 정의를 활동의 고유 영역 안에서 행위자의 **자율**로 요약할 수 있다.

자유의 일반적 정식은 다음과 같은 마지막 반론이나 결함에 굴복할 수 있다. 곧 "만약 A라면, 무차별적으로 B 또는 C이다." 자율적 선택은 잘못 제기된 문제의 경우와/거나 부적합한 해결책의 경우에 이루어질 수 있다. 간단히 말해서 행위자는 아무 짓이나 하고, 선과 악, 참과 거짓, 유용한 것과 무용한 것, 미와 추… 사이에서 자신의 기질과 환상에 따라 아무렇게나 선택한다. 다시 말해서 그는 자율 속에서 무질서를 선택하는 것이다. 자유롭다는 것은 행위자 나름의 합리성을 바탕으로 활동을 추구할 수 있다는 것이고, 이는 인간이 자신의 활동에 고유한 합리성이나 목적성을 찾아내어 포착할 수 있다는 것을 전제한다. 인간은 자유롭게 죽이고, 훔치며, 신성을 모독하고, 2+2=5라고 말하며, 위아래를 뒤바꾸어 기계를 조립하지 못할 뿐만 아니라, 그렇게 함으로써 자유롭지도 않다. 여기서 자유의 세 번째이자 마지막 정의를 **공정(公正)**rectitude으로 요약할 수 있다.

이처럼 자유는 선택과 자율과 공정함의 세 차원을 통합하며, 이와 대립되는 부자유 역시 필연성과 타율성과 무질서 3차원으로 구성된다. 인간이 자유롭다고 주장하는 것은 인류가 그 자체로 자연적 능력을 부여받았다는 것, 보다 현대적 정식화를 하자면, 인류의 유전자는 자율적이고 올바른 선택을 할 능력을 갖도록 구성되었다는 것을 가정하는 것이다. 인류, 하지만 그 구현체인 구체적 인간들은 어떤가? 그들의 상황은 다음과 같은 관점으로 요약할 수 있을 것 같다. 자유와 부자유는 대립되는 두 개의 양극으로서 그 둘을 잇는 하나의 연속선을 상정해보자. 인간들 각자는 정해진 사회적, 역사적 맥락 속에 던져진 구체적 개인으로서 이 연속선 상의 어딘가에 위치하게 된다. 다시 말해서 그는 그가 타고난 재능, 그의 사회적 지위, 그의 재산, 그의 노력… 그리고 그가 사는 정치체제에 따라서 얼마간 자유로운 것이다.

3. 타산적인 인간

인간의 이런 측면을 지적하는 말로 유럽의 철학적 전통에서는 "이성적 raisonnable"이라는 수식어의 사용에 익숙해 있다. 하지만 이 말의 의미가 "신중한prudent"이란 말과 "절제있는modéré"이란 말과 동의어가 될 정도로(이것은 착오다) 어의 변천이 일어났기 때문에 채택하기 어렵게 되었다. 정신분석과 세기의 광기에 사로잡힌 이들이 "인간은 비합리적irrationnel이기도 하다!"라는 무의식적이고 실제적이지만 우리 주제를 벗어난 반론을 제기하지 않는다면 "합리적rationnel"이란 말이 합당할 수도 있다. "타산적인calculateur" 이란 말이 충분히 중립적이고 새로워 보이는데, 여기서 제안하는 정의가 독자의 선입관과 충돌하지 않을 만하다. 계산calcul은 특정한 목적에 맞게 인간의 재능을 동원하는 인간의 능력이다. 재능facultés은 인식, 기억, 상상, 상징화, 지능, 반성, 의지들인데, 신이나 자연이 인류로 하여금 자유로운 인류의 운명을 실현할 수 있도록 부여한 모든 도구들로 상정할 수 있다.

　　우리는 계획된 분석에 따라 계산의 정의를 넓은 의미로 또는 좁은 의미로 채택할 수 있다. 좁은 의미의 계산은, 소극적으로는 모든 비용을 고려함으로써, 적극적으로는 모든 수익을 고려함으로써 모든 기획의 대차대조표를 작성할 수 있다는 점을 가정한다. 이와 관련하여 인간이 가장 긍정적인 평가를 선택하거나 가장 덜 부정적인 평가를 선택할 수 있음도 전제한다. 넓은 의미의 계산은 인간에게 훨씬 더 야심적이다. 그것은 인간에게 제기되는 모든 문제의 모든 좋은 해결책을(그런 해결책이 존재한다는 조건 하에) 찾아내는 능력을 인간에게 부여한다. 인간의 모든 문제들은 그 해결책을 갖고 있지 못하지만, 해결 가능한 모든 문제들은 인간에 의해 해결될 수 있다.

여기서 보편적 인간과 구체적 인간들 사이의 구분이 훨씬 더 급박한 방식으로 제기되는데, 앞서와 같은 방식으로 상징화할 수 있다. 광의든 협의든 계산들 사이의 연속선을 설정하고, 한쪽에는 보편적 인간이 주장할 수 있는 완벽한 계산을, 다른 한 쪽에는 심하게 무기력한 나머지 겨우 인간 범주에 드는 (구체적) 인간의 전적으로 잘못된 계산을 상정해보자. 인간들 각자는 이 연속선상의 어딘가에 자리하게 되며, 우리들 중의 각자는 개인적, 사회적, 역사적 요인들의 매우 풍부하고 복합적인 단계들에 따라 얼마간 좋은 계산자이다. 보편적 인간이 해결 가능한 문제들을 항상 해결하고야 만다면, 구체적 인간들은 복잡다단한 문제들에 휘말려 나쁜 해결책에 도달할 위험을 항상 무릅쓰게 된다.

4. 목적을 가진 인간

자유롭고 타산적인 (구체적) 인간은 특정한 목적을 추구한다. 그의 본성과 존재조건은 (보편적) 인간에게 문제들을 제기하는데, 그 해결책이 그 (구체적) 인간에게는 생존의 문제이거나, 보다 일반적으로는 자신의 고유한 자질을 고수하는 문제이다. 우리가 현재의 검토로부터 매우 거리가 먼 부분까지 분석을 밀고가지 않더라도 앞서의 분석에서 몇몇 목적들을 가려낼 수 있다. 우리는 자유와 부자유를 정의하고 두 극단 사이에 하나의 연속선을 상정했으며, 인간들은 그 선 위에 위치해야 한다. 보편적 인간은 자유롭기 때문에 그는 자유롭게 자유의 극단을 향해서 가까워지는 것과 마찬가지로 부자유의 극단에 가까워지기도 한다. 인간은 자율적으로 선택할 능력을 가졌다는 의미에서 자유롭지만, 공정성으로 인해 그 선택은 제약을 받는다. 결국 자유는 하나의 상태일 뿐만 아니라, 무엇보다도 지향해야할 하나의 목적이다. 마찬가지로 인류의 구현체들은 그들에게 행해지는 상황적 제약을 고려해서 가능한 가장 자유로움을 목적으로 한다. 그들은 자유라는 목적이 인간에게 부과하는 공정성 안에서 가능한 한 가장 자유로울 수밖에 없다. 공정성은 선과 올바름을 선택하는 행위이다. 이와 같이 새로운 목적들이 등장하는데, 선, 진리, 유용성과 효율성이 그것이다.

우리는 덜 순수한 방식으로 목적들을 가려낼 수도 있다. 살아있는 존재인 인간은 소모되는 에너지와 생산되는 에너지의 계산을 가장 효율적으로 해야하는 에너지 체계이기도 하다. 그는 영양섭취를 통해 소모된 에너지를 보충하고 주거와 의복을 통해 소모할 에너지를 절약함으로써 행동할 수 있다. 영양을 섭취하고 주거를 마련하며 의복을 착용하는 것은 에너지 문제에 대한 해결책이지만, 그 해결책은 문제이기도 한데, 그것이 실현되기 위해서는 자원들이 요구되기 때문이다. 우리는 여기서 번영prospérité이라고 부를 수 있는 특수한 목적을 보게 된다. 번영은 의식주의 문제가 해결된 자원의 상태이다. 인간은 앞서의 것들과 다른 목적으로 자원을 동원할 수 있기 때문에 이와 관련해서는 논의가 좀 더 복잡하다고 추측할 수도 있다. 즉 번영은 필요besoins와 자원의 관계를 통해서 뿐만 아니라 욕구désirs와 자원의 관계를 통해서도 정의된다.

한 마디로 말해서, 목적들은 인간의 본성과 존재조건으로 인해 제기되는 문제들을 완벽하게 해결하는 해결책이다. 이런 이유로 목적들은 수단과 목적으로 표현된 도구적 장치와, 자유롭고 타산적인 인류가 지향할 윤리적 의무를 가지는 목표에 동시에 포함된다.

5. 문제를 제기하는 인간

인간의 자유로부터 인류의 문제를 제기하는 본성이 곧바로 비롯된다. 현대적 용어로 말하면 자유는 사전 계획programmation의 부재라고도 말할 수 있다. 모든 생물들 중에서 인류는 그 행동과 기능에서 사전 계획이 가장 덜 된 존재이다. 일반적으로 표현해서 인간의 고유한 본성은 잠재적이며, 문화로 자신을 현실화한다는 점이다.

다음의 몇 가지 사례가 이 중심적인 측면을 잘 보여줄 것 같다. 보편적 인간과 구체적 인간들은 (사고가 나지 않았다면) 말할 수 있는데, 그들 모두가 인두(咽頭)-후두(喉頭)와, 언어라는 기호화된 유성 상징들의 연쇄를 통해 소통하기 위해 요구되는 두뇌의 연동을 갖추고 있다. 보편적 인간과 구체적 인간들은 절대적으로 말을 할 줄 알고, 이는 달리 말해서 가능한 모든 언어를 말할 수 있으며, 그러므로 특수한 어느 언어도 말하지 못할 수 있다는 것이다. 즉 인간은 한국어, 프랑스어, 중국어 등의 특정한 언어를 연수해야 한다. 말해지는 개별 언어들은 문화의 산물이다. 결국 보편적 인간은 본성적으로 말을 할 줄 알지만 구체적 인간들에게 언어를 습득하게 하는 것은 문화이다. 우리는 여기서 문화와 언어들의 기원에 집착할 필요는 없지만 문제는 저절로 제기될 수 있다. 일반적 답변은 다음과 같이 분명하다. 문화로서의 언어들은 특정한 역사적 조건들 속에 자리 잡은 인간들의 생산물이다. 그 생산의 양태에 관한 세부적 지식을 알기 위해서는 언어학자와 문헌학자의 도움을 받아야 할 것이다.

역시 간단한 예를 하나 더 살펴보자. 우리는 살아있는 에너지 체계로서의 인류가 의식주를 통해 소모되는 에너지를 절약하거나 대체할 필요를 이미 언급했다. 인간의 본성은 저항할 수 없을 정도로 그런 필요를 강요하고 보편적 인간은 위험에 처하지 않고서는 이런 제약으로부터 벗어날 수 없다. 그러나 인간의 본성이 구체적 방식을 결정까지 하지는 않는다. 본성은 결코 인간에게 오두막, 동굴, 이글루, 유르트 (중앙아시아 랩란드인, 사모예드인의 오두막), 궁궐, 집합 건물 등에 거주해야 한다고 일러준 적이 없다. 본성은 인간에게 해결책들을 암시하지만, 아무 것도 강요하지는 않는다. 마찬가지로 식생활은 환경에 의해 제시될 수 있지만, 보편적 인간은 유일하게 완전한 잡식성이고, 특정한 환경 어느 곳에서나 먹을 수 있는 동물과 식물 종의 수는 실제 소비된 종의 수를 항상 훌쩍 뛰어 넘는다. 본성이 요구하는 영양섭취라는 일반성은 칼로리, 영양분의 균형, 기타 영양학이 다루는 모든 용어로 표현할 수 있지만, 구체적 요리를 결정하는 것은 문화이다.

고전이 되어버린 자연과 문화 간의 구분은 정확하게 이해해야 한다. 본성은 순전히 잠재성에 불과하기 때문에 근본적으로 큰 문제를 야기할 수 있다. 우리가 드는 다음의 비근한 사례를 보면 그 점을 잘 알 수 있다. 보편적 인간은 말하는 능력을 갖고 있고, 동료들과 소통할 필요가 있다. 구체적 인간들의 관점에서 보면 이런 필요와 능력은 해결해야 할 문제로 나타난다. 즉 실제로 말하기 위해서 어떻게 시작할까? 하는 문제이다. 인간의 본성은 혹독한 기후로부터 자신을 보호할 것을 요구하게 되는데, 이 문제를 어떤 구체적 주거형태로 해결할 것인가? 인간의 본성은 인간에게 문제를 제기하고, 구체적 인간들에 의해 창안된 그 문제의 해결책이 인간의 문화이다. 이와 같은 정식은 이제까지 거쳐 온 논의의 과정을 요약해준다. 인간의 본성이 순전한 잠재성인 것은 보편적 인간이 자유롭기 때문이다. 인간이 잠재성을 현실로 변환하기 위해 반드시 필요한 능력을 자신의 잠재적 본성에서 찾아내는 이유는 인간이 타산적인 존재이기 때문이다. 보편적 인간이 자신에게 제기된 가장 일반적인 문제들에 대한 가장 일반적인 해결책인 목적을 자신에게 부과하는 것은 인간이 자유롭고 타산적인 존재이기 때문이다. 그러나 이런 일반적인 해결책은 그것 나름대로 어떤 특정한 역사적 환경, 즉 문화 속에서 실현되어야 한다.

이런 필수불가결한 전제들은 단순한 동시에 미묘하다. 요구되는 지적 개종을 하지 않는 한 난처하게 된다. 이런 지적 개종은 다음 양자들 간의 구별을 적절하게 인식하는 것을 바탕으로 한다. 즉 보편적 인간과 구체적 인간들 간의 구별, 잠재성과 현실 간의 구별, 자연과 문화 간의 구별, 일반적인 것과 특수한 것 간의 구별, 그리고 구별의 두 항(項)들은 분리되지 않고 밀접한 과정을 통해 연결되어 있다는 확신에 토대하고 있다. 이런 이유로 어떤 역사적 관점을 채택하지 않는 것이 꼭 필요하다. 이 역사적 관점에 따르면, 첫 단계에서는 인간 본성이 문제를 제기하고, 다음 단계에서는 구체적 인간들이 그 해결책을 찾아낸다는 것이다. 인류가 존재한 이래로, 아마도 십만 년 전부터 매 순간 문제와 해결책은 인간의 생산물 속에 결합되어 있다고 믿어야 한다. 또한 이런 명제를 뒤집어서 인간의 문화와 관계된 모든 것이 어느 문제의 해결책으로 이해되고 설명될 수 있다고 확신할 수도 있다. 그런데 인간의 모든 문제는 최소한 두 개의 해결책, 즉 좋은 해결책과 나쁜 해결책을 인정한다. 인간의 자유가 다른 여타의 생물들에게는 금지된 것, 즉 착오를 감수하기 때문이다.

실제로는 두 개의 해결책보다 훨씬 많은 해결책이 존재한다. 언어들, 주거형태들, 의상들, 요리들, 또한 종교들, 신화들, 예술들을 살펴보면 이 점을 깨닫게 될 것이다. 해결책들이 여럿이고, 가변적이고, 변덕스럽기 때문에 문화는 본성적으로 생성 변화하는 것이고 역사를 가지게 되는데, 그것을 설명하는 것은 역사와 사회학의 소관이다. 그러므로 인간의 본성이 역사적이라는 것은 분명한 진실이다. 하지만 역사적 상대주의(historisme: 이것은 명목론의 현대적 변형 중의 하나이다)에 빠지지 않도록 주의하자. 역사적 상대주의에서 볼 때 인간의 본성은 그 본성을 표현하는 개별적 역사들에 불과하다. 이런 잣대로 보면 프랑스인과 중국인은 소통과 상호 이해가 불가능한 두 가지 별개의 인종이다. 게다가 인류를 대표하는 각각의 인간은 그 자신이 어떤 역사의 산물이기 때문에 그 어떤 유형으로도 돌릴 수 없는 하나의 인종인 그 자신에만 속하게 된다.

6. 사회적 인간

인간에게 제기된 문제에 대한 좋은 해결책 모두는 본성적으로 그것을 찾아내고 적용하기 위해 적어도 두 가지가 존재한다는 것을 전제한다. 생물학적 재생산을 생각해보자. 이것은 종의 영속의 문제로서 모든 생물들에서처럼 보편적 인간에게 제기된다. 이 문제를 엄밀하게 수량적으로 다루어 보자. 한 어린이가 태어나기 위해서는 한 남자와 한 여자, 두 사람이 존재해야 하는데, 인류의 성이 분리되어 있기 때문이다. 인류는 또한 조산(早産)이기도 한데, 자손들에게 요구되는 돌봄이 20년 이상이나 엄청나게 길게 지속된다는 점에서 그러하다. 한 남자와 한 여자가 한 번 만나는 것으로는 충분치 않고 한 가족을 형성하기까지 해야 한다. 통계를 내기에 가장 단순하고 유리한 해결책은 아버지와 어머니, 그리고 그들의 어린이들로 구성된 핵가족이다. 청년의 취약함에 결부된 생물학적 제약 때문에 가장 자연스런 조건 하에서 부부가 생산하는 자녀수는 둘이나 셋이다. 인간 가족의 소중한 숫자는 다섯인데, 인류의 영속을 위해서만이 아니라, 수천 년에 걸쳐 피할 수 없는 인구학적 확장까지 보장하기에 충분하다. 수만 년 만에 인류는 남극(이곳에 살려면 고도의 현대적 기술이 요구된다)을 제외한 지구의 모든 곳을 차지해버렸다. 생물학적 문제도 아직 완전히 해결되지는 않았다. 넷 내지는 다섯 명으로 구성된 핵가족의 해결책이 그 자체로 영속하려면 각 세대마다 같은 수의 소년과 소녀가 있어야 하는데, 그 어느 한 쪽의 부족은 몇 세대 뒤에는 소년이나 소녀들의 독점에 이르고 말 것이기 때문이다. 이런 남녀 간의 수적 균형을 보장하는 최소한의 인구학적 집합체는 남녀 합쳐서 500명으로 보인다. 다섯 명으로 된 한 가족, 그리고 그 가족들이 모여 500명으로 구성된 한 '사회'가 인류의 영속 문제를 해결하기 위해 요구되는 최소의 숫자이다.

여기서 인류의 영양섭취로 제기되는 문제를 고려하면서 숫자를 보완한 정밀한 논의를 추가할 수도 있다. 인류는 잡식성인데, 이를 위해 찾아낸 해결책은 식물의 채취와 동물의 사냥인 셈이다. 식물은 고정되어 있고, 동물, 특히 큰 사냥감은 이동한다. 여성은 책임지고 있는 어린이들로 인해 이동에 제약을 받게 되어 식물 채취를 맡게 된다. 남성은 큰 사냥감을 잡는데 전문화된다. 그런데 이런 사냥은 사냥꾼 혼자서는 성공할 수 없다. 대략 다섯 명의 성인 남성이 모여야 한다. 그들은 배우자와 어린이들을 합쳐 25명 가량의 생계집단을 형성하게 된다.

다섯, 스물 다섯, 오백이란 숫자는 인류의 자연사 속에서 형성된 인간 '사회'의 세 가지 자연적 숫자들이다. 이 숫자들은 구석기 시대 인류의 것으로 인류의 (인구학적, 종교적, 정치적, 경제적, 기술적, 언어적, 인지적...) 잠재성을 실현하기에 충분하다. 한 마디로 원시적 인류는 완벽한 인류이다. 그 후의 모든 발전들은 그것들의 분화, 심화, 복잡화였으나, 아무 것도 거기에 도입된 적이 없으며, 인류의 초기 단계에서 이미 그런 발전의 표현이나 실마리나 예감이 있었다. 이런 발전들이 인간은 그것들을 전개하기 위해 다수가 된다는 사실을 더욱 전제한다는 것은 자명해 보인다.

우리는 사회라는 용어를 따옴표를 쳐서 사용했는데, 이 말은 교실에서는 사용이 금지될 정도로 매우 모호한 말들 중의 하나이기 때문이다. 이런 불명예는 이 말이 매우 상이한 인간 현실을 포함한다는 점에서 비롯된다. 통상적으로 인간은 '사회적 동물'이라는 것을 정당한 근거를 가지고 인정할 때, 사회적 이란 말이 원칙상 세 가지 상이한 용법을 지니고 있다는 점을 즉시 덧붙이는 것이 보통인데, 이 세 가지 용법이 실제적으로 서로 접하거나 겹치는 부분이 있을 수도 있다.

집단을 형성하는 인간의 능력을 군집성sodalité이라고 부르기로 하자. 여기서 집단은 두 명부터 n명의 개인들로 구성되며, 그 집단에 고유한 목표를 위해 집합 행동의 단위로 행동할 수 있는 전체이다. 한 쌍의 부부, 한 가족, 한 기업, 한 클럽, 한 교회, 한 연구실 등이 이렇게 정의된 집단들이다.

조직망을 형성하는 인간의 능력을 사교성sociabilité이라고 명명하기로 하자. 이 조직망을 통하여 인간들과 집단들이 접하고 관계를 맺으며 생각들, 말들, 여자들, 주먹들, 재산들, 이미지들과 같이 사회에서 만난 인간들 사이에 공유하고 교환할 수 있는 인간의 모든 생산물을 교환하고 공유하게 된다. 학교의 한 교실, 레크레이션의 한 프로그램, 도시의 한 구역, 한 시장, 한 촌락, 한 사회계급, 한 카페 등등이 사교성의 조직망들이다.

끝으로, 아직 덜 알려진 개념인데, 개인들과 조직망들, 집단들을 안정적이고 기능적인 전체로 통합시키는 사회적 시멘트, 즉 사회형태들morphologies을 창안해내는 인간의 능력을 사회통합성socialité으로 지칭하기로 하자. 우리는 부지불식간에 갑자기 하나의 사회형태를 만났다. 다섯 명, 스물 다섯 명, 오백 명, 또는 이 무미건조한 숫자에게 자의적 이름을 부여한다면, 하나의 핵가족famille, 유목민 한 떼horde, 그리고 한 민족ethnie이라 부를 수 있는데, 이것이 무리bande의 사회형태를 정의하는 사회통합의 세 차원이다. 우리는 나중에 다른 사회형태들을 만나게 될 터인데, 부족tribu, 도시cité, 국가nation와 또한 봉건제

féodalité, 카스트castes, 제국empires, 그리고 또 다른 사회형태들도 있을
수 있다.

　　이런 추론을 통해 '개인과 사회'에 대해 되풀이되는 토론이 공허
하다는 점을 포착해야 한다. 보편적 인간은 존재하지만 구체적 인간들
속에서만 존재하고, 그들은 사회에서만 그들의 인간성을 실현할 수 있
다. 여기서 사회란 말은 구체적 인간들이 자신들의 인간적 목적을 성
취하기 위해 창안하고 생산한 집단들, 조직망들, 사회형태들을 지칭하
기 위한 말이다. 달걀과 암탉의 인위적 딜레마 속에 빠지고, 개인과 사
회 사이에 어느 것이 '먼저'인지를 찾으려는 것은 쓸데없는 일이다. 각
각의 항은 종의 출현의 첫 순간부터 동시에 처음이고 나중이다. 양자
물리학에서 파동과 입자처럼 개인과 사회는 채택하는 관점과 제기되
는 문제에 따라 처음이고 나중인 것이다.

7. 갈등을 일으키는 인간

사회적 동물로서 (보편적) 인간은 갈등이라는 피할 수 없는 제약을 자
신의 구현체인 인간들에게 부과한다. 우리는 갈등의 세 가지 주요한
원천을 지적할 수 있다. 첫 번째 원천은 모든 동물들과 같이, 그리고 어
쩌면 생물 일반과 같이 우리에게도 공통된 것이다. 필요한 경우에는,
너무 집요한 경쟁자들에 대항하여, 또는 포식자의 위협에 대항하는 공
격 행동을 통해 환경의 권유에 대응하기에 충분한 양의 에너지를 계속
방출하도록 해주는 생물학적 장치가 아마도 존재할 것이다. 환경의 여
건 상 이 에너지를 목적에 맞게 사용할 기회가 마련되지 않는다면, 그
것은 잠자거나 사라지지 않고, 어떻게 보면 맛이 가서 공격성과, 싸우
기 좋아하는 기질로 변환된다. 포유류의 사회 속에서 쉽게 볼 수 있고,

유인원에게서는 명백한 이런 장치는 **호전적 인간**을 만든다. (우리가 무리 bande의 사회형태 속에서 분류했던) 가장 원시적인 사회에 대한 민속학자들의 가장 집요하지는 않지만 가장 지속적인 묘사는 다툼의 영속성인데, 이 다툼은 거의 항상 말다툼이었고 중재를 통해서 해결되거나 저절로 해소되었다. 이에 대한 가장 단순한 설명은 우리가 제안한 바와 같고, 끊임없는 맞대결의 상황과, 자유로운 공격성을 외부의 추상적이거나 구체적인 실체에 대해 투사할 수 없었던 상황에 의해 더욱 개연성이 높아진다.

갈등의 두 번째 원천은 인간의 모든 문제에 대한 해결책이 복수로 존재한다는 사실과 인간이 자유롭다는 사실이 마주치면서 발생한다. 문제가 급박하기 때문에 선택해야 하지만 여러 가지 선택들이 가능하다. 사회 구성원들이 자신들의 선택에 집착하고 그것을 타인에게 강요하기 위해 에너지를 기꺼이 동원하려할 경우에 갈등이 야기된다. 이런 사정은 첫 번째 원천과 쉽사리 결합될 수 있는데, 호전적 기질이 스스로에게 평계를 제공하며 반론의 성향에 기울 경우이다. 반대로 선택과정에서 타당한 이유를 토대로(행위자가 좋다고 확신하는 논의를 바탕으로) 진지하게 숙고한 의견 불일치의 경우에는 가용한 공격성이 동원되고 공개적 갈등 상황으로 전개될 수 있다. 이런 두 가지의 불일치 사이에 중간 정도의 모든 평계와 확신들이 가능해진다. 이런 갈등의 원천은 **불화하는 인간**에게 고유한 것으로 다른 어떤 동물의 사회에서도 찾아볼 수 없는 것이다. 이것은 인간이 문화를 통해 스스로 자신의 인간성을 창안하도록 운명 지워진 유일하게 자유로운 생물이기 때문이다.

갈등의 세 번째이자 마지막 원천은 마찬가지로 동물 사회의 맥락 속에서 찾을 수 있다. 개인과 집단들은 본능적으로 어떤 재화들을 원하게 되는데, 그들 각자가 원하는 재화의 양이 상당히 많아서 모두를 충족하기에 충분한 재화는 없다. 이들 재화는 희소하고 그것의 분배는 그것을 원하는 사람들 가운데 갈등을 야기한다. 욕구를 가질 만하고 희소한 모든 재화들을 세 개의 일반적 항목으로 구분할 수 있다. 그 하나는 권력인데, 잠정적 정의를 내려두자면, 자신의 의지를 타인에게 부과하거나 타인의 복종을 요구할 수 있는 능력이다. 권력은 그 본성상 희소하고 불평등하게 분배되는데, 만약 각자가 자기 마음대로 무한의 양을 보유하거나 모두가 동등한 양을 보유한다면 모든 권력은 상쇄되고 권력 자체가 사라지게 된다. 위세(威勢)는 한 개인이나 집단이 타인의 찬탄(讚嘆)을 받을 수 있는 능력이라고 정의할 수 있다. 위세는 똑같은 이유로 희소하고 불평등하게 분배된다. 만약 모두가 무한히 혹은 똑같이 찬탄을 받을 만하다면 아무도 찬탄을 받을 만하지 않게 되어 위세는 사라지게 된다.

부(富)는 필요와 욕구를 충족할 수 있고, 개인과 집단들에 의해 소유될 수 있는 재화와 용역의 전체라고 정의할 수 있다. 부는 자원이 필요와 욕구와 맺는 관계에 따라 한정되기 때문에 희소하다. 그런데 욕구는 내면적으로 아무런 한계를 모르게 되는데, 인간의 자유가 욕구를 한계가 없게 만들고, 욕구는 경쟁적 연쇄 상승에 사로잡히기 때문인데, 이 연쇄 상승에 따르면 각자는 타인만큼 원하고 그 타인은 또 다른 사람들보다 더 많이 원하게 된다. 부의 동등한 분배는 아무런 내적 반론을 허용하지 않지만 그것의 불평등은 욕구의 불평등으로부터, 한 부분을 소유하기 위해 동원되는 자원의 차이로부터, 그리고 기회로부터 비롯된다.

보편적 인간은 불가항력적인 열정에 따라 추동되는데, 희소한 재화의 가능한 한 가장 큰 부분을 원한다는 점에서 사람들에 따라 그 집착이 같지 않다고 해도 그렇다. 이런 열정을 야망, 탐욕, 인색, 허영, 거만, 질투라고도 부를 수 있다. 이런 열정은 **열정적인 인간**을 만들고 개인과 집단들을 서로 서로 맞서게 한다. 이런 인간성의 원천이 앞서 살펴본 두 가지 원천과 합류하게 된다는 것은 재론할 필요가 없을 것이다.

열정적이고 불화하고 호전적인 인간은 갈등을 야기한다. 여기서 갈등의 위치를 강조할 필요가 있다. 갈등이 인간 사회로부터 사라질 수 있다고 상상할 수 있다는 의미에서, 갈등은 상황에 따른 것도 아니고, 우발적인 것도 아니다. 갈등은 인간이 자유롭고, 이해관계를 따지며, 목적을 지니고 있고, 사회적이라는 **사실**로부터 곧바로 비롯되는 인간 조건의 한 차원이다. 인간은 또한 결과적으로 불가피하게 갈등을 야기하는 존재이다. 갈등은 선도 악도 아니며, 인간성이 원하더라도 벗어날 방도가 없는 제약, 또는 조건이다.

이런 제약은 하나의 문제이기도 하다. 실제로 갈등의 고유한 구조는 쌍방적이어서 개인을 개인에, 집단을 집단에, 개인을 집단에 대립시킨다. 각각의 맞수는 이기기를 원하고, 이기기 위해서는 맞수보다 더 많은 수단을, 더 잘 동원해야 한다. 이 수단들 중에 폭력과 책략이 있는데, 그들 각자는 상대에 의해 그리고 결투의 논리에 따라 항상 더 많은 분량을 사용하도록 부추겨진다. 이렇게 해서 극단으로의 불가항력적인 상승이 개시되며, 그것은 죽음을 불사한 투쟁과 맞수 중 어느 하나의 죽음에 이르게 된다. 이 상승이 불가항력적인 것은, 둘 사이의 갈등에는 내부적인 정지 장치가 존재하지 않기 때문이다. 다른 모든 동물 사회에는 존재하는 정지 장치가 없는 이유는 인간이 자유롭고, 유전적으로 사전 계획된 존재가 아니기 때문이다. 이 문제는 심각하게 다가오는데, 말 그대로 사활이 걸린 것이기 때문이다. 인간들은 함께 살고, 서로 의견이 일치되지 않아 결사 투쟁의 사닥다리를 기어오르도록 운명지워졌기 때문이다. 문제가 그들에게 제기되었고, 그것을 무시함으로써 해결하려고 작정할 수는 없다. 그 문제는 그들의 사회생활 전 영역 이곳저곳에서 일상적으로 그들에게 엄습하고 있다. 이 문제는 노골적으로 다음과 같이 표현된다. "어떻게 서로 죽이지 않고 함께 살 것인가?" 정치란 전적으로 그리고 고유하게 인간적인 이 문제의 해결책이다.

8. 정치적 인간

우리는 우선 잘못된 실마리를 드러내야 한다. 갈등이 나타나기 전에 그것을 소멸시키는 것은 해결책이 아니라는 것이다. 무엇보다도 그것은 불가능하다. 호전적이고 공격적인 인간의 기질은 생물학적 조건이다. 여러 가지를 선택할 수 있다는 것은 무시하기로 작정할 수 없는 조건이다. 물론 하나의 선택을 강요할 수도 있을 것이다. 하지만 누가 무엇을 누구에게 강요할 것인가? 갈등들은 불가피하게 이 질문에 대한 대답에서 비롯된다. 마찬가지로 권력, 위세, 그리고 부의 희소성은 주어진 조건이고, 분배의 문제는 감춰질 수 없다. 어떤 분배가 강요될 수는 있겠지만 누가 그 분배를 누구에게 강요할 것인가? 또한 갈등들은 불가피하기도 하다. 그러나 해결이 가능하다고 할지라도, 그 해결을 포기해야 하는데, 그 이유는 해결한다는 것이, 인간이 문화 속에서 자신의 인간성을 실현해야 할 사명과 자유를 인간에게서 박탈함으로써 인간을 변질시키는 것이 되기 때문이다.

그러므로 유일하게 가능하고 정당한 좋은 해결책은 갈등들이 결사투쟁으로 악화되지 않은 채 그것들 나름의 결말에 이르기까지 전개되도록 내버려두는 것이다. 이런 결과는 갈등의 당사자들이 그들 간의 폭력 사용을 포기하지 않는 한, 달성될 수 없다. 그것은 갈등 부재의 상태를 추구하는 것이 아니라 비폭력의 상태, 더 나아가 폭력의 포기를 추구하는 것이다. 이런 상태와 포기를 평화와 평화 정신이라고 부르는데 이의가 없을 것이다. 해결책은 아주 일반적인 수준에서 밑그림이 그려졌을 뿐이고, 그것을 명료하게 연구해야 한다. 어떤 조건 하에서, 개인이든 집단이든 사회적 행위자가 그들의 목적을 달성하기 위해서 폭력에 의존하기를 포기하는가?

사회적 행위자가 폭력에 의존함으로써 그들의 능력을 넘어서는 더 큰 폭력에 부딪힐 위험이 있을 경우에 폭력을 포기하리라고 주장할 수도 있다. 하지만 해결책이 일방적일 경우에 폭력을 포기하지 않기 때문에 이 조건은 충분치 않다. 그것은 한 쪽의 도움일 수밖에 없다. 행위자가 폭력을 포기할 개연성이 있는 필요충분조건은 둘이다. 즉 행위자들은 그들 사이에 이루어진 선택이 가능한 최선이거나, 그 선택이 나쁜 것으로 판단될 경우, 그것을 변화시키거나 개선할 수 있는 현실적 희망이 있거나 이다. 달리 말해서 행위자들은 그들 간의 선택이 오늘 또는 얼마간 공정하다면 폭력을 포기할 것이다. 또한 그들은 희소한 재화의 몫이 공정하다고 판단되거나 부당한 분배를 수정할 수 있다고 생각된다면 폭력을 포기할 것이다. 한 마디로 말해서 평화는 공정과 정의를 통해 자리 잡을 수 있다.

그러나 사회적 행위자들은 아직 그들의 문제를 완전히 해결하지 못했다. 인간의 자유는 아리스토텔레스의 말처럼 반대할 수 있는 능력을 의미한다. 공정한 선택과 분배는 개인과 집단들에 의해 거부될 수 있다. 그들은 정의와 평화보다는 열정에 귀를 기울임으로써 순전히 악의를 가지고 거부할 수 있다. 또한 그들은 어리석음으로, 무지로, 맹목적으로, 심지어 아무런 동기도 없이, 자유를 남용함으로써 거부할 수도 있다. 어떤 이유에서 거부하건 그것은 별로 중요치 않은데, 폭력이 제어되지 않는다는 점에서는 결과가 같기 때문이다. 해결책은 오직 하나뿐인데, 공정과 정의를 통한 평화가, 정당한 평화를 존중하는 사람들에 의해 관리되고 그런 평화를 존중하지 않는 사람들에게는 대항하는 폭력에 의존하는 것이다.

이런 결론은 정치공동체politie라는 특수한 인간 집단의 정의로 연결된다. 이 말은 신조어로서, 그 특수성과 독점성을 나타내기 위해 사용하고자 한다. 이미 통용되고 있는 '나라pays', '국가État', '국민nation', '정치사회société politique'란 말들은 만족감을 주기에는 너무 모호하고 너무 많은 역사로 덮여 있다. 정치공동체는 다음의 세 가지 특성을 통해 매우 명쾌하게 정의될 수 있다.

- 첫째 이 집단을 구성한 개인과 집단들은 그들을 대립시키는 갈등을 관리함에 있어서 폭력에 의존하기를 포기하고 정의와 공정을 통한 평화를 추구하기로 합의한다.
- 둘째 이 집단 가운데 평화를 해치는 위반자들은 비위반자들의 폭력을 피할 수 없다.
- 셋째 이 집단을 넘어서 다른 정치공동체와의 대립을 야기할 수 있는 갈등은 폭력을 피할 수 없고 항상 전쟁으로 비화될 수 있다.

보다 요약된 하나의 정식으로 정리하면 정치공동체란 내부적으로는 평화의 경향을 띠고 외부적으로는 전쟁의 잠재성을 띤 집단이다. 여기서 또 하나의 신조어를 사용할 수밖에 없는데, 최소한 두 개의 정치공동체들로 형성된 체계를 복합정치공동체transpolitie라고 부르기로 하자. 정의한 바와 같이, 복합정치공동체는 전쟁의 위협이 상존하는 사회공간이고, 정치공동체는 평화가 가능한 사회공간이다.

이런 추론과정을 통해 우리는 '정치politique'라는 용어의 여러 의미들을 재발견하고 정당화할 수 있다. 정치는 인간의 본성과 조건에 의해 제기된 문제, 그리고 그 문제의 해결책들에 의해 정의되는 영역들 중의 하나인 경제, 종교, 인구통계 등등의 옆에 있는 특수한 활동 공간 또는 영역이다. 보다 더 일반적인 용어로 이 해결책들은 '목적'으로 불린다. 우리의 분석에 따르면 인간의 활동 영역으로서의 정치는 인간의 갈등가능성의 문제에 근거를 두고 있고, 평화와 정의를 목적으로 갖고 있다.

정치의 두 번째 의미는 보다 포괄적인데, 정치는 인간의 모든 활동의 틀이고, 어떤 의미로는 다른 활동 영역들의 전개를 가능케 하는 영역이다. 정치공동체가 정치에 이런 품격을 부여하는 이유는 평화가 이루어지는 이 사회공간이 없이는 아무런 목적도 달성될 수 없기 때문이다. 현대 정치철학의 용어로는 정치 상태(사회 상태라는 용어가 더 전통적이긴 하지만 너무 모호하기 때문에 이 말이 나아 보인다)는 자연 상태와 대립된다. 자연 상태에서는 만인에 대한 만인의 폭력과 책략이 지배하고, 인간의 잠재성이 문화로 실현될 제일 조건이 존재한다. 인간의 조건은 우선적으로 정치적이고, 기원에서부터 그러한데, 이는 물론 자연 상태가 연대기적 가치가 아니라 존재론적 가치를 갖고 있기 때문이다. 즉 자연 상태는 정치 상태의 부패와 변질과 마찬가지로 정치 상태를 영구히 위태롭게 하고 있다.

정치의 세 번째 의미는 정치의 목적들을 달성하기 위해 개발된 전략들의 전체이다. 이런 정의는 초기단계이고 시간이 지나면서 명료해지고 발전될 것이다.

'정치'의 마지막 의미는 영어의 policy로서, 한 정당, 한 클럽, 한 기업 등의 '정책la politique'이다. 이런 용법을 포기하고 '전략'이란 용어로 그것을 대체하기에는 이미 사정이 상당히 복잡해져 있다.

이처럼 정치는 한 정치공동체 안에서는 정의를 통한 평화를 보장하고, 정치공동체들 사이에서는 전쟁을 관리하는 책무를 부여받은 영역이다. 우리는 결국 이어지는 분석에서 대외 정책과 복합정치공동체 체계들의 고유한 합리성에 관한 논의를 취급하지 않을 예정인데, 그것은 다른 성격의 문제를 제기하기 때문이다. 우리는 대내 정책이 대외

정책에 관한 논의를 요구하는 경우에만 그것을 다룰 것이다. 정치공동체에 국한된 정치는 전적으로 평화, 정의, 그리고 공정이란 목적들에 집중될 것이다. 우리는 이런 개념들이 명석 판명한 것처럼 진술해왔다. 하지만 실제로는 매우 모호하기 때문에, 적어도 정의에 관해서는 자세히 살펴보아야 할 것이다.

II. 정치의 목적

'목적'이란 단어는 다음의 세 가지 주요한 의미를 갖는 것으로 봐야 한다. 목적은 정치에서 펼쳐진 활동들이 지향하는 바이고, 요컨대 일단 도달하면 거기서 결국 종결되는 그 활동들의 목표들이다. 목적은 또한 그 활동들에게 의미를 부여하기도 하는데, 목적이 그 활동들을 궁극적으로 정당화해 주는 것이다. 끝으로 목적은 정당한 활동과 그렇지 않은 활동 사이에 객관적 선별을 가능케 하는 기준을 제시한다. 이런 맥락에서 목적에 적합하고 긍정적 방식으로 그 목적에 기여하는 모든 정치 활동과 그 정치 활동의 생산은 정당하다. 반대로 이런 목적을 도모하지 않거나 그것을 위태롭게 하는 활동과 그것의 생산은 부당하다.

이런 토대 위에서 우리는 정치의 본성에 대한 추론에서 새로운 단계로 나아갈 수 있다. 우리는 동시에 정의와 평화를 분명하게 정의해야 하고, 이와 관련하여 그것들의 반대인 폭력과 부정을 정의해야 한다. 그리고 무엇보다도 정의와 평화를 달성할 방법, 피해야 할 나쁜 해결책을 찾아내려고 시도해야 한다. 그리고 가능하다면 좋거나 나쁜 해결책으로 이끄는 결정적인 요인이나 요인들을 파악해야 한다.

1. 평화

모든 것이 평화를 정의하기에 달려 있다. 평화는 '갈등의 부재'가 아니고 '폭력의 부재'인데, 일반적으로나, 보다 직접적으로 우리의 관심을 끄는 갈등 자체 속에서나 그러하다. 정치공동체라고 하는 특수한 집단의 존재는 두 가지 시각을 열어준다. 외부적으로 정치공동체들 사이에는 평화와 전쟁이 대립 개념이다. 내부적으로 평화는 갈등을 해결하기 위한 폭력의 사용과 대립된다. 본성적으로 갈등은 항상 폭력으로 비화할 수 있기에, 그리고 더욱이 갈등이 저절로 이런 경향을 따르기 때문에 다음과 같은 질문이 제기될 수 있다. 어떤 일반적 조건하에서 갈등은 폭력에 의존함이 없이 해결될 수 있는가? 우리는 이미 갈등이 세 가지 근원을 가지고 있음을 살펴보았는데, 이제 우리는 어떻게 갈등이 평화적으로 전개되도록 유도할 수 있는지를 탐색해야 한다.

인간의 기질에서 비롯된 다툼들 속에서 폭력의 부재는 여러 가지 형태를 취할 수 있다. 정치공동체의 구성원들에게 가장 철저하고 고상한 형태는 구성원들의 공격적 움직임을 억제하기에 성공하는 것이고, 어떤 방식으로건 그들의 동물성을 길들이기에 도달하는 것이다. 여기서 평화는 평화의 정신이 되고, 그것을 화합concorde 또는 **우정**amitié이라는 아름다운 단어로 부를 수 있을 것이다. 우정과 화합이란 말은 (훨씬 뒤에서의 자세한 논의를 앞당기는 위험을 무릅쓰고, 앞으로 우리가 시민이라고 부를) 한 정치공동체의 구성원들 사이에서 사용될 수 있는데, 그들이 결코 폭력에 의존함이 없이 다툼과 갈등을 비울 항구적 능력을 갖추게 되었을 때 사용될 수 있다. '선행으로 향하는 획득된 항구적 성향'을 전통적 철학에서 미덕이라 부른다. 실제로 평화의 정신은 기본적인 시민의 미덕인데, 그것이 없이는 정글의 법칙만이 남게 된다.

우정이 완화된 형태, 보다 직접적으로, 우정의 사회적 형태는 시민들이 서로 준수할 수 있는 **예의**politesse이다. 예의의 근본적 원리는 사회적 행위자 각자가 타인과의 관계에서 해당 행위자들의 교제권에서 인정된 어떤 규약을 존중하리라는 확신을 갖는 것이다. 이 규약은 두 개의 기본적 규범으로 요약될 수 있다. 가장 중요한 것은 행위자 각자가 그의 상대도 똑같이 그런 자제를 지키는 한 폭력을 포기하기로 정하는 것이다. 보다 정확히 말하면 행위자 각자가 이런 규제를 자기에게 부과하고, 공존하는 타인들이 이런 신뢰를 받을 만하리라고 믿는 내기를 하는 것이다. 두 번째 규범은 더욱 미묘하고 함축적인데, 평등의 개념에 바탕을 둔다. 예의는 그 혜택을 보는 사람들 모두 사이에 평등의 권역을 마련하는데, 예의의 혜택은 상호성의 규칙을 준수함으로부터 비롯되기 때문이다. 가장 일반적인 정식화를 시도해본다면, 예의는 교환에 토대하고, 우리가 나중에 보다 자세히 살펴보겠지만, 모든 교환은 평등을 정의의 척도로 가지고 있다. 예의와 에티켓의 규범은 우월한 사람들과 열등한 사람들 사이에서조차 이상적인 관계를 규정하는데, 그 관계에서는 불평등한 계층들이 일시적 평등에 가까워진다.

예의와 우정이 얼마나 가까우면서도 동시에 거리가 먼 것인지 우리는 알고 있다. 우정은 친구들 사이에 명확한 규약을 세울 필요가 없는데, 그들의 감성과 지성이 그럴 필요를 느끼는 대로 즉흥적으로 만들면 되기 때문이다. 요컨대 예의는 사회적 거리로 인해 우정으로 들어서기 어려운 시민들 사이에서 우정을 가장 성공적으로 모방한 것이다. 예의는 우정의 사회적 대체물이다.

세 번째이자 마지막 해결책은 다툼의 **의례화**ritualisation이다. 그것은 다툼의 에너지가 폭력적 전투로 악화될 위험을 줄여주는 방식을 통해 사회적으로 용인되고 규제된 형태로 그 에너지를 유도하는 것이다. 스포츠가 이런 의례화의 가장 분명한 형태라는 것은 이론의 여지가 없는데, 최소한 '그들'과 '우리'사이의 맞수관계와 경쟁심에 토대를 둔 스포츠는 그러하다. 의례화는 일반적으로 '그들'과 '우리'를 정의하는 것이고, 그들의 맞수관계의 표현을 규약화하고 그 규약의 준수를 통제하는 것이 예측가능토록 만드는 것이다. 다툼을 의례화한 사적인 형태도 존재하는데, 가족, 이웃, 거리, 구역, 시장 등에서의 대결face-à-face이 그것이다. 그 의례화는 보통 용인된 말투로, 허용된 모욕 주기로, 그리고 한계를 넘는 다른 행위들로 표현된다. 당연히 대결과 불안정한 상황에서는 사회적 통제가 시행되기 어렵게 된다. 말에서 시작해서 주먹이 오가는 상황으로의 악화는 오래 걸리지 않는다는 것을 모두 잘 알고 있다.

우정, 예의 그리고 의례화는 정치 행위자가 정치의 목적을 달성하기를 원한다면 그에게 요구되는 항구적 성향이다. 우리는 이 결론으로 인해 제기되는 다음 세 개의 파생된 질문들을 곰곰 생각해보고 연구하는 작업은 하지 않으려 한다. 첫 번째 질문은 한 문화권과 사회 권역에서 이런 성향의 구체적 정의는 무엇이고 왜 그런가? 두 번째 질문은 이런 성향을 어떤 교육방법을 통해 행위자의 마음속에 심어줄 수 있는가? 마지막 질문은 이런 심성의 계발에서 정치의 소임과 위상은 무엇인가?

위의 세 가지 조건이 충족된다면 분배 문제를 비폭력적으로 처리할 수 있다. 가장 만족스러운 경우는 분배가 객관적으로 정당하게 이루어진 경우이다. 우리는 "객관적으로 정당한 것"이 무엇인지 아직 알지 못하지만, 거의 동어 반복적으로, 분배에 참여한 당사자들이 정당하다고 인정한 정당한 분배는 폭력 행위를 야기할 이유가 없다는 것을 직관적으로 인정할 수 있다. 어떤 분배의 경우는 객관적으로 부당하여서 어느 한 쪽의 당사자나 복수의 당사자들에게 다소간 큰 피해를 줄 수도 있다. 이 경우에 폭력을 행사하는 것이 필요하지도 않고 이득이 되지 않더라도, 부정당(不正當)한 상태가 뚜렷한 절차에 의해 수정될 수 없다면, 폭력에 좋은 빌미를 주게 된다. 그러나 정당한 분배가 거부되고 부정당한 분배가 폭력 행사를 통해 재현되는 일은 항상 가능하다. 분배와 관련된 갈등이 비폭력적으로 처리될 제3의 조건이 여기에서 나온다. 즉 폭력적 행동으로 치닫을 모든 생각들이 보다 큰 폭력의 위협으로 인해 억제되어야 하고, 이런 위협이 실재하고 신빙성이 있다고 행위자들이 간주해야 한다는 것이다. 하지만 폭력적인 사람들에 대해 행사된 폭력이 그것대로 부정당하다면, 비폭력은 더 이상 버팀목이 없어지고 평화는 어찌할 도리 없이 위협받게 될 것이다.

한 마디로 말해서, 평화는 분배의 정의 위에 토대를 두지만, 다음과 같은 경우 폭력의 위험이 있거나 폭력이 발생한다. 즉 (분배의) 부정당이 드러나고 그 수정이 불가능한 경우, 정당한 분배조차도 거부됨으로써 행위자들이 부정당한 경우, 부정당한 사람들이 처벌받지 않는 경우, 그 처벌이 그것대로 부정당한 경우이다.

의견이 일치하지 않는 선택에서 비롯되는 갈등들이 남아 있다. 행위자들의 선택들 속에서 그들을 대립시키는 의견의 불일치로 인해 다음의 두 가지 유리한 상황의 덕을 보게 된다면, 그들은 폭력을 행사하지 않을 것이라고 우선 가정해볼 수 있다. 첫 번째 상황은 선택들이 행위자 각각의 처분에 맡겨지고 또 각자가 타인의 선택을 수락하기 때문에 불일치가 각자에게 받아들여지는 경우이다. 각자가 자신의 환상에 빠질 수 있고 타인의 환상을 인정할 수 있다면, 취향과 색깔에 관해 서로 싸울 아무런 이유가 없다. 두 번째 상황은 발생한 불일치가 토론을 거쳐서 해결될 수 있는 경우이다. 이 경우 분명한 두 선택지가 있다. 하나는, 선택이 등가적이지 않고 객관적 기준에 따라 평가될 수 있는 경우로서, 한 차례 또는 여러 차례의 토론을 통해 모든 사람을 그 선택의 공평함에 찬동하게 할 수 있다. 예컨대 하나의 문제를 해결하기 위해 주장된 다수의 해결책들 중에서 발언자들 간의 논쟁을 통해 공평한 해결책을 도출하고 모든 사람을 그 공평함에 찬동하게 할 수 있다. 다른 하나는, 그 선택을 수락하기를 거부하면 평화 부재의 살기 힘든 상황에 처하게 될, 그런 성격의 선택에 불일치가 관련되는 경우이다. 예컨대 외국에 대항하는 정치공동체의 방어 전략에 대해 주장할만한 타당한 이유로 서로 의견이 대립할 수 있지만, 그 전략을 지지하지 않으면 더 나쁜 상황에 처하게 될 것이기 때문에 그것을 수락할 수 있다.

요약하면, 여기서 평화는 선택이 자의적이든, 모든 사람의 관심을 끄는 것이든, 선택의 정의로움이나 선택의 공평함에 바탕을 둔다. 다시 말해서 선택이 올발라야 하는 것이다. 결과적으로, 자유로워야 할 선택이 강요되거나, 행위자가 그 선택의 공평함에 찬동하지 않거나, 혹은 선택이 나쁘고 그것을 수정할 수 없는 경우에는 평화가 위협당하고 폭력이 발생할 우려가 있다.

행위자는 자유로울수록, 다툼을 비폭력적으로 표현하기를 거부하고, 분배와 선택의 정의와 공평성을 거부하며 폭력을 행사할 능력을 항상 보유하고 있다는 사실을 우리는 잊지 말아야 한다. 이런 이유로 평화를 달성하고 보존하기 위해서는 더 큰 폭력의 위협으로, 그리고 그런 위협의 효율성을 통해 폭력을 억제할 방지책이 필요하다. 이에 덧붙여서 폭력의 방지책과 처벌 역시 공평해야 하는데, 그렇지 못할 경우 새로운 폭력 행사의 빌미가 될 수 있다.

우리는 이제 어디에 도달하였나? 평화와 정의같은 정치의 목적이 아니라 정의를 **통한** 평화를 규정하기에 도달했다. 두 개념은 같은 차원에 있는 것이 아니다. 평화는 정치의 궁극적 목적이고, 이런 의미에서 정치 영역에서 평화가 불가피한 수단이 되는 다른 목적을 설정할 수는 없다. 반면에 정의는 평화와 관련하여 매개적 위상을 차지하고 있고, 정의는 평화의 수단이거나 중개적 목적이다. 그래서 정의는 정치의 핵심적이고 전략적인 개념이다.

정의는 또한 예외적으로 복잡한 개념이기도 하다. 우리는 분쟁 가능성conflictualité의 세 가지 궁극적 원천을 한 번 더 이용함으로써 아마도 이런 복잡성을 완화할 수 있을 것이다. 다투기 좋아하는 기질은 문제를 제기하는데, 그 해결책은 풍습의 영역에 속하고, 그로 인해 정의에서 벗어난다. 자유가 선택의 복수성에 대해 궁극적 책임이 있듯이 희소성은 분배에 대해 책임이 있다. 이 두 가지 분명한 책임들은 정당함juste의 종류들을 추론하게 해준다. 공평함으로서의 정당함이 좋은 선택 덕분에 의견 대립이 있는 선택에서 비롯된 갈등을 평화적으로 해결하게 하는 한, 그 정당함을 법률loi이라고 대략 부를 수 있을 것이다. 법률의 종류는 분명한 다음 두 가지 종류로 세분하는 것이 유용하다. 헌법적 정의는 정치적 게임의 규칙을 규정하고, 법률적 정의는 보다 더 상황적인 선택을 규정한다. 정의로서의 정당함이 (suum unicuique tribuere라는 로마법의 고전적 정식을 따라) "각자에게 자기 몫을 주기"를 지원하는 한, 권리droit라 부를 것이다. 권리는 아리스토텔레스에 따르면 다음 네 가지로 나누어진다.

- 분배 정의는 희소한 재화의 공평한 분배를 관할한다.
- 계약적 정의는 공평한 교환을 다룬다.
- 징벌적 정의는 전술한 정의들이 겪게 될 위반에 대해 공정한 처벌을 가한다.
- 교정적 정의는 전술한 정의들에서 발생한 소송 문제를 정당하게 해결하기 위해서 천명될 필요가 있다.

앞에서 열거하기만 한 정의의 종류들을 자세히 살펴보도록 하자.

2. 법률 la loi

제기된 문제는 폭력 행사를 피하고 공평한 선택을 시행하기 위해서,

가능한 범위에서 선택의 수단을 찾아내는 것이다. 문제가 해결 불가능해 보이거나 해결책이 매우 복잡해 보일 수 있다. 단순한 해결책이 그 자체로 주의를 끌만큼 드러나게 하려면 사실 가능한 선택들을 몇 개의 분명한 범주들로 배열하기만 해도 된다. 선택들은 정의와 공평함을 통한 평화라는 정치의 목적이라는 관점에서 볼 때, 자의적이고, 결정할 수 없고, 임의 선택적이거나 필수불가결할 수도 있다.

선택들은 다음 경우에 **자의적**이다. 선택을 견고하게 하기 위해서 최소한의 정당화를 할 수 없을 때, 다시 말해서 선택과 관련된 활동영역의 관점에서 그것의 공평함을 증명할 수 없을 때 그러하다. 이런 사례들은 의식주, 장식, 그리고 인간의 모든 생산물에 표시된 극도로 특이한 세부사항들 모두에서 풍부하다. 쌀을 먹어야 하나, 밀을 먹어야 하나? 밀을 삶아서, 크레이프로, 혹은 빵으로 먹을까? 빵은 둥글게 만드나, 길게 만드나? 목재 가옥, 또는 석재 가옥에 사는 게 좋을까? 단층집 또는 다층집에 사는 게 좋을까? 성소(聖所) 주위에서 진행하는 것이 적절할까? 아니면 성소 대문에 머무를까? 아니면 성소 내부에 있을까? 누군가 순환 행렬을 주관한다면 성소를 두고 오른쪽으로 도는 게 온당할까? 왼쪽으로 도는 게 온당할까? 이런 종류의 사례들은 무한히 열거할 수 있을 것이다.

이런 경우들에서는 관련된 자의성의 지위를 분명히 하는 것으로 족할 것이다. 일정한 양의 칼로리와 일정한 품질의 영양분을 보장한다면, 이것을 먹든 저것을 먹든, 인간의 일반적 식생활의 관점에서 볼 때 상관이 없다. 반면에 중국에서 쌀을 먹고 유럽에서 빵을 먹는 것은 같은 정도로 자의적이지는 않다. 마찬가지로 성소를 그 오른쪽으로 도는 것은 바라문교의 법도지만, 종교 자체로는 그 의미가 별로 중요하지는 않다. 일반적으로 이런 모든 선택들은 인류의 관점에서 보면 자의적이라고 말할 수 있지만, 그것들의 자의적 측면은 선택의 문화적 요소들을 깊이 고려하면 할수록 얼마간 줄어들게 된다.

이런 선택들에 대해서 공평하고 비폭력적인 해결책은 무엇일까? 대답은 분명하다. 개인, 집단 혹은 문화 각각에게 그 나름대로 자유롭게 선택하도록 내버려 두고, 어느 누구에게도 자신의 선택을 타인에게 강요하지 못하도록 금지해야 하며, 그것으로 족하다. 선택이 자의적이기 때문에 폭력이나 책략을 써야만 선택을 강요할 수 있기 때문이다. 자의성의 다양한 정도를 고려하기 위해서는 대답을 조금 복잡하게 할 수도 있다. 넥타이의 착용을 일반적으로 강요하는 것은 부당하지만, 한 클럽은 어느 누구에게도 클럽의 가입을 강제하지 않는다는 조건으로 그 클럽의 회원들에게 넥타이 착용을 의무화할 수 있다.

어떤 선택들은 결정할 수 없는 것이다. 그것들 나름대로 공평한 해결책이 존재하지만 아무도 확신을 가지고 그것을 알지 못하고, 모른다고 할 수도 없어서 그것이 확실하고, 그럴듯하고, 개연성이 있고, 가능하다는 의미에서 그러하다. 절대나 무한이 존재한다는 것은 개연성이 있다. 인간처럼 유한한 존재가 어떻게 그런 감정을 가질 수 있는지를 이해하기 어렵기 때문이다. 하지만 그런 명제는 확실하기는커녕 다른 입장을 채택하는 것이 분명히 가능하다. 이런 절대가 인격적이거나 비인격적으로, 초월적이거나 내재적으로, 불변이거나 변화하는... 것으로 간주되어야 하는지를 알아내는 수준은 훨씬 더 의심스럽다. 어느 종교를 실천하거나 그것을 사양하는 것 사이에서 선택하거나, 기독교, 불교, 유대교, 이슬람 등등에서 선택하는 것이 문제될 때 확고부동하게 결정 불가능한 상황에 처하게 된다. 혹자는 이런 선택은 자의적이고 앞에서 다룬 범주에 속한다고 주장하기도 할 것이다. 다른 한편 다른 사람들은 그런 종교의 진실성을 지지하고, 또 다른 사람들은 그 종교가 다양한 문화권들에 어느 정도 성공적으로 적응하는 것을 주장하기도 할 것이다.

　　종교적 문제가, 위와 관련된 유일한 활동영역은 아니다. 경제 문제에서도 어떤 산업부문에 어떤 투자를 선호해야 하는지, 주식시장에서 상승세에 매매를 해야할지, 하강세에 해야할지, 오늘 확실한 이런저런 역량이 내일엔 노동시장에서 협상할 수 있을는지… 등등을 아무도 확신을 가지고 결정할 수 없다. 어떤 생활양식을 선택하고 그것을 통해 행복으로 가는 길을 어떻게 찾을까, 이 모든 질문들에 대해 엄밀하게 결정가능하다고 확신하는 것은 주제넘은 일이고, 특히 개인의 관점을 채택한다면, 그 질문들이 자의적이라고 주장하기는 경솔한 것이다. 즉 아무나 아무 경력에 맞는 것은 아니고, 그 사람이 무엇을 하기에 적합한지를 알아야 한다.

　　공평한 선택은 앞의 경우와 마찬가지다. 개인, 집단 혹은 문화 각각에게 그 나름대로 자유롭게 선택하도록 내버려 두고, 어느 누구에게도 자신의 선택을 타인에게 강요하지 못하도록 금지하는 것이다. 또한 집단과 문화들이 그 구성원들에게 강요하는 선택에 개인이 복종하기를 원하지 않는다면, 집단들과 문화들에조차도 들어가지 않을 것을 개인에게 허락하는 것이다.

　　또 다른 선택들은 결정할 수 있지만 임의 선택적facultatif이다. 이런 선택은 진/위, 유용/유해, 선/악, 효율/비효율의 기준을 일방적으로 적용하는 것이 가능한 것으로, 이런 양자택일 그 자체가 시민들 사이의 평화에 영향을 주지 않는 한, 그러하다. 2+2가 4라는 것은 여전히 진실이지만, 어떤 시민들이 그 합이 5라고 확신한다고 해서 시민들 간의 화합이 위태로워지지는 않는다. 몸, 지성과 정신의 위생을 위한 규칙이 존재하는 것도 확실하지만, 자신들을 위해서 그런 규칙을 준수하지 않는 사람들이 그런 행위 자체로 민간의 평화를 위태롭게 하지는 않는다. 경제적 기업을 건실하게 관리하려는 관점에서 아무렇게나 기업을 조직하고 관리하는 것이 허락되지 않지만, 이런 규칙을 따르지 않는 사람이 파산의 위기에 처하더라도 타인을 내전으로 이끌지는 않는다.

그렇더라도 이 마지막 경우에 대해 공평한 해결책을 말하기가 더 미묘하다고 느껴진다. 만약 실제로 한 정치공동체의 모든 시민들이 객관적 기준에서 나쁜 선택을 지속적으로 그리고 체계적으로 한다면, 그들의 모든 경제적 기획들이 실패하게 될 것이고, 그리 되면 적어도 평화와 정의를 이룩할 기회에 문제가 발생할 것이기 때문이다. 그러나 다른 한 편, 누군가 폭력으로 타인에게 진리, 유용성, 선행...등을 강제할 권리가 있다고 정의롭게 주장할 수는 없다. 그리 할 수 없는 우선적 이유는 그런 행위가 인간의 자유를 파괴하고 평화를 침해하기 때문이고, 그 다음 이유는 이런 선택이 절대적으로, 그리고 인류 전체에 대해 결정 가능하다고 하더라도, 그 확신은 인류의 구성원들에게는 매우 의심스러운 것이다. 다시 말해서 누가 자신이 진리를 파악했고, 유용한 것이 무엇인지 안다는 것 등을 모든 정의와 공평함에 입각해서 감히 주장할 것인가? 정의가 준수되기를 바란다면, 행위자가 결정 가능한 선택들에 대해서 착오를 일으키는 경우를 유보해두어야 한다. **모두**가 틀릴 수 있기 때문에 정의의 잣대도 이런 가능성을 포함해야 한다.

해결책은 각자가 나름대로 위험을 감수하면서 선택의 자유를 누리도록 내버려두는 것이지만, 동시에, 각자는 설득과 권면과 예시를 통해 타인을 좋은 선택으로 변경하도록 애쓸 권리를 완전히 보유하는 것이다. 항상 그렇듯이 부정의는 자신의 선택이 올바른 것일지라도 그것을 타인에게 강요하려는 것이다.

끝으로 **결정 가능하고 필수불가결한** 선택들이 남았다. 이 선택들은 사회적 행위자들 사이에, 즉 개인과 개인 사이에, 집단과 집단 사이에, 혹은 같은 집단의 구성원들 사이에, 특히 한 정치공동체의 시민들 사이에 준수해야할 게임의 규칙과 관련된다. 게임의 규칙은 필수불가결한데, 그렇지 않으면 인간들 사이에 영구적으로 발생하는 갈등들은 통제될 수 없고, 어쩔 수 없이 극단적인 사생결단으로 치닫고 말게 된다. 이 게임의 규칙들은 마찬가지로 결정 가능한데, 비폭력과 정의의 기준에 부응해야하기 때문이다. 가장 기본적이고 일반적인 네 가지 규칙들을 당장 들 수 있는데, 이것들은 지금껏 말했던 모든 것을 표현하는 것에 불과하다.

- 아무도 자의적이고, 결정 불가능하거나 임의 선택적인 선택을 폭력을 통해 타인에게 정당하게 강요할 수 없는데, 그런 행위는 그 타인에게 저질러진 부정의이기 때문이다.
- 게임의 규칙들은 그것들을 준수해야할 사람들에 의해 선택되고 (거나) 승인되어야 하는데, 자유롭고 목적 지향적이고 타산적인 존재로서 그들은 결정 가능하고 필수불가결한 것을, 사정을 잘 알고 선택할 수 있으며, 이를 통해 그들은 그들의 자유를 보존하고 그들의 이성을 사용하여 좋은 목적을 추구하기 때문이다.
- 선택된 게임의 규칙들은 정당해야 한다. 다시 말해서 평화와 정의에 기여해야 한다.
- 게임의 규칙들을 준수하지 않는 사람들의 처벌을 예견할 수 있어야 하는데, 부정행위를 하고도 처벌을 받지 않게 된다면, 사악한 자들이 덕있는 사람들을 희생시켜 유리하게 될 것이고, 게임의 규칙들은 사라지고 말 것이기 때문이다.

역설적인 의미로, 게임의 규칙에서 부정의는 그 규칙과 관련이 없는 분야에 그것을 강요하는 것이라고 말할 수 있다. 또한 그 규칙이 이해 당사자들에 의해 결정되지도, 동의를 받지도 않은 채, 그것을 의무화하는 것은 부정의인데, 이런 상황에서는 강요된 규칙이 좋고 정당한지, 혹은 나쁘고 정당치 못한지에 따라 부정의의 두 단계를 경험할 수 있다. 또한 부정의는 부정행위자를 추적하지도, 공평하게 처벌하지도 않는 것이다.

그리고 우리는'게임의 규칙'이란 중립적 표현을 채택했는데, 중요한 이중적 구별을 명확히 하고 정당화하기 위해서이다. 첫 번째 구별은 '성문법률'과 '불문법률' 사이의 구별이다. 이런 표현은 최소한 서구적 전통에서는 희랍이래로 고전적인 것이다. 실제로, 사실에 보다 더 적합한 다음 두 가지의 구별을 해야 한다. 즉 한편으로는 불변적이고 보편적인 게임의 규칙, 즉 우리가 바로 앞에서 말했고, 정치 일반의 목적에 적합한 게임의 규칙이고, 다른 한편으로는 이런 보편적 규칙을 역사적으로 특정한 민족에게 적용하는 법률과 관습이다. 게임의 규칙이 과학적 성격의 합리적 과정을 통해 알려질 수 있음에 비해, 법률과 관습은 한 형태를 만만치 않은 재료에 새기려고 애쓰는 장인의 작업에 해당된다.

두 번째 구별은 돋보이게 하기가 더욱 더 어려운데, 그것이 여러 영역들을 포함하기 때문이다. 아마도 가장 명쾌한 것은 집단들 속에서, 군집성을 출발점으로 삼는 것일 것이다. 인간 집단들 모두는 그들이 피할 수 없는 갈등으로 악화되지 않도록 암묵적이든 명시적이든 게임의 규칙을 예견해야 한다. 가능한 모든 집단들 중에서 우리는 정치공동체를 중심에 놓았는데, 이 집단은 대내적으로 평화를 관리하고 대외적으로는 전쟁을 무릅쓴다. 인간의 사회적 장치 속에서 정치공동체가 중심적 위치를 차지하고 있다는 사실은 정치적 게임의 규칙과 비정치적 게임의 규칙 사이의 구별을 정당화한다. 전자는 있는 그대로 정치공동체에 적용되고, 후자는 그밖의 집단들이나 개인들 간에 적용된다. 평화추구 활동 속에서 정치공동체의 전략적 소임으로 인하여 비정치적 규칙은 정치적 규칙에 종속된다고(전자가 후자에 정당하게 반대할 수 없다는 의미에서) 볼 수 있다.

규칙들을 두 개의 구별되는 범주로 나눈 첫 번째 분류는 보다 더 모호한 두 번째 분류와 충돌하지 않는다. 모든 집단 속에서 집단의 존재와 목적 추구를 가능케 해주는 게임의 기본 규칙과, 집단의 세부사항과 변동하는 상황들을 대상으로 하는 상황적 규칙을 구분할 수 있다. 예컨대 브리지 카드게임 클럽에서 기본 규칙은 회원들이 브리지 게임의 관행적 규칙을 준수하는 것을 다루고, 상황적 규칙은 클럽의 개장 일시를 명시할 것이다.

이상의 두 가지 구별을 결합하면 헌법적 정의와 법률적 정의 사이의 구별이 정당화된다. 전자는 정치공동체 속에서 게임의 기본 규칙의 창시자가 되고, 후자는 상황적 규칙의 관리자가 되는 것이다. 달리 말해서 **헌법적 정의**는 정치공동체의 제도들을 규정하는 책임을 지는데, 이 제도들은 평화와 정의를 달성하기 위해 가장 일반적이고 가장 신성한 규칙들을 법률이나 관습의 형태로 옮겨 놓는다. 한 정치공동체를 규제하는 제도들의 전체를 **정치체제**régime politique라고 부르기로 하자. 우리가 앞에서 추론한대로 정치체제는 정치의 '불문법률'을 특정한 역사적 정치공동체에 될 수 있는 대로 유연하게 맞춤으로써 그것을 가능한 한 충실히 실현해야 한다.

그에 발맞추어 **법률적 정의**는 정치공동체가 활용할, 그리고 헌법적 정의에 따라서 정치공동체의 일상적 운용에 없어서는 안 될 법률이나 관습들 모두를 만들어 낸다. 법률은 결과적으로 유용해야 하는데, 달리 말해서 실증적이고 검증 가능한 방식으로 평화와 정의에 기여해야 한다. 또한 법률은 적법해야légale하는데, 즉 헌법에 의해 예정된 절차를 따라 정의되고 제재되어야 한다. 끝으로 법률은 정당해야 하는데, 즉 정치의 불문법률에 충실해야 한다. 실제로 정당성légitimité과 적법성légalité 사이의 구별은 이제부터 우리에게 다음과 같이 항상 같은 근거를 갖게 된다. 즉 정치의'불문법률'에 충실한 모든 것은 정당하고,

‘성문법률’에 따르는 모든 것은 적법하다.

3. 권리 le droit

우리는 ‘권리droit’라는 말로 로마적 의미의 *jus*, 즉 ‘각자에게 자기 몫을 돌려주는’ 행위를 지칭할 것이고, 부패의 교묘한 형태 중의 하나로 나타날 수 있는 현대 영어의 ‘입법législation’의 의미로는 사용치 않을 것이다. 다시 말해서 법률(우리의 용어로 법률적 정의)이 각자에게 자기 몫이 돌아가게 하는 것을 책임진다면, 각자에게 돌아가는 몫은 변동하는 다수의 관심사가 될 터인데, 법률이 정치적 다수에 의해 표현되기 때문이다.

권리의 첫 번째 관할은 계약적 정의인데, 계약에 관한 것만이 아니라 보다 더 일반적으로 **교환**을 관할한다. 모든 교환은 네 가지 요소, 즉 두 명의 교환자(항상 그렇듯이 개인이나 집단들일 수 있다)와 두 가지 교환물로 구성되는데, 동일한 것을 교환한다고 하는 것은 의미가 없기 때문이다.

교환이 정당한지 여부를 결정해주는 정의의 기준은 교환자의 눈으로 볼 때 교환물의 엄정한 평등이다. 두 교환자가 양도한 것에 대해 등가물을 받았다고 판단할 때 교환은 정당하다. 사실 이것이 유일하게 합리적인 해결책이다. 그들로서는 더 주고 덜 받는 것은 터무니없는 일인데, 이런 행위의 논리적 극단은 모든 것을 주고 아무 것도 못 받는 것이기 때문이다. 무상의 증여는 부조리하지 않은데, 거기에는 상호성이 없기 때문에 교환이 아니다. 요컨대 무상의 증여는 관대함의 자원이 속히 고갈될 것이기 때문에 일반적인 사회적 행위가 될 수 없다. 사회적 관계의 심오한 원동력은 교환이고, 즉시 또는 기한을 정해서, 짝을 짓거나 어느 정도 확대된 순환과정을 통해 이루어지는 평등의 교환이다. 마지막 가능성으로서 더 많이 받기 위해 덜 주는 것은 처음의 가능성으로 이어지는데, 각자가 똑같이 이익을 추구하는 계산을 하게 되고 결국은 평등의 교환에 이른다.

이런 결론을 통해 우리는 다음 문제를 해결하게 된다. 어떻게 평등에 도달할까? 해결책은 간단하다. 세 가지 교섭들, 즉 교환자 각자가 자신과 하는 두 가지 교섭과 교환자들 사이의 한 가지 교섭이 동시에 계속될 수 있도록 해야 하고 그것으로 족하다. 여기서 각각의 교섭은 교환물이 평등한지를 평가하는 것이다. 세 가지 교섭은 교환물의 평등이란 결론에 함께 도달할 때, 그런 결론에 도달할 수 없어서 교섭들이 파기되지 않는다면, 끝나게 된다.

이 과정 전체가 교환자들의 자유, 즉 선택, 자율, 그리고 공정이란 자유의 세 가지 정의 위에 바탕을 두고 있다는 것은 분명하다. 주인과 노예, 미친 사람과 타산적인 사람, 괴상한 사람과 분별있는 사람 사이에, 우연이 아니라면 정당한 교환이 이루어질 수 없고, 교환이 전혀 없기도 하다. 반대로 불평등하지만 자유로운 계약자들 사이에서는 정당한 교환이 있을 수 있는데, 소작인과 지주, 노동자와 기업인 사이에서 그러하다. 요컨대 정당한 교환은 교환물의 평등과 교환자의 자유에 토대를 둔다. 역설적인 의미에서, 부정의는 어느 누가 덜 받기 위해서 더 많이 양도하도록 폭력이 행사될 때에 그 사람의 부자유에서 비롯된 불평등으로부터 시작된다.

분배 정의는 권력, 부, 위세 같은 희소한 재화의 정당한 몫을 배분하는 책임을 진다. 이 정의는 분배를 담당하는데, 분배는 다음 두 가지 요소만 동원한다. 즉 희소 재화와 이해 당사자들이다. 정의의 기준을 준수하도록 보장하는 절차를 창안하기에 앞서 그 기준을 정의해야 하는 문제가 다시 제기된다. 각각의 희소 재화는 명쾌한 기준을 분석에 제공한다.

권력(다음 장에서 보다 자세히 살펴볼 것이다)은 자신의 의지를 타인에게 강요할 능력으로 정의할 수 있다. 권력의 진정한 원동력은 복종인데, 복종은 그 나름대로 세 가지 배타적 원동력을 가진다. 자신의 의지를 강요하려는 사람이 행사할 수 있는 폭력을 두려워하기 때문에 사람들은 복종할 수 있다. 이 원동력은 정의의 기준으로 받아들여질 수 없는데, 그 원동력이 정치의 제1목적인 비폭력으로서의 평화와 직접 모순되기 때문이다. 또한 사람들은 미덕을 지닌 어떤 우월한 사람에 대한 찬탄을 통해 복종할 수 있는데, 위세가 그것이다. 끝으로 사람들은 유능한 어떤 사람에게 복종함으로써 집단적 사업에서 성공할 기회를 잡을 수 있다고 판단해서 계산을 통해 복종할 수 있다. 권력의 배분에서 정의의 기준은 역량compétence인데, 복종자가 추구하고 평가하는 공동 목표에 의해 정의되는 것이다.

위세는 세 가지 요소를 동원한다. 그것은 하나의 목적을 상정하는데, 그 목적을 추구하면 그것에 전념하는 사람들에게는 불평등한 성과가 나타나게 되고, 이를 통해 재능의 등급이 확립된다. 이 등급의 상부 단계에는 두 번째 요소, 즉 가장 재능이 많은 사람들이 자리잡게 되는데, 그들은 세 번째 요소, 즉 찬탄자들에 의해 그 자리에 놓여진다. 그리고 찬탄자들은 더 적은 재능으로 인해 하부의 단계에 자리잡게 된다. 따라서 정의의 기준은 위세를 가진 사람을 찬탄하는 사람들에 의해 평가된 재능이다.

부의 분배는, 필요와 욕구를 충족시킬 목적의 자원은 희소할 뿐만 아니라 생산되기도 하고, 거저 주어지지는 않는다는 사실에서부터 출발해야 하는데, 그렇지 않다면 자원은 무료이고 부가 아닐 것이다. 그것은 무료인 공기와 같을 텐데, 제대로 된 수식어이다. 자원을 생산한다는 것은 '요소들'을 조합하는 일인데, 이 요소들로 재화와 용역, 노동, 자본, 기술, 도구, 주도권 등을 '만든다'. 이 요소들은 그 나름대로 거저가 아니고, 희소하며 다른 요소들을 가지고 만들어 지고, 이하 마찬가지다. 한 마디로 부를 가지고 부를 만드는 것이다. 부의 생산과정에서 여러 요소들의 협력 속에서 각자의 몫은 그가 생산에 기여한 바에 따라 결정된다. 여기서 부의 분배를 위한 정의의 기준이 나온다. 그것은 부의 생산에 **기여**한 비율에 따르는 것이다.

이런 추론을 받아들인다면, 자연스런 전개를 통해 정당한 분배로 저절로 이끌어줄 수 있는 절차를 발견하게 된다. 분배의 이해 당사자들 사이에 열린 경쟁을 도입하고 법률으로 정해진 사람에게 결정을 위임해야 하고, 그것으로 족하다. 권력을 공정하게 분배하려면, 각자는 추정상의 역량을 내세움으로써 모든 공석(空席)에 지원할 자유를 누려야 하고, 미래의 복종자들은 그의 지원을 거부하거나 지지하기에 자유로워야 한다. 위세에 대해서는, 각자가 목적을 추구할 재능을 드러내기에 자유로워야 하고, 또한 각자는 찬탄을 받을 만한 사람에게 그 찬탄을 남겨 놓기에 자유로워야 한다. 부에 대해서는, 각자는 생산된 부의 일단에 대한 가격을 자유롭게 올릴 수 있어야 하며, 분배는 최고 입찰자에게 가야 하는데, 각자는 생산에 기여한 비율에 따라서만 값을 올릴 수 있기 때문이다.

이상의 논의를 통해 정의의 기준들은 행위자가 자유롭고 경쟁이 개방되어야만 준수될 수 있다는 것을 알 수 있다. 다시 말해서 경쟁이 폭력에 의해서 왜곡되고 자유가 억압당하는 그때부터 부정의는 피할 수 없다는 것을 의미한다. 여기서 권력과 위세의 공평한 배분은 결코 평등하지 않다는 것과, 부의 평등한 배분은 우연일 뿐이라는 것을 강조해두어야 할 것이다.

징벌적 정의는 한 개인이나 집단이 법률을 위반하였을 때 시행된다. 권리의 이 영역도 역시 다음 세 가지 요소들로 구성된다. 즉 법률,

범인과 피해자이다. 피해자는 개인, 집단 또는 정치공동체 자체가 될 수 있다. 범죄자의 죄는 이중적이다. 피해자는 어느 정도 중대한 피해를 입고, 정치 단체도 그러한데, 범인은 게임의 규칙을 위반함으로써 정치공동체와 그 구성원들에 대해 자연 상태로 돌아갔기 때문이다. 즉 그는 그들에 대항하여 얼마간 폭력이나 책략을 부렸던 것이다. 법률에 관해서는, 그것이 헌법적 정의와 법률적 정의에 적합한 상태라고 가정해야 한다. 즉 법률이 적법한 동시에 정당해야 한다. 하지만 법률의 정당성은 불문법률과 관련해서만 평가될 수 있고, 사람들은 공포된 법률이나 '실정법', 명문으로나 관습적인 법률만을 위반할 수 있기 때문에, 정당하지 않지만 적법한 법률을 위반했다는 이유로 처벌될 수 있다. 이러한 역설은 시민은 그가 보기에 정당하지 않더라도(그 법률을 수정할 각오를 하고) 적법한 법률을 항상 준수해야 한다는 것을 의미할 뿐이다.

정의의 기준은 3중적이다. 징벌이 정당하려면 법률이 제시되었어야하고, 범인의 위반사실이 드러나야 하며, 징벌은 위반의 중대성에 비례해야 한다. 징벌적 정의의 기준이 준수되기를 희망하게 해주는 유일한 절차는 물론 정당한 법률적 정의와 헌법적 정의 그 자체 이상으로, 법률에 의해 한 사회공간을 창설하는 것이다. 이 사회공간에서 피고인, 피해자와 법률(혹은 그들 각각의 대리인들)은 단독이나 합의제 심판 앞에서 사례를 규명하고 해결하도록 하기 위해서 그 사례에 대해 자유롭게 논거를 제시할 수 있다. 법정은 재판관, 피고인, 피해자, 고소인으로 구성된다. 재판관도 착오를 일으킬 수 있기 때문에 항소 절차를 예견하는 것이 신중하다. 이상의 논의로부터, 법률이 위법하거나 정당치 못한 경우, 당사자 중의 한편이 자신의 입장을 호소하는 것이 방해를 받는 경우, 재판관이 어느 한 편을 드는 경우, 혹은 더욱 심하게 법정의 장치 자체가 제 구실을 못할 경우, 부정의가 지배하리라고 즉시 추론하게 된다.

복원적 정의justice restitutive 가 남아 있는데, 이것은 자주 **교정적 정의**justice corrective 라고도 불린다. 이 정의는 법률la loi과 권리le droit 과 관련하여 발생한 모든 소송을 관할한다. 결국 그것의 판결은 그 자신을 포함하여 모든 정의의 결정과 연관된다. 그것은 말하자면 정의의 정의이다. 그래서 그것은 고유한 정의의 기준이 없고, 그것의 기준은 그때그때마다 정당한 상태로 복원해야할 특정한 정의의 기준이다. 관련되는 요소들은 세 가지다. 즉 소송의 대상, 소송에 참여한 당사자들, 그리고 판결을 맡은 중재인/재판관이다. 따라야할 절차는 징벌적 정의가 밟아야 할 절차와 매우 비슷하다. 즉 관련 당사자들이 재판관 앞에서 자유롭게 주장할 수 있는 법정이다. 절차에 따르는 구체적 형태들은 한없이 다양하다.

이제 법률적 정의와 헌법적 정의에 적용된 복원적 정의를 강조하는 것이 우리의 의도와 나중의 분석에 유용하다. 정치의 목적에 맞는 정치공동체에서는 법률의 적법성, 즉 법률이 '성문법률'에 부합하는지, 헌법적 장치에 부합하는지를 평가하게 해주는 절차를 예견해야 한다. 한마디로 법률의 합헌성 심사를 예견해야 한다. 헌법적 장치들 자체에 관해서, 그것들의 정당성, 즉 그것들이 '불문법률'에 부합하는지에 대한 모든 이의는 시민들 자신들과 그들의 입법적 대표들로부터만 제기될 수 있다. 또한 시민들은 헌법 개정을 개시할 수단들을 소유해야 하지만, 이 수단들에 너무 쉽게 접근할 수 있게 된다면, 게임의 기본 규칙은 끊임없이 개정될 우려가 있다. 어쨌든 헌법적 정의의 수정 역시 모든 입장들의 논쟁을 들을 수 있는 위치에 있는 재판관(아마도 국민투표를 통해 의사를 표명하도록 요청받은 시민단체) 앞에서 시행되어야 한다. 해당되는 정의가 무엇이든 어느 분파가 자신의 이해를 주장하는 것이 방해를 받거나, 어느 분파와 재판관 간에 유착관계가 형성되거나, 어느 분파가 자신들에게 유리하게 헌법을 개정하기 위해서 민중 선동적 약속을 통해 시민들을 미혹하려고 하는 경우, 부정의는 활개를 펴게 된다.

　　이상에서 우리가 했던 정의, 그리고 정의들에 대한 설명 속에서 우리는 아리스토텔레스가 했던 분석을 글자 그대로는 아니라 할지라도, 적어도 분석에 담긴 정신을 따라왔다. 그리고 아직도 한 가지, 공정성équité의 정의에 대해 그를 따라야 한다. 공정성은 정당함을 보다 정당한 방향으로 정당한 절차의 정당한 결과를 보정(補正)하는 상위의 정의이다. 어떤 교환과정에 일정한 불평등을 도입하는 것이 공정할 수도 있고, 어떤 분배 과정에 불평등을 감소시키거나, 정상을 참작하여 처벌한다거나 하는 일이 있을 수 있는데, 그런 일들이 일반적 규칙을 특수한 경우에 적응케 하는 수단이고, 사회적 연대성을 강화하는 수단이며, 협상 능력에서의 불균형을 조정하는 수단이기 때문이다. 하지만 본래 공정은 정당함을 수정하기 때문에 극도로 신중하게 처리하는 게 마땅한데, 정의의 상위 단계를 추구한다는 구실로 부정의에 빠질 위험이 있기 때문이다.

　　우리의 논의 과정 중 이 단계에서는 정치의 객관적 목적, 평화와 정의의 일관된(여러 의견들, 정념情念들과 이데올로기들에서 벗어난) 개념을 제시했기를 기대한다. 차후의 단계들이 분명하게 제시되는 대로 바로 다음 단계를 시작하자. 이상에서 표명된 목적들은 정치공동체로 뭉쳐진 사람들의 정치적 행위에 부여된 목표가 되어야 한다. 목표가 일단 정해지면 그것을 달성할 방도들을 찾아낼 수 있고, 나쁜 절차나 절차의 부패를 방지할 수 있다. 좋은 절차와 나쁜 절차 사이에, 정의를 달성할 희망을 돋우는 절차와 그것을 죽이는 절차 사이에 결정적 요소는 폭력임이 분명하다. 이런 관점에서 보건, 저런 관점에서 보건, 종국에는 정의가 비폭력으로 정의된 평화로 인도하듯이 폭력은 부정의로 인도한다. 폭력이란 무엇인가? 사전적 정의로는 "어떤 사람에게 힘을 사용하거나 협박을 통해 그에게 영향을 미치거나 그의 의지에 반하여 행동하게 하는 행위"(로베르 사전)이다. 달리 말해서 폭력은 한 인간의 의지가 다른 인간의 의지에 강요하여 복종하게 하기 위해서 이용하는 수단이다. 그런데 복종은 본래 권력과 짝을 이룬다. 그러므로 정의를 통해 평화를 실현하기에 적합한 장치와 절차들을 보다 더 만족스러운 정도로 분명히 찾아내려면, 권력 개념의 분석에서 출발하는 것이 적합하다. 우리가 이런 절차와 장치들을 **정치체제**라고 불렀기에, 이제는 권력의 개념으로부터 그것을 정의해야 한다.

III. 정치체제

우선 개략적으로 말해서, 하나의 정치체제는 한 정치공동체 안에서 정의를 통한 평화를 수립케 하는 장치와 절차들의 총체이다. 이 개념은 정치체제를 우리가 헌법적 정의라고 불렀던 것으로 축소하는 경향이 있는 헌법과 정치학에서 채택한 개념보다 넓은 의미이다. 이런 어긋남은 개념규정 상의 문제일뿐이고 상이한 관점에서 비롯된다. 우리들의 관점은 최소한 두 가지 정치체제가 존재한다는 것을 밝혀준다. 즉 평화와 정의를 가능케 하거나 촉진하는 정치체제와 그것을 방해하는 정치체제이다. 이 상반되는 두 가지 체제에다가 우선 세 번째 체제를 덧붙일 수 있는데, 그것은 보다 자세히 말하면 양극단의 두 체제 사이에 그을 수 있는 연속선상에 위치한 체제들의 전체이고, 두 체제의 구성요소들을 무한히 다양한 비율로 조합한 체제들이다. 권력의 개념은 두 체제 간의 전환장치일 수 있고, 우리가 보다 더 상세하고 완벽한 유형학의 근거를 제공하게 해준다.

1. 권력의 개념

권력 개념을 다음과 같이 정의하는 것으로 시작하자. "권력은 행위자 A를 위해서 행위자 B를 획득하거나, 행위자 B가 행위 X를 수행하는 것을 방해하거나, 행위 X를 수행하지 않는 것을 방해하는 능력이다." 이 정의의 용어 각각을 철저하게 명시하는 것이 좋을 것이다. '행위 X'로부터 시작하자. 이 표현은 개인적 행위자 또는 집단적 행위자와 관련된 인류의 모든 생산활동을 지칭한다. 우리가 이미 알다시피 행위자는 자유로운 동물로서 정치적, 경제적, 종교적, 기술적... 목적을 달성하기 위해서 자신의 계산 능력을 동원한다. 행위자가 목적을 위해 전개하는, 어느 정도 양식 있고 효율적인 노력들은 구체적으로 특정한 생산물을 낳는 행위로 나타난다. 이 모든 생산물을 세 가지의 상이한 영역으로 나누는 것이 편리하고 현실적이다.

한 가지 생산의 영역은 인식connaître과 연관되는 것으로, 자신의 투명한 의식 속에서 실재를 자신의 의식에 접근시키기를 추구하는 인간의 활동이다. 보다 더 기술적인 용어로 말하면, 인식한다는 것은 이해할 수 있는 것을 지니고 있는 것을 실재 속에서 찾아내고 파악할 수 있는 정신적 장치를 구성하기 위해서 지능을 사용하는 것이다. 이런 기획 속에서 지성은 적극적 역할을 하기에, 모든 현실적 준거들로부터 분리될 수 있고, 자신의 고유한 생산물로 정신적 자급자족을 할 수 있다. 요컨대, 인식은 진실의 명제로만 이루어지지 않고(인간이 자유롭고 착오에 빠질 수 있기에 결국은 거짓된 명제로도 이루어진다) 가상의 명제들로도 이루어진다. 또 다른 생산의 영역은 제작faire과 관련되는데, 이것은 인간으로 하여금 하나의 형태를 구현하게 하거나 하나의 물질에 형상을 부여하게 하는 활동이다. 끝으로 행동agir이란 생산의 영역이 남아 있는데, 이것은 인간의 의지가 거기에 맞서는 현실의 장애를 넘어 목표에 도달하기 위하여 심리적 에너지와 재능을 동원하는 활동이다. 이 세 가지 활동은 구별되지만 서로 분리되지는 않는데, 각각의 영역이 실현되기 위해서는 다른 두 영역이 필요하기 때문이다.

지금 우리는 정치를 다루고 있으니 이 개념규정을 정치 고유의 생산물로 예시해보자. '정치적 인식'은 우리의 지성이 정치 질서에 대해 계발할 수 있는 것이 아니고, 정치적 행위자에 의해서 저절로 정치적인 것으로 생산되는 것이다. 정치적 인식은 한편으로는 정치적 목적에 집착하는 이데올로기이고, 다른 한편으로는 정치 권력을 쟁취하고 보전하고 행사하기 위하여 정치적 수단과 효율적 기술에 집착하는 '관방학(官房學)'caméralisme이다. '정치적 제작'은 조직과 제도로 표현되는데, 한 정치체제는 그 속에서 형상과 질료를 정당으로, 규약으로, 서열이나 지위로, 예식으로, 법률로, 법정으로, 군대로, 관료제로, 강의로, 경찰 등등의 모습으로 구현한다. '정치적 행동'은 개인과 집단들이 권력을 쟁취하고 보전하며, 더 이상 인식을 통해서가 아니라 실제로 권력을 행사하기 위해서 구사하는 행위들의 전체이다. 우리에게 행동, 제작, 인식은 역사적 사료의 궁극적 구성요소들인데, 이는 쿼크(quark: 원자의 일부분이며 지금까지 알려진 것 중 물질을 이루는 가장 작은 입자)와 자동력이 없는 물질 간의 관계이고, 단백질과 생명체 간의 관계와 같다.

　개념규정 상의 다른 용어들은 덧붙일 것이 많지 않다. '행위자 A'는 개인이거나 집단인데, 항상 그것을 재검토해야 한다. 그 표현이 그다지 무겁지 않다면, 개인적 또는 집단적 '활동 단위'라고 말해야 할 것이다. 개인이나 집단이 행위자가 되기 위해서는 의지를 표현해야 한다. 즉 어떤 목적을 추구해야 되고, '행위자 B'가 포함되는 수단들을 동원해야 한다. B의 의지를 자신의 의지 앞에 복종시켜야 하는 A는 B를 복종으로 이끌기에 충분히 확고한 설득 수단을 가지고 있어야 한다. '행위자 B' 역시 개인이나 집단으로서, 그 역시 의지를 지니고 있고, 복종과 불복종 사이에서 선택할 수 있는 자유로운 행위자인데, 그렇지 않다면 A 손에 있는 도구에 불과할 것이다. 하나의 집단이 어떻게 의지를 가질 수 있는지 질문할 수도 있다. 집단의 의지는 그 구성원인 개인들의 의지로 실현되는데, 그들의 의지가 집단의 목표와 동떨어진 개인적 목표가 아니라 집단의 목표를 따르는 범위에서 그러하다. B는 A가

건네는 설득 수단을 평가함으로써 복종과 불복종 간에 결정하게 된다. '획득하다/방해하다'와 '행사하다/행사하지 못하다'는 권력 행사의 두 가지 형태의 토대가 된다. 즉 **의무** 혹은 **명령**을 통해 행위 X가 발생하고, 의무나 명령 없이는 그 행위가 없을 것이다. **금지**나 **방어**를 통해서는 행위 X가 발생하지 않고, 금지나 방어가 없다면 그 행위가 발생할 것이다.

개념 규정의 설명을 통해 모든 권력 관계의 구성 요소들을 찾아낼 수 있다. 사실 권력은 자유로운 두 의지들 간의 접촉에서 발생한 긴장에 토대를 두고, 그 긴장에 의해 생산된 관계이다. 고려되는 요소들 중에서 네 가지가 보다 더 결정적이고 뚜렷하며, 어쨌든 권력의 발현에 불가결하다.

첫 번째 요소는 그 자체로서의 A의 의지가 아니다. A의 의지 자체에 대해 그것이 B의 의지보다 더 강력하고 설득력 있다고 볼 근거가 전혀 없기 때문이다. 중요한 요소는 A의 의지가 강요하기 위해서 내세울 수 있는 설득 수단이고, 이것은 B의 망설임을 물리치기 위해 사용할 수단이다.

전환점에 있는 요소는 두 번째인데, B의 복종이다. 사실 B가 복종하기를 거부한다면 권력관계는 없다. 그래서 권력은 그 속성 상 결코 그것을 행사하는 자에 근거하지 않고 복종하는 자에 근거한다. 복종하는 자는 그의 의지의 내적인 결함 때문에, A가 그 이익을 볼 수 있는 결함 때문에 복종할 수는 없는데, 적어도 이 가설은 일반적으로 인정될 수 없을 것이다. B는 복종할, 즉 자신의 의지를 A의 의지에 복종시킬 마땅한 이유를 가져야 한다. 달리 말해서 A가 주장한 설득 수단이 B에게서 찬동을 받아야 하고, 그것도 기계적 찬동이 아니라 자유로운 존재로서 심사숙고한 공명(共鳴)이어야 한다. 우리들의 용어를 다시 사용하자면 A의 설득 수단은 B의 계산에 들어가야 하고, 이 계산이 복종을 이끌어내야 한다.

　세 번째 요소는 덜 뚜렷하지만 앞의 모든 요소들이 이것을 발견하게 하고 받아들이게 한다. 그것은 B의 가능한 불복종이다. 이것은 용어의 절대적 의미대로 가능한데, B는 자유로운 의지이기 때문이다. 그러나 B의 불복종은 특별한 의미에서, 즉 권력관계의 한 가운데서 돌발적으로 발생할 수 있어야 한다는 의미에서도 또한 가능해야 한다. 달리 말해서 권력관계가 형성된 처음 순간부터 그것이 파기된 마지막 순간까지 모든 순간에 복종은 불복종으로 대체될 수 있어야 한다. 이런 조건이 아니라면, A 마음대로 사용하는 도구를 가지고 A의 의지를 연장하거나, 그것을 기계적으로 작동하는 상황에 직면하게 될 것이다. 이처럼 B의 존재론적 자유는 없어지고 않고, B가 권력관계에 들어서는 순간부터 그 자유는 그에 의해 기껏해야 유보되었는데, 이런 상황에서 그에게는 언제나 자유를 회복할 수단이 남아 있다.

　이런 수단은 네 번째이자 마지막 요소로 인도한다. 만약 B가 불복종한다면 A는 그를 처벌함으로써 응수해야 한다. 만약 B가 아무 처벌도 받지 않은 채 복종에서 불복종으로 태도를 바꿀 수 있다면, 권력은 모든 일관성을 상실하고, 두 의지가 각각 독립하면서 사라지고 말 것이다. 그러면 이 처벌은 어떤 성질의 것인가? A가 강요하기 위하여 자신의 의지로 사용한 수단들과 내밀하게 일치해야 한다. 실제로 B의 계산속에 들어가 그를 복종으로 이끌었던 것은 이 설득수단이다. 그러므로 불복종에 가해진 처벌의 골자를 제공해야하는 것은 바로 그 설득수단이다.

　이제 우리의 논의를 요약해보자. 모든 권력관계는 본래 다음 네 가지 요소로 되어 있다. 곧 명령이나 금지를 표명하는 한 행위자의 논증된 의지, 첫 번째 행위자의 설득수단 앞에 자신의 의지를 양보한 다른 행위자의 복종, 두 번째 행위자의 복종 중에도 자유로운 상태로 남아있는 불복종의 가능성, 그리고 두 번째 행위자에 대한 첫 번째 행위자의 논거를 갖춘 처벌이 그것이다. 아마도 우리들이 이 진리를 표현하는 방식이 우회적이라고 생각될 수도 있을 것이다. 그것은 글쓰기가 서툴러서가 아니라 모든 가능성을 포함하기에 충분히 일반적인 어휘를 찾아낼 필요가 있기 때문이다. 실제로, 본질적으로 상이한 세 가지 양식으로 나타나는 권력의 네 요소를 발견하는 것은 매우 주목할 만한 것이다.

권력의 첫 번째 양식을 **강제력**puissance이라고 부르는 것이 합당할 것이다. 강제력에서 A의 의지는 **폭력**으로 무장되어 있다. 더 구체적으로 말하면, A의 의지가 B의 무관심이나 반대에 봉착해야 한다면 폭력을 행사하겠다는 위협으로 무장되어 있다. A에 의해서 외부로부터 권력관계를 강요받는 B의 입장에서는 자유를 실제로 그리고 임시적으로 박탈당하는 것인데, 선택, 자율 그리고 숙고를 거쳐 올바른 복종에로 전향하는 것이 그에게서 제거되기 때문이다. B는 위협을 심각하게 받아들이게 되는데, A가 사용가능한 폭력이 B 자신의 능력을 넘어선다는 것을 알고 있기 때문에 그로서는 죽음보다는 차라리 복종을 선택하는 것이 낫다고 계산하기 시작한다. 사실 그에게 남아있는 유일한 선택은 복종하며 살 것인가, 자유롭게 죽을 것인가이다. 노골적으로 말해서 B는 **공포**에 사로잡혔다. 그의 공포는 폭력의 위협을 보충하는 것이고, 그의 계산속에 산입되는 요소이다. 하지만 B는 언제든 두려워하기를 멈출 수 있고, **반란**révolte을 통해 천부의 자유를 되찾을 수 있다. 여기에서 결사투쟁이 등장한다(여기에는 불가항력적인 결투의 논리가 작용한다). 이 결사투쟁에서 A의 폭력이 B의 능력보다 우월하다면 B는 굴복하고, 세력관계가 B에게 유리하다면 권력관계는 사라지게 된다. 한마디로 강제력의 권력 양식은 폭력, 공포, 반란 그리고 죽음을 결합한 것이다.

이제 우리는 마찬가지로 개념화의 최종적 단계에서 권력의 두 번째 양식을 규정하려는데, 그것을 **권위**autorité라고 부르기로 하자. 이 관계 속에서는 A가 **권능(카리스마)**charisme이라고 부를 수밖에 없는 것으로 둘러싸여 있다. 권능은 다른 사람들보다 초월적인 원리에 보다 더 가까이 접근할 수 있는 A의 능력에서 비롯되는 은총이나 모종의 것으로, 이 초월적 원리에는 어떤 목적, 조상들 같은 인물들, 하느님, 신들, 민족, 인민 등, 탁월성의 어느 수준에 이른 신체적, 심리적, 정신적, 지성적, 영적인 자질 등이 해당된다. 권능은 그것으로부터 수익을 얻는 자가 지닌 우월성에 근거한다고 일반화할 수 있다. B는 매혹당해서, 유혹에 빠져서, 매료당했기 때문에, 그리고 그가 예찬하고 존경하기 때문에 복종한다. 요컨대 그는 드러나고(거나) 인정된 우월성과 접하면서 생겨난 모든 종류의 감정들에 의해 정복당한다. 권위가 작용하는 연극에는 세 가지 배역이 등장한다. 즉 초월적 원리, 이 원리와 특혜관계를 맺고 있는 행위자 A, 이 초월적 원리를 받아들이고 A의 우월성을 인정하는 행위자 B가 그것이다. 이 배역들은 매우 위엄있을 수 있다. 하느님/고위 성직자/신자들처럼. 또는 록음악/록그룹/팬들처럼 매우 범속할 수도 있다. B가 복종으로 전향하는 것은 원리와 권능의 초월성을 결합하여 지각함에서 비롯되지만, 심리적으로 두 가지 중 어느 하나를 통해 설득당한다고 생각될 수도 있다. 마찬가지로 그의 불복종도 세 가지 경로를 통해 이루어질 수 있다. 즉 그는 초월적 원리와 의견이 대립될 수 있고, 행위자 A와 대립되거나 혹은 이 두 가지 모두와 의견이 대립될 수 있다. 이 세 가지 경로에는 두 개의 출구밖에 없다. 하나는 권위 관계를 지속하는 사람들의 공동체로부터 파문 당하는 것이고, 다른 하나는 무관심이 일반화된다면 공동체 자체가 해산되는 것이다. 이상의 논의를 한 번 더 요약해보자. 권위의 양식은 권능, 예찬, 의견대립, 파문으로 이루어진다.

세 번째이자 마지막 권력의 양식은 지도력direction이다. 여기서는 모든 것이 B로부터 시작되는데, 그는 이해타산을 통해 복종한다. B는 하나의 정해진 목표를 추구하고 있고, 상황을 합리적으로 분석한 결과, 혼자서는 그 목표를 달성할 수 없을 뿐만 아니라, 누군가 명령하고 여타의 사람들은 복종하는 방식으로 집단을 조직하고 거기에 들어가야 한다는 것을 알게 된다. 그가 복종하는 동기는 이익intérêt이다. 이익이란 말은 너무 티나지만 편리한데, 한 사회적 행위자가 자신에게 부과하는 모든 목표라고 할 수 있다. 즉 모든 최종적 목적들, 직접적인 목표들과 그 중간적 목표들이다. 보충하자면, 복종이 이루어지기 위해서 A의 설득수단은 B가 자신의 이익을 실현하는데 기여하리라고 인정되거나 추정되는 **역량**compétence이나 능력capacité이다. 달리 말해서, 이익과 역량 모두는 지도층과 피지도층으로 형성된 집단이 추구하는 목적에 따라 규정되는데, 이 집단은 한 쌍의 부부로 축소될 수도 있다. 여기서 B의 불복종은 보다 더 교묘한 형태를 띨 수 있다. 그것은 이익을 이기적으로 계산하는 것으로, 이 계산을 통해 그는 모든 사람이 속임수를 쓰지 않는 한, 그가 이득을 볼 가능성이 **속임수**tricherie에 의해 증가된다고 믿게 된다. B는 단체에 들어오기를 승낙하지만 명령에 복종하지 않기로 하고서다. 모두가 속임수를 쓰지 않는다면, 그는 복종의 비용에 동의하지 않은 채, 집단의 성공으로부터 혜택을 입을 기회를 확보하게 된다. 처벌은 속임수를 쓰는 사람의 **배제**exclusion이거나, 단체의 **파산**faillite과 해체이다. 이처럼 지도력이란 권력 양식은 역량, 이익, 속임수, 배제로 형성된다.

2. 정치체제의 본성

권력은 결코 있는 그대로 나타나지 않아서, 강제력, 권위, 지도력 혹은 두 가지나 세 가지 양식의 혼합으로만 존재하는 일은 결코 없다. 그래서 권력에 대해 말하기를 포기하고 그 양식들을 나타내는 용어들만을 사용하는 것은 사물을 단순화하는 것이 아니다. 각각의 양식은 얼마만큼 나머지 두 가지를 요구한다. 즉 역량있는 인물은 존경심을 고무하고, 공포심은 아니라 해도 적어도 거리를 두는 관망적 태도를 유발한다. 그런가하면 권능은 공손한 공포를 고무하며, 어떤 역량이라도 갖추지 않은 경우를 생각하기 힘들다. 또한 가장 폭력적인 난폭한 사람은 상당한 우월성의 감정을 고취할 수 있고, 적어도 어떤 상황에서는 집단의 성공에 유리한 능력을 갖춘 것으로 추정하게 할 수 있다.

이 무한히 다양하게 조정되고 혼합된 권력의 양식은 모든 형태의 군집성sodalité과 사교성sociabilité에 존재한다. 두 개인 간의 가장 느슨한 관계에서부터 문명들만큼 방대한 전체들 간의 가장 밀접한 관계에 이르기까지, 모든 인간관계는 권력을 통해 나타난다. 이런 권력의 편재성(遍在性)은 항상 작용하는 요소들 탓이라고 할 수 있다. 야망, 허영심, 오만 같은 인간의 어떤 정념(情念)들은 권력을 목적으로 삼는다. 이런 정념들은 인간들 각자에 따라 매우 다양한 강도로 표출될 뿐만 아니라, 개인적으로 표출되기도 하고 집단적으로 표출될 수도 있다. 다른 한편, 모든(혹은 거의 모든) 인간의 기획은, 앞에서 살펴본 바와 같이, 집단의 형성을 요구하고, 부부같이 사소한 집단들에서조차 기능적 권력관계가 도입되는데, 개인적 에너지를 집단의 목적을 위하여 동원할 필요가 있기 때문이다. 다음의 상호보완성을 주목하고 기억해두자. 즉 본래 이기적인 정념들이 집단적 목적을 추구하는 가운데 충족될 수 있다는 것을.

권력은 도처에서 행사된다. 여러 분야에서 뽑은 집단들 속에서 분석을 계속하고 권력의 관점에서 이 집단들을 연구하는 것은 생산적인 기획이 될 것이다. 요컨대 이런 기획이 완전히 새로운 것은 아닐텐데,

사회학자들에 의해서 기업 같은 경제 집단들 속에서, 혹은 아마도 인기가 적은 방식으로 수도원, 종파, 교회들이 형성한 종교집단들 속에서 오래 전부터 개시되었기 때문이다. 가족(특히 부모와 자녀로 축소된 핵가족)을 부부 간에, 자녀들 간에, 부모들과 자녀들 간에 개인적으로 집단적으로 형성된 권력관계의 관점에서 체계적으로 연구하는 것은 무의식의 심리학이 주장하는 결과보다 더 확실하고 검증 가능한 결과를 도출할 수 있을 것이다. 여기저기에서 현실을 가장 정확하게 파악하기 위해서는 권력의 세 가지 양식이 제시한 지침과 해석을 사용해야 할 것이다. 이러저런 권력 양식이 다른 두 가지 양식들을 압도하는 경향이 있지만, 하나의 양식이 다른 두 양식을 배제하는 경우는 매우 드물다는 것을 확인하게 될 것이다. 우리가 이 책에서 다루어야 할 정치공동체란 집단에서는 그런 경우가 전혀 없다. 있는 그대로의 정치공동체의 범위에서 행사된 권력은 가능한 모든 권력관계들 가운데 특별한 위치를 차지하고 있다.

첫 번째 이유는, 우리가 인간의 문제들 중에서 중심적 소임을, 평화의 경향을 지닌 사회공간으로서의 정치집단에 부여했기 때문이다. 이런 이유로 자신의 목적에 그다지 충실치 않은 정치공동체가 여타의 모든 목적들을 가능케 할 첫 번째 조건이 된다. 사실 인간들이 서로 야만적으로 대하며 산다면, 인간들은 아무 것도 이루지 못할 것이다. 정치공동체의 이런 중심성으로 인해 인간 문제들 중에 정치가 가장 중요해지고, 엄청난 파급효과를 통해 정치권력이 중요해진다. 또한 정치권력의 행사방식은 필연적으로 사회조직 전체에서의 권력 행사에 영향을 주게 된다.

정치공동체 속에서 권력이 차지하는 중심적 지위를 설명하는 두 번째 이유는 권력의 세 가지 양식이 부득이해서 거기에 존재한다는 추론을 통해 증명할 수 있다. 지도력의 양식은 시민들을 정의를 통한 평화로 인도하기 위해서 필수불가결한데, 시민들이 인간으로서 평화를 희망하고, 평화에 도달하기 위해서는 역량이 요구되기 때문이다. 다시 말해서 시민들은 자유롭고 목적을 추구하며 타산적이기 때문에 평화와 정의를 얻기 **위해** 복종할 만반의 준비가 되어 있다. 강제력의 양식은 필요하고, 최종적으로 성공한 평화 속에서도 폐지될 수 없는데, 그 이유는 우선, 인간이 본성적으로 폭력을 사용할 수 있다는 것과, 다음으로, 시민들은 외부의 적과 내부의 배신자들에 대해 언제고 폭력을 행사할 수 있어야하기 때문이다. 인류 전체를 통합할 전세계적 단일 정치공동체(정치공동체의 개념을 손상하지도 않고, 정치사 속에서 천년 이상 된 운동과도 어긋나지 않는 가설이다)라 할지라도 전쟁을 폐지하겠지만, 내란을 예방하고 위법행위를 억제하기 위해서 폭력의 사용을 인정할 것이다. 권위의 양식에 대해서는, 게임의 규칙을 위하여, 관습과 법률을 위해서 권위가 동원되어야 하는데, 정치적 기획이 성공하기 위해서는 행위자들이 그것들을 준수하는 지가 관건이기 때문이다.

세 번째이자 마지막 이유는, 다른 곳보다 훨씬 더 작은 정치공동체에서 권력의 세 양식은 동시에 최대화될 수 없다는 것이다. 이 명제는 복종과 그것의 동기로부터 가장 직접적으로 검증될 수 있다. 즉 사람들은 동시에 **같은 정도로** 강한 공포와 열정적인 신봉과 잘 계산된 이익에 따라 복종하기를 선택할 수는 없다. 매번 하나의 동기가 우세하고 다른 두 동기는 종속적이다. 이런 제약 때문에 다음과 같이 다듬어진 개념규정이 등장한다. 즉 정치체제란 한 정치공동체 속에서 행사되는 권력양식들의 특수한 조합이다.

정치체제의 유형분류로 들어가기에 앞서, 권력양식의 조합은 무차별적으로 아무거나 선택할 여유를 가진다는 의미에서 평범한 것일 수 없다고 주장할 수 있다. 어떤 조합은 그것이 정치의 본성에 부합한다는 분명한 의미에서 자연적이고, 다른 하나 혹은 여럿의 조합은 반

자연적이다. 자연적 조합은 우리가 방금 표명한 것으로, 지도력의 양식이 시민들을 정의를 통해 평화로 인도하기 위해 그들이 찾아낸 역량을 동원하는 것이다. 달리 말해서 이 조합에서는 행위자들이 목적 실현에 유리하다고 추정되는 역량을 보고 그들이 선택한 지도층에게만 복종하게 된다. 또한 이 조합에서는 폭력을 외부의 적과 내부의 위반자들에 대해서 시민들이 행사하게 된다. 그리고 거기서 법률은 시민 각자와 모두로부터 가장 높은 정도로 준수된다. 이런 이상형으로부터 어느 정도 멀어지느냐에 따라 모든 정치체제는 그만큼 자연에 반하는 것이다.

3. 정치체제의 유형분류

다음 세 가지 지성적 태도는 가능하고 정당하다. 역사가의 재능은 유형분류와 비교를 경계하며, 역사적 사례 각각을 환원 불가능할 정도로 개별적인 것으로 다루는 것이다. 그에게는 개별적인 정치체제들만 존재하고, 각각의 체제는 권력 양식들의 독창적인 조합이 실현된 것이다. 사회학자는 기질적으로 정치체제들을 서로 비교하고 규칙성을 찾아내며, 다른 것들과 대립되는 일군의 것들 사이에서 유사성을 찾아내는 것에 관심을 갖는다. 그는 이런 작업을 토대로 경험적 분류를 시도하는데, 그 분류학적 원리는 이념형type idéal이다. 이것은 가장 많은 수의 사례가 거기에 포섭될 수 있도록 지속적인 특성들이 추상화되는 구체적 정치체제이다. 철학자의 적성은 하나의 유형학을 하나의 개념 속에 심어주는 것이다. 세 가지 입장은 각자가 다른 두 입장의 정당성을 인정하고, 시행된 연구에 따라 합당한 입장을 선택한다는 조건하에서 정당하다.

우리의 연구는 기본적인 정치 추론에 속하기 때문에 유형학을 도출하기 위해서 참조할 사람은 철학자이다. 유형학을 구성하는 단순한 원리는 권력의 한 양식을 일방적으로 극대화하고, 가장 일반적으로 생각할 수 있는 셋으로 구성된 유형학을 출발점으로 삼는 것이다. 인간 과학에서 상징의 사용은 그것이 양산될 필요 때문에, 그리고 이로 인해 그 상징의 사용자들이 빠지게 될 혼돈 때문에 금지된다. 우리는 학자가 주장하는 개념규정을 독자들 자신이 어휘들에 부여한 개념규정으로 대체할 위험을 무릅쓰고 어휘들을 사용해야 한다. 이런 위험을 무릅쓰고, 강제력이 큰 가치를 발휘하는 정치체제를 **전제(專制)**auto-cratie, 권위가 두드러지는 정치체제를 **신정제(神政制)**hiérocratie, 지도력에 토대를 둔 정치체제를 **민주주의**démocratie라고 부르기로 하자. 이것들 각각에 대해 기본 원리를 따라 제기된 구별의 보충적 기준 몇 가지를 도입함으로써 사회학자와 역사가도 사용할 수 있는 모순 없는 도표를 얻게 된다.

민주체제는 지도력을 기본원리로 하는데, 결과적으로 모든 일반적 권력관계, 특별히 정치적 권력관계는 복종자들에 근거한다. 그들이 복종하는 이유는 인간으로서 자신들에게 부과한 목적을 달성하기 위하여(달성할 가능성을 조금이라도 남겨두기 위하여) 유능한 자에게 복종하는 것이 영리한 타산이라고 판단하기 때문이다. 그러면 누가 역량을 판단하는가? 이해 당사자들만이 판단할 자격이 있는데, 만약 역량있는 사람이 그들의 외부로부터 지명되어야 한다면, 그들은 강제에 못 이겨하게 될 것이고, 복종과 불복종 사이에서 선택할 자유는 말뿐일 것이다. 결국 민주 체제에서의 궁극적 원리는 개인이든 집단이든 하나씩 정해진 복종자가 자신이 복종하기로 동의한 사람들을 선택하는 것인데, 여기서는 적극적이고 활동적인 의지가 중요하기 때문이다.

보다 더 특별한 체제들로 나누는 작업은 '누가 선택하나'라는 문제에 대한 대답을 통해 드러난다. 여기서 주권이란 보다 더 기술적인 용어를 도입하고 다음의 질문을 하고 싶어진다. 즉 '주권의 중심이 무엇인가?' 또는 '누가 지배자인가?'인데, 이 말들이 모든 이념적 일탈과 지성적 혼돈의 구실이 될 정도로 복잡한 역사와 모호성을 담고 있지 않다면 말이다. 이 질문을 결정적으로 포기하는 게 나을 것이다. 이 질문에 대한 답변은 무한히 다양할 수 있다. 사실 경험적 자료에 따르면, 역사적으로 다음 세 가지 가능성만이 채택되었다.

첫 번째 가능성은 출신이 좋은 사람들, 즉 사회 단체 속에서 그들의 부, 위세, 권력에서 뛰어나며, 아주 먼 옛날부터의 연륜에서 탁월한 어떤 가문의 대표들(언제나 남자)만이 선택하는 경우이다. 우리는 이를 **귀족제**régimes aristocratiques라 부르는데, 이 가문들이 귀족 정치를 구성하기 때문이다. 우리는 이것의 가장 좋은 사례를 인도-유럽 지역에서, 특히 고대 그리스에서 찾을 수 있으며, 가장 순수한 형태로는 호머의 시들에서 등장하는 것이다.

두 번째 가능성은 부유한 사람들, 즉 축적된 어느 정도의 부, 또는 일정 금액의 정액 소득을 소유한 사람들만이 선택하는 경우이다. 전통적으로는 이 체제를 **과두제**régimes oligarchiques로 지칭했지만 착각을 일으키는 명칭이다. 표현이 너무 경멸적이 아니라면 **금권정치**ploutocratiques라 부르는 것이 보다 더 적합할 것이다. 또한 귀족제도 과두제도 귀족이나 부자가 '지배'한다는 사실에 따라 정의되는 것이 아니라, 그들이 공직자들titulaires을 지명한다는 사실에 의해 정의된다는 것은 분명하다. 그리고 의원들 역시 항상 그들과 같은 신분 출신이라는 것은 거의 불가피하지만 우발적인 사정이다.

세 번째 가능성은 정치공동체의 모든 구성원이 선택할 자격이 있는 경우로서, 말 그대로 **민주주의 체제**régimes démocratiques이다. 이 체제에서는 출신도 재산도 정치 단체 소속의 기준이 아니다. 하지만 성별, 나이, 출신 종족, 범죄기록은 어떨까? 누가 '정치공동체의 구성원' 인지를 결정하는 것은 모든 민주주의에서 제기되는 까다로운 문제이다. 우리는 나중에 이를 재론할 것이다.

권위의 양식에 토대한 **신정 체제**régimes hiérocratiques는 그 시간적 확장 범위가, 국지적이고 일화적인 예외를 제외하면 신석기 시대부터 현대까지 역사의 전 기간을 차지한다. 신정체제는 권위의 본성 때문에 세 가지 행위자들로 구성된다. 즉 초월적 원리로서, 중국에서는 하늘, 인도에서는 다르마, 이슬람 지역에서는 알라, 그리스도교 유럽에서는 하느님Dieu이라고 불리는데, 권력의 실제적 중심이고 모든 대표의 근원이다. 하지만 이 원리의 초월성에 따르면, 권력을 직접 행사하는 것이 금지된다. 권력은 지상 대리자에게 위임되고, 이 지상 대리자의 존재론적 지위는 파라오의 신성에서부터 프랑크족의 인성까지 다양한데, 한 인간보다는 한 혈통이나 왕조에게 위임된다. 이 위임받은 대리자는 초월성과 대리권을 인정하는 백성들의 복종을 받는다. 신정제의 가장 내면의 핵심에서는 이 기본적 구조가 이중적 계약을 설정한다. 이 계약은 일반적으로 암묵적이지만 가끔 명시적인데, 중국에서 천명(天命)의 개념이나 프랑스 군주제의 사례가 있다. 첫 번째 계약은 초월적 원리와 그의 대리자를 묶어주는데, 전자가 후자에게 정치공동체에 평화와 정의를 보장하기 위해 그것을 관리할 임무를 맡긴다. 두 번째 계약은 대리자와 그의 백성들을 묶어주는데, 백성들은 평화, 정의, 번영과 다른 혜택이 실제로 그들에게 보장되는 조건으로 대리자에게 복종한다.

이 두 계약 중에 어디에 강조점이 주어지느냐에 따라서 신정체제의 두 형태, 즉 **완화된 신정제**hiérocratie tempéré와 **절대적 신정제**hiérocratie absolue가 유용하게 구별된다. 전자에서는 대리자의 권력이 법적으로 실제적으로 제한되고, 복종자들은 정치권력의 행사에 대해 어느 정도의 제도적 통제를 한다. 후자에서는 대리자의 권력이 법적으로는 제한될 수 있지만, 실제적으로는 별로 그렇지 않은데, 사회 속에서 모든 권좌(權座)는 중심에서 생겨나기 때문이다. 이 구별은 유용하고, 없어서는 안 되기까지 한데, 적어도 오천년 동안의 역사를 가지고 있는 족장제chefferie, 공국(公國)principauté, 왕국royaume, 제국empire을 연구하고 이해하기 위해서다.

전제체제régime autocratique는 권력이 아래로부터도 위에서도 위임되지 않는다는 사실로 인해 부정적으로 정의될 수 있다. 긍정적인 용어로 말하면, 단수나 복수의 권력자들은 그들 스스로에 의해 임명되고, 폭력과 책략을 통해 권력을 독점한다. 그들은 권력을 행사하고 곧이어 앞의 수단들을 사용하며 국민을 영구적 공포 상태 속에 가둠으로써 권력에 집착한다. 폭력, 공포, 반란과 죽음의 결합이라는 강제력의 속성으로 인하여 이 체제의 중심적 전략들이 분명히 드러난다.

그 첫 번째 전략은 모든 반란을 예방(豫防)하는 것이다. 반란보다 더 큰 폭력으로 거기에 맞섬으로써 그것을 통제할 수 있다는 보장이 결코 없기 때문이다. 독재자가 신중하게 생각해보면 다음 같은 확실한 해결책이 나온다. 즉 민중을 항구적인 사회적 원자화(原子化) 상태로 유지해야 하고, 그것으로 족하다. 이 상태에서는 잠재적 반란으로의 응결핵 역할을 할 수 있는 모든 제휴가 민중에게 금지된다. 이상적인 형태는 개인들의 한 무리를 지배하는 것인데, 그 정해진 형태는 생산에 기능적으로 필요한 것으로 국한하는 것이다. 이런 이상적 형태에 근접할수록 반체제 인사들은 그들의 저항을 하나의 집단적 운동으로 조직할 힘이 없어서 단 하나밖에 없는 대안으로 축소된다. 다시 말해서 허리를 굽히며 입을 다물던지, 홀로 궐기했다가 확실하게 소멸당하는 것이다. 선택은 비겁과 순교 중의 하나다. 국민의 원자화를 위해 통상 사용되는 전술은 민중 속에서 부추겨지는 밀고행위이다. 그것은 권력을 노리는 위협들에 대해 권력에 알리려는 목적보다는, 억압받는 자들 서로 간에 의혹의 눈초리를 퍼뜨리는 것을 우선적으로 추구한다. 이런 의혹은 어느 누구도 타인을 더 이상 믿을 수 없어서 그들 스스로 서로를 약화시킬 정도이다. 원자화를 위한 또 다른 방법은 영구적 궁핍 상태를 도입하는 것이다. 이런 방법은 사람들 가운데 극단적 과민성을 자극하고, 이런 과민성을 이 상황의 책임자에게 발산할 수 없기에 다른 사람들에게 돌아가게 되며, 국민 각자의 고립을 더욱 강화하게 된다. 궁핍상태는 대개 확고하게 이루어지지는 않지만, 체제의 본성 자체를 통해 유발되는데, 이 체제로서는 궁핍상태가 야기하는 쇠약하게 하는 효력은 부차적 혜택이다.

전제의 두 번째 중심 전략은 권력기구를 통제하는 것이다. 독재자는 그 자신이 민중을 원자화할 수 없고, 혼자서 외부의 적들로부터 자신을 지킬 수도 없으며, 중요한 공공업무의 기능을 혼자서 보장할 수도 없다. 그는 자신의 강제력을 광신자들에게 위임할 필요를 느끼는데, 사실상 이 광신자들이 중요한 국가 기밀을 다루는 지위를 차지하는 강력한 맞수가 되는데, 특히 군부에서 그러하다. 독재자는 전부를 통제하기 위해서 필요한 권력기구를 통제해야 한다. 해결책은 서로 정탐하고, 시기함으로써 서로서로 감시하게 하기 위하여 공공업무를 양산하는 것이고, 독재자에게 위협적인 지도자에게 봉사하는 지지자들의 연결망이 권력기구 속에 형성되지 않도록 하기 위하여, 강력하고 자의적이며 잦은 숙청을 시행하는 것이다.

이 두 가지 전략이 끈기 있고 단호하게 시행되는 한, 전제체제는 국제관계 말고는 결코 두려워 할 것이 없는데, 이 체제는 국제관계의 여건을 제어하지 못하기 때문이다. 이런 이유로 전제정치가 요컨대 자연스레 자폐(自閉)와 대외적 신중의 경향을 띠게 된다. 전략들은 어느 정도 일관성 있게 시행될 수 있고, 전략들이 현장에서 지탱하고 있는 권력은 여러 가지 목표들을 스스로 정한다. 이런 다양성으로 인해 전제체제의 여러 변형들이 나타나게 된다.

가장 희귀한 형태는 **전제군주제**régime despotique로서 역사적 호기심의 대상일 정도이다. 희랍인들이 부여한 바대로의 의미로, 전제군주는 정치공동체를 자신의 개인 재산으로 간주하고 그와 같이 관리하는데, 그가 그것을 잘 관리할 가능성을 배제하지 않는다. 그는 이런 관리를 통해 수익을 올리고, 그 수익의 용도를 결정하는 것은 그 혼자인데, 그 용도는 타인에게 관대할 수도 있지만, 대개는 이기적인 것이다.

폭군제régime tyrannique는 훨씬 널리 유포된 형태인데, 특히 민주체제와 신정체제의 부패이다. 그것은 집권자가 자신의 정념과 개인적 본능을 충족하기 위해 권력을 행사한다는 사실로 특징지워진다. 그 집권자 자신을 위한 권력의 취향은 음란, 인색, 탐욕, 허영심이다.

권위주의적 체제régime autoritaire는 잘못된 호칭이다. 이런 표현은 '권위'라는 말마디를 경멸적인 의미로 받아들이기 때문인데, 이 말은 찬사(讚辭)지만 이런 의미는 마멸될 우려가 있다. 이 체제는 동로마제국 같이 옛날에도 있었지만, 현대에 자주 나타나는 진부한 체제이다. 거의 항상 군대같은 소수가 궁정혁명이나 쿠데타를 통해서 권력을 탈취하고 정치권력을 독점하게 된다. 이 체제를 식별하게 해주는 특성은, 지배자들이 정치권력의 독점을 거의 그들의 독자적 자발성에 맡겨진 모든 사회적 활동들로 확대하려 하지는 않는다는 것이다. 특히 경제 영역은 효율성에 유리한 조건 속에 자리잡을 가능성이 있는데, 이런 상황 속에서 권위주의적 체제가 경제적 근대화의 추진자가 될 수 있다.

이념지배체제régime idéocratique에서는 이런 신중함이 없는데, 한 시기에는 '전체주의적totalitaire'이라는 수식어를 붙일 만했다. 하지만 이 말을 주장하는 것이 필요하다고 하기에는 공허한 논쟁의 부담이 너무 컸다. 스스로 임명한 소수가 권력을 탈취하지만, 이번에는 정치공동체에 어떤 이념과 유토피아를 강요하기 위해서이다. 독재체제의 전략에 따라 권력을 행사하는 '지배cratie'로서, 모든 이념지배체제들은 서로 밀접히 닮았지만, 표방하고 주도하는 이념에 따라 상당한 정도로 구분된다. 그것들은 크게 두 범주로 나뉜다. 그 하나는 반동적이고 反근대적인데, 온갖 형태의 근대성에 대한 뿌리깊은 증오를 통해, 그것과 근본적으로 구분되는 사회상태를 창설하거나 복구할 것을 주장한다. 양차 세계대전 사이의 파시즘, 현대의 종교적 근본주의가 그 사례이다. 다른 하나는 極현대적ultra-moderne이라고 부를 수 있는데, 유럽과 서양에서 발전한 민주적이고 자본주의적 제도들을 사용하지 않고, 심지어는 그것에 반대하면서 근대성의 가치와 이상을 실현하며 완성시킬 것을 주장하는 이념을 표방하기 때문이다. 공산주의와 사회주의의 여러 형태가 이 범주에 해당된다.

전제체제의 분류를 완성하려면 **마피아 체제**régime mafiosique를 하나 더 언급해야 하는데, 권위주의적 체제가 자주 이 체제로 귀착되고, 이념지배체제는 영락없이 이 체제로 전락하게 된다. 이 체제를 식별할 수 있는 특징은 '대부(代父)들'에 의해 조종되는 신봉자들의 등장인데, 대부들은 서로 감시하고 세력의 평형을 이루며, 민중으로부터 착취한 이익을 자신들과 각자의 '가족들'에게 배분하기 위해 서로 타협한다.

4. 정치체제 유형분류의 의미

우리가 제시한 유형분류는 희랍 철학에서 이어받은 그것과는 확연히 다르다는 것을 알 수 있다. 희랍 철학의 유형 분류는 본질적으로 통치자들gouvernants의 수에 바탕을 두고, 그것이 하나면 군주제monarchie, 몇몇이면 과두제oligarchie, 모두면 민주주의이다. 그리고 이 체제들의 부패한 형태는, 적어도 한 논점에 따르면, 차례로 폭군제tyrannie, 금권

정치ploutocratie, 중우정치ochlocratie이다. 다른 하나의 유형분류는 아리스토텔레스의 것인데, 한 가지 관점에서 우리의 분류와 더욱 비슷하다. 우리가 찾아낸 모범적인 민주체제는 본성적으로 **혼합된** 것인데, 행위의 제약으로 인해 권좌들 각각의 보유자를 **하나로** 하지 않을 수 없고, 이 권좌들은 원칙적으로 **가장 유능한 사람들**, 즉 소수가 차지하며, 시민들 **전체**는 최선의 사람들을 선출하고 그들에게 위임한다는 의미에서 그러하다.

다른 관점들을 강조하는 것이 더욱 중요하다. 정치체제들은 아무 역사 사회적 환경들 속에나 들어서는 것이 아니라는 것이 지금부터는 분명해진다. 우리가 정의한 대로, 귀족 가문이라는 견제세력에 의해 완화된 신정제 속에 자리 잡는 귀족체제는 귀족, 즉 전 인류 역사 속에서 특이하고 드물다고 할 수 있는 사회적 엘리트의 변이형을 전제로 한다. 과두제는 부자들만을 전제로 하는 게 아니라, 부 자체를 중시하는 것과 사회계층의 일정한 경직성을 전제한다. 이런 조건들은 '도시국가들cités'에서 쉽사리 충족되는데, 한 촌락이나 도시를 중심으로 정치공동체가 구성된 이 작은 사회들에게는 과두제가 사실상 매력적인 체제였다.

신정제는 대다수가 초월적 원리와 그 원리의 지상 대표자에 대해 공유된 신앙을 가질 가능성을 요구한다. 이념지배체제는 정치를 통한 유토피아의 계발이 먼저 이루어질 것을 전제한다. 이런 식으로 역사 사회적 환경이 고려된다.

보다 더 일반적으로, 엄밀하게 논리적 관점에서 보자면, 여러 정치체제들이 가능한 만큼, 특정한 사회 역사적 맥락 속에서 외부적 요소들이 이러저러한 가능성의 실현을 촉진해야 한다. 우리의 연구를 민주주의에 집중하기로 했기에, 민주주의가 잠재성을 떠나 역사적 현실이 되기 위하여는 가능성의 결정적 조건들을 조합하는 혜택을 입어야 한다. 우리는 그 조건들을 찾아내야 하고, 그것들이 출현할 개연성이 얼마나 큰지를 강조해야 한다.

　정치체제들이 역사적으로 우연히 발현할 가능성은 유형분류의 명백한 집중현상과 전혀 모순되지 않는다. 우리는 이미 그것을 겪었다. 처음의 세 체제들로 돌아가 보자. 민주체제는 자유롭고, 목적지향적이며, 타산적이고/합리적이고rationnelle/분별있다고raisonnable 규정한 인간 본성에 정확히 부응하는 속성을 지니고 있다. 그것을 증명하기에 앞서, 제도와 조직들로 계발된 이 같은 체제가 인간의 자유, 사교성, 분쟁가능성의 결과를 극복하기 위하여 평화와 정의의 추구를 요구하는 장치와 절차들을 제안한다고 가정해볼 수 있다. 민주주의가 인류의 자연스런 체제라고 확신할 수 있는 것은 이런 의미에서이다. 다시 말해서 민주주의가 인간의 본성으로 인해 인간에게 제기되는 문제들에 최적의 해결책을 제공하는 속성을 가졌다는 의미에서이다.

　정반대 쪽에, 본성을 거스르는 체제로서 전제정치가 있다. 이 체제 역시 나름의 속성을 지니고 있고, 자연스런 가능성 속에 자리잡고 (그래서 생물학자가 암세포의 병리성을 부정할 필요없이 그것을 객관적으로 연구할 수 있는 방식으로, 이 체제의 객관적 연구를 제안할 수 있다) 있지만, 그것은 평화와 정의가 실현되는 것을 철저히 금지하고 있기 때문에 인간 본성에 혐오의 대상이 된다. 결국 더 깊이 생각하지 않고도, 두려움이 인간의 자연스런 기질이라는 점을 주장한다면, 이 체제의 모든 가능성이 실현되는 것을 촉진하는 그 기질을 아무에게도 납득시킬 수 없다.

　신정제에 관해서는, 어긋난 위치를 차지하고 있는 것으로 이해해야 하는데, 신정제가 완화된 체제일수록 그만큼 민주체제 쪽으로 기울고, 신정제가 절대적일수록 그만큼 전제체제의 경향을 띠게 되지만, 그럼에도 불구하고 그 어느 쪽도 양극으로 사라지지는 않는다. 즉 오디세이에 나오는 페아시엥인들Phéaciens의 극도로 완화된 신정제도 민주주의는 아니고, 티무리드인들Timourides의 고도로 절대적인 신정제도 전제정치는 아니었다.

　마지막 특성은 되풀이하는 말이 될 것이다. 기본적 정치체제 각각은 그 나름대로의 본성과 논리를 가지고 있다. 그래서 부지불식간의 충격으로 하나의 체제에서 다른 체제로 이행할 수 있으리라는 생각은 절대적으로 불가능하다고 할 수는 없어도, 개연성이 극히 적다고 우선 결론지을 수 있다. 한 체제에서 다른 체제로, 한 논리에서 다른 논리로의 이행은 어디에선가 단절로 나타나고 말 것이다. 이런 단절을 **혁명**이라 불러 마땅할 것이다. 대략 조합해보면 다음 여섯 가지 혁명의 가능성을 상정할 수 있다. 즉 민주주의로부터 신정제나 전제정치로의 혁명, 신정제로부터 민주주의나 전제정치로의 혁명, 전제정치로부터 민주주의나 신정제로의 혁명이 그것이다. 민주주의, 보다 정확하게 말하면 근현대의 민주주의가 이 책의 주제이다. 위의 조합을 통해서 몇 가지 문제와 가설들이 제기된다. 근현대의 민주주의는 어떻게 신정제였던 구체제를 파괴하는 혁명을 통해 태어날 수 있었을까? 근현대의 민주주의가 전제정치로 추락할 위험은 무엇인가? 근현대의 전제정치가 민주주의에 자리를 내줄 가능성은 무엇인가? 논의의 자연스런 진행을 따라, 우리는 민주주의의 기원, 부패와 미래의 문제를 살펴볼 차례이다. 우리는 아직 이 문제들을 해결할 준비가 되어 있지는 않다. 민주주의의 본성을 분석하기에 앞서 아직도 많은 사전 작업이 필요하다.

Ⅳ. 민주주의의 본성

이 장의 본래 목표는, 앞서 제시된 용어를 고수한다면, 민주주의의 '불문법률'이다. 개념적 순수성을 살린 민주체제의 가장 궁극적이고 독점적 특성을 찾아내고, 명확하게 하며, 개념을 규정하는 작업이다. 그것은 우리 처분에 달린 유일한 절차인데, 이 절차에 따르면 사실판단과 가치판단을 통합한 판단을 합성하게 된다. 실제로 우리의 이런 기획이 실패하지 않는다면, 우리는 민주체제가 **무엇인지**, 민주적이기를 바라는 체제가 **어떠해야 하는지**, 그리고 민주체제는 인간에게 자연적이기 때문에 인간이 무엇을 **원해야 하는지**를 동시에 알게 될 것이다.

우리 연구의 수사학적이지 않지만, 논리적인 출발점은 민주주의에 의해 계발된 권력의 양식, 즉 지도력에 의해 제시되어야 한다. 그것의 본질적 특성은 복종을 잘 계산된 이익에 터하게 하는 것이다. 결국 그것의 성격은 심하게 **계약적**이다. 민주주의는 우선 하나의 계약이거나 계약의 한 매듭으로서 정해진 기한에 따라 개인적이고 집단적 행위자들 사이를 묶어준다. 알다시피 계약에서는 계약자들이 무언가를 교환하고, 교환은 다음 두 가지 조건에서만 정당할 수 있다. 곧 교환물이 평등하고 교환자가 자유로워야 한다는 것이다. 또한 교환물의 평등은 그들 자신과 그리고 타인과의 평행한 교섭 속에서 교환자들에 의해 평가되고 결정되는데, 이것은 그들이 찬성과 반대를 숙고할 수 있고, 즉 계산할 수 있다는 것을 전제한다. 끝으로 교환자들이 목적을 추구함이 없이 이런 교환행위에 가담하는 것을 가정하는 것은 비상식적인데, 교환이 그들에게는 게임이라고 하더라도 그 게임은 하나의 목적인 셈이다. 즉 오락, 함께하는 즐거움, 능란하게 협상하는 만족감같이, 가능한 유희의 모든 목적들 말이다. 요컨대, 언어적인 것이 아니라 권력의 개념과 현실에 근거한 일련의 논리적 귀결에 따라, 민주체제는 지도력에 바탕을 두고, 지도력은 계약에 근거하며, 계약은 자유롭고 타산적이며 목적지향적인 행위자를 전제한다. 인간 본성에 비추어보아 민주주의의 심층적이고 인식가능한 자연성에 대해 다시 한 번 논리적 연결고리가 채워졌다.

민주체제가 본질적으로 **계약적**이라는 타당하고 확정적인 이유로, 적어도 성찰의 전문가들이 있는 곳에서, 모든 민주화의 거스를 수 없는 인지적 발현이 사회계약론의 발현일까봐 놀랄 필요는 없다. 이 사회계약론들의 정당화된 '주의isme'는 그것들이 논리적이고, 경험적이며, 과학적이거나 철학적인 인식의 영역에만 속하지 않고, 우리가 이데올로기와 관방학에 할애했던 정치적 인식의 영역에도 속한다는 사실에서 유래한다. 우리는 그 사회계약론들을 두 가지 민주화의 거대한 역사적 체험과 정치적 성찰 속에서 발견하는데, 한 가지는 소피스트들의 무절제로 인해 소크라테스와 플라톤의 공격이 그들에게 가해지기 전인 기원전 5세기 희랍의 소피스트들에게서이고, 다른 하나는 근대의 정치철학에서이다.

민주주의를 도입하기를 원하는 정치적 행위자들에게 제기될 수 있는 제도와 조직들의 **모든** 문제들은, 행위자의 입장에 서서 다음과 같이 질문함으로써 이론 속에서 해결책을 찾을 수 있고, **모두**가 해결될 수 있다. 즉 순전히 자유롭고 목적지향적이며 타산적인 행위자가 어떤 해결책을 채택할 것인가? 그런 인식론적 입장을 취하면 우리는 연이은 추론에 의해 순수하고 완전한 민주주의의 모델, 추구할 이상인 동시에 현실을 이해하기 위한 척도인 모델, 그 모델로 정보처리 프로그램, 민주주의의 소프트웨어를 만들 수 있다는 것에 대해 실망할 필요가 없는 모델을 구성할 수 있다. 모든 것을 다루는 것은 우리에게 금지되어 있다. 요컨대 교수법에 따르면 학생을 길 위에 세우고 얼마 동안은 안내를 해준 후 나머지 길은 혼자서 헤쳐 나가도록 내버려두라고 한다. 우리는 이제 이 모델의 본질적인 분절들로 보이는 것을 검토할 것이다. 그것은 집단들의 본성, 목적들의 본성, 공적 부문과 사적 부문의 구분, 권력의 위임이다. 우리는 매번 민주주의의 기본 규칙과 그것의 부패 또는 결정적인 변태들을 검토할 것이다.

1. 민주적 집단들의 본성

우리는 집단이 무엇인지 이미 알고 있다. 그것은 하나의 공통된 목적을 함께 달성하기 위해 그들의 노력을 합치는, 적어도 두 행위자들의 집합이다. 그것은 의사결정, 동원, 행위에 적합한 절차를 채택함으로써 다른 개인적, 집단적 행위 단위에 대하여 하나의 행위 단위로서 행동할 수 있는 집단적 행위자인데, 이 집단에 포함된 개인의 수는 상관이 없다. 그것은 결국 그 구성원인 개인들 속에서 그들에 의해 물리적으로, 정신적으로, 지적으로 그리고 (필요에 따라) 영적으로 존재하며, 그들이 집단의 목적을 그들의 목적으로 삼음으로써 그들 자신을 그 목적과 동일시하는 한, 존재하는 하나의 행위 단위이다. 그 목적들은 다음과 같이 여러 겹이고 다양하기 때문에, 즉 감정적, 생물학적, 경제적, 정치적, 종교적, 지적, 에로틱하거나, 유희적...이기 때문에, 그것들을 지향하기 위해 형성된 집단들도 여러 겹이고 다양하다. 즉 부부, 가족, 기업, 정당, 연구실, 신문이나 잡지, 정치공동체, 동아리, 소모임, 교회, 수도원 등등. 이 모든 집단들은 인간의 군집성의 표현이고, 이것은 연결망이 사교성의 표현이고, 사회형태morphologie가 사회통합성의 표현인 것과 같다. 이 집단들 나름대로 이 사회적 생산물 모두는 민주주의로부터 독립되어 있고, 그것들이 출현한 역사적 환경 속에서 부여받은 형태와 추구하는 목적을 통해 그것들에 각인된 논리와 합리성을 지니고 있다. 그러나 인간의 문제들 속에서 차지하는 정치의 중심성 때문에 모든 집단들은 그것들의 형성을 지배하는 정치체제로부터 영향을 받지 않을 수 없다.

민주주의의 계약적 특성으로 인해 민주적인 집단들 모두는 다음 세 가지의 기본적인 민주적 규칙에 맞출 것을 강요받는 경향이 있다.

- 행위자 각자는 그 어떤 집단에도 **가입하지 않을 자유**가 있다. 그는 절대적으로 자유롭고, 거기에 참여하는 것이 아무 이익이 없다고 계산할 수 있는데, 그 집단이 추구하는 목적이 그의 마음을 끌지 못하기 때문이다. 이러저러한 집단들이 추구하는 목적들이 자의적이거나 결정 불가능하거나 임의 선택적이라는 것을 내세움으로써 같은 결론에 도달할 수도 있는데, 이것은 공정함을 손상치 않은 채 그것들을 거부할 자유를 각자에게 주는 것이다. 그리고 아무튼 목적들이 결정 가능하고 필수불가결하다고 해도, 인간이 타고난 자유 때문에 부득이 설득을 통해 전향하게 해야 하며, '가입이 강제되는 것'은 금지된다.

- 행위자 각각은 무슨 집단에서라도 **탈퇴가 자유로운데**, 거기에 가입하지 않는 것이 자유로웠기 때문이다. 여기서 한 가지 궤변을 눈치챌 수 있다. 어쨌든 한 집단에 일단 가입하면 거기에서 탈퇴하지 않는다고.. 그건 아니다. 집단들은 개인들에 의해 개인들 속에 존재하기 때문이다. 그리고 그 집단들의 창립의 순간부터 전 생애 동안 줄곧 그러하다. 다시 말해서 한 집단은 그 구

성원들의 계속적 창조물인 셈이다. 매순간 집단은 그 구성원들이 거기에 가입하기를 수락함에 따라 창설되고, 그들은 말하자면 거기에 가입하기를 결코 그치지 않았다. 그러므로 그들은 가입하지 않을, 즉 탈퇴할 자유를 매순간 요구할 권리가 있다. 원칙의 수준에서 사람들은 탈퇴하지 않고, 더 이상 가입하지 않는다. 물론 자유는 자격없이 유지될 수 없는데, 가입을 요구함으로써, 그리고 타인들에 의해 허락받음으로써, 각자는 집단과 타인들에 대해 서로 빚을 지기 때문이다. 이런 상호적 채무를 일방적으로 폐기 통고하면 집단 안에 머물러 있는 사람들의 성공을 위태롭게 할 수 있고, 이것은 본래 불공정할 계약에 불평등을 도입하는 것이다. 즉 누군가는 그들의 회원 비용이 증가되고 혜택이 감소하는 것을 보게 되는 반면에, 탈퇴자는 반대 상황을 즐기게 될 것이다. 한마디로 말해서, 탈퇴의 자유를 행사하는 것에 대해서는 조건들을 설정하는 것이 정당하다.

- **아무도 가입이 자유롭지 않은데**, 가입 의향을 표현하고, 그것의 수락을 의무로 기대하는 것은 충분치 않다는 의미에서 그러하다. 각자가 가입의 의향을 밝히는 것은 자유로우나, 그 의향이 받아들여지는지는 이미 가입한 사람들에 달렸다. 이런 조항은 어떤 목적을 달성하기 위해 창설된 집단들의 속성 자체에 따라 강요된다. 집단의 구성원들은 그런 목적의 추구에 긍정적으로 기여할 수 있어야 하고, 이에 따라 조금이라도 기여하리라고 추정되는 가입 희망자들의 능력에 따라 그들을 선발하도록 강요된다. 여기서부터 민주주의에서 집단의 가입에 적용할 매우 확고한 일반적 규칙들이 나온다. 즉 모든 행위자는 자신의 가입의향을 제시할 수 있다. 가입의향은 집단의 목적에 기여할 가능성에 따라 평가된다. 가입의향은 그들의 기여의 중요성에 따라 서열화

되어야 한다. 가입 지원자는 그들 각각의 재능에 따라 선발되어야 한다. 예외를 제외하고, 집단 내부의 사람들만이 가입의향들을 평가할 능력이 있고, 그들은 집단의 성공만을 고려함으로써 정의에 입각해 평가해야 한다. 한마디로 민주적 선발은 유능한 사람들이 유능함을 선출하는 것이다.

부패와 변태현상들은 집단들이 그것들의 목적과 맺는 관계에, 그리고 집단의 구성원들이 그 집단의 목적과 맺는 관계에 충격을 줄 수 있다. 우리는 이 문제를 다음 단락에서 다룰 것이다. 다른 문제들이 기본 규칙들에 영향을 끼친다. 폭력이나 책략에 의해 강제된 모든 가입은 민주주의에서 그 자체로 부당하고 불법임(성문법률은 민주주의의 불문법률에 맞추어야 한다)이 분명하다. 즉 협박을 통해 얻어낸 전향, 노예제, 채널 바꾸기를 금지함으로써 강화된 미디어의 독점, 처녀가 원하지 않는 남편에게 강제결혼 시키기 등등의 그 어떤 집단에든 합의되지 않은 모든 형태의 가입이 그러하다. 노예제가 인간 본성을 거스르는 것은 아리스토텔레스가 주장했던 것처럼, 어떤 인간도 노예의 기계적 노동으로 전락하기를 원할만큼 바보스럽지 않기 때문이 아니라, 자유로운 존재로서 어떤 인간에게도 그 노동을 거부하고, 그 거부의 결과를 받아들일 자유를 박탈할 수 없기 때문이다. 어떤 인간도 자신을 노예로 팔아넘길 자유를 갖고 있지 않은데, 이런 계약은 계약의 양 당사자 중의 하나가 언제고 그것의 폐기를 통고 하지 못할 가능성으로 인해 본질적으로 부당하게 될 것이기 때문이다. 노예제는 비인간적인 동시에 비민주적인데, 가장 확고하게 노예제 사회였던 사회들은 귀족제, 과두제나 완화된 신정제 같은 귀족 사회들이라는 역사적 역설을 다시 한 번 강조하게 된다. 노예제가 노동자의 정상 상태인 이념지배체제에서의 노예제는 예외적 사례이다.

가입하지 않을 자유에 대해 환원 불가능한 예외 하나를 지적하는 것이 마땅하다. 어느 누구도 태어나지 않을 자유를 누려본 적이 없다! 이에 대응하여 이런 초기의 자유 박탈이 자살할 자유를 통해 보완될 수 있고, 자살하지 않음으로써 부모의 행복한 선택을 사후적으로 확인하는 것이라고 주장할 수 있다. 이런 추론이 삶의 모든 고뇌들을 진정시키는지는 확실치 않다.

집단에서의 탈퇴가 금지될 때도 부패와 변태가 일어난다. 예컨대 다음의 탈퇴행위를 할 자유 또는 권리(두 말은 서로 바꿀 수 있는 동의어이다)가 행위자에게 부정될 때인데, 정치공동체라는 집단에서 타국으로 이민할 경우, 부부라는 집단에서 이혼하는 경우, 교회라는 집단에서 신앙을 버리는 경우, 기업이라는 집단에서 일자리를 바꾸는 경우, 인간 집단에 작별을 고하는 자살의 경우 등등이다. 마찬가지로 집단의 현회원들의 의견을 묻지 않거나, 집단의 목적과 가입 기준에 준거하지 않은 채, 신입회원이 가입할 자유 또는 받아들이게 할 자유를 주장하는 것은 반민주적인 것이다. 한마디로 외부의 권력이 집단에 강요하든, 집단의 구성원들 자신이 부패하든, 현회원에 의한 신입회원 선거coop-tation의 규칙에 반대되는 입장을 취하는 것은 반민주적이다. 한 가지 사례만 들어 보자면, 기업의 구성원들이 기업이 자신들만을 섬기리라 믿는 것, 획득한 수익의 보존을 강요하는 것, 모든 해고를 거부하는 것, 일자리를 지인들에게 할당하는 것은 반민주적인데, 기업의 목적이 그 고객들에게 가장 좋은 가격에 최상 품질의 재화와 용역을 제공하는 것이고 보면, 기업의 모든 것은 이 목적에 따라야 하고, 적어도 민주주의에서는 그러해야 한다.

부패corruption와 변태perversion는 동의어가 아니다. 부패는 어떤 규칙이나 원칙을 다소간 위반한 것이다. 변태는 위반 자체를 규칙이나 원칙으로 내세우는 것이다. 어떤 공기업에서 일자리를 자기 자녀들이나 친지들에게 할당하는 것은 부패이다. 공기업을 이념적인 인물들로 채우고 생산성이 이런 행동으로 인해 득을 볼 것이라고 주장하는 것은 변태이다. 과학자들을 양성하기 위해 국가가 투자한 비용을 고려해서 그들의 국외 이민을 금지하는 것은 부패이다. 국가 또는 프롤레타리아 계급의 신비적 무결성(無缺性)을 들어 검열을 정당화하는 것은 변태이다.

2. 민주주의에서 목적의 위상(位相)

우리는 목적들에 대해 한 번 더 논의를 해야 하는데, 비록 우리가 그것을 완결할 수 없다는 게 분명하더라도 이 주제가 중요하기 때문이다. 다음 두 가지 요점만 다루기로 하자. 하나는 목적의 일반적 위상이고, 다른 하나는 민주주의와 이런 위상의 관계이다.

위상은 먼저 집단의 속성에 따라 정의된다. 한 집단은 어떤 목적을 달성하기 위하여 창설되는데, 이것은 일종의 의미 전환에 따라, 한 집단이 인간의 군집성의 한 양식이라는 사실만으로 정의되는 것이 결코 아니고(이 사실은 한 형태를 준비하는 재료를 구성할 뿐이다), 추구하는 목적에 따라 정의 된다는 것을 의미한다.

간략한 사례 몇 가지를 살펴보면 이런 이치를 보다 쉽게 알게 될 것이다. 우리가 다루기 때문에 가장 관심이 많은 집단인 정치공동체를 생각해보자. 원래 그리고 정의상, 우리가 구성했던 논증에 따라서, 정치공동체는 구성원들 간에 평화와 정의를 확보하기 위해, 적어도 그것을 달성해보려고 형성된다. 이 집단에 의미를 부여하는 것은 목적이다. 하지만 목적이 집단에 존재를 부여하거나 집단의 물질적 구조를 부여하지는 않는다. 예컨대 프랑스나 미국이나 중국은 정치공동체들이다. 이것들은 미래 회원들의 계약으로부터 태어나지 않았고(미국이 본래의

'정치적' 협정에 아주 조금 근접하기는 할지라도), 매우 길고 복잡한 역사로부터 생겨났다. 그리고 이 역사 속에서 평화와 정의보다는 전쟁과 국제 관계가 지배적이었다. 그럼에도 불구하고 정치공동체는 평화와 정의를 목적으로 삼으며, 이 목적이 정치공동체에 의미를 부여한다.

마찬가지로 핵가족은 다소 복잡하고 우연한 역사의 결과인데, 즉 약혼자 각자의, 그들의 만남의, 이 만남의 과실들의, 일단 구성되면 이 집단에 영향을 줄 수 있는 인생의 모든 우발성의 결과이다. 이 모든 역사가 핵가족을 존재하게 하고, 그것에 특이한 형태를 부여한다. 이런 우연성은 가족의 목적에 영향을 주지 않는데, 가족의 요체는 종(種)의 번식이고, 세대간 문화 프로그램의 재편성이다. 하나의 정식으로 축소한다면, 가족의 목적은 '야만인을 문명화하는 것'이고, 새 세대마다 그 후손들을, 특정한 역사 사회적 맥락 속에서 기대되는 인간적, 사회적 소임을 가능한 한 가장 덜 나쁘게 수행할 수 있도록 하는 방식으로 그들을 성년의 나이로 이끄는 것이다.

이처럼 모든 집단들이 추구하는 목적은 그것들의 생성과 형태상의 우연적 요소들과는 별개의 것이다. 목적들 자체는 우리가 영역or-dres이라고 불렀던 것의 범위 안에서 정해진다. 평화와 정의는 정치(영역)의 목적이고, 번영은 경제의 목적이며, 천복(天福)은 종교의 목적, 이런 식이다. 결과적으로, 목적은 목표이며, 목적의 본질과 정의에서, 그 목적을 추구하는 집단과 개인으로부터 완전히 분리된다. 그래서 '가치'와 '이상'같은 보다 현대적이고 널리 쓰이는 표현들을 회피하는 것이 나은데, 이런 표현들이 너무 주관적인 내포(內包)를 지니고 있기 때문이다. 즉 '가치'는 집단적인 내포, '이상'은 개인적인 내포를 지니고 있다. 다시 말해서 개인은 사사로운 '이상'을 품고, 집단은 그들 나름의 '가치'를 추구하는 식이다.

목적의 객관성은 적어도 원칙상으로는 집단의 제도와 조직들과 구성원들의 행위에 영향을 미친다. 바로 이것이 우리가 밝히려고 하는 것인데, 평화와 정의는 특정한 정치체제를 요구하고, 이 체제는 특수한 제도들로 구현되며, 이 제도들이 작동하기 위해서는 시민들의 특수한 자질이 요청된다. 논리적인 동시에 존재론적인 연계는 다음과 같다.

- 정치적, 경제적, 종교적, 과학적, 교육적 등등의 목적들이 있다.
- 이 목적들의 추구와 실현은 집단의 형성을 토대로 한다.
- 개인들은 그들의 목적으로 삼은 목적들을 달성하기 위해 집단을 창설하고 가입한다.
- 개인들은 자신들의 행동을 통해, 앞의 세 가지 요점이 그들에게 보내는 요구에 따른다. 즉 옛날의 멋진 표현을 다시 쓰자면, 그들은 국가에 대한 자신들의 의무에 충실하다.

이런 문제추론방식은 민주주의에 대해 무엇을 요청하는가? 그 추론방식은 모든 보편적인 외관을 갖추고 있다. 사실 민주주의는 이중의 지위와 연관된다. 한쪽으로 우리는 그것이 정치의 목적에 충실한 정치의 유일한 조직방식이라고 주장한다. 어떻게 보면 국지적인 첫 번째 지위로서, 민주주의는 영역으로서의 정치에 대해 방금 표명된 네 가지 규칙을 적용한다. 정치의 중심성으로 인해 민주주의에게 보다 미묘한 두 번째 지위가 요청된다. 그 중심성은 민주적 정치체제(혹은 뚜렷한 민주적 차원에서)만이 각 영역이 자신의 적합한 표현을 하게 할 수 있다는 것을 가정하며, 정치체제가 민주적 극단, 신정제적 극단, 혹은 전제적 극단으로 기우는 정도에 따라 여러 영역들은 그것들의 구체적 실현과정에 상이한 영향을 받게 되리라고 추정하게 해준다.

우리가 개괄적으로 그렸던 그림은 너무 이상적이고, 경험적 현실과 동떨어진 것이어서, 그 그림을 흩뜨리고 변형시킬 수도 있을 몇몇 부패와 변태 사례들을 서둘러 제기하게 된다. 어떤 사례들은 명확하고 다른 것들을 포착하기 한층 어렵다. 모든 사례들을 목적의 인식 자체이거나 개인과 목적의 관계이거나로 가리지 않고 오염시킨다. 정치적 목적은 대외적 정복이 정치공동체에 목적으로 부여될 경우, 부패하게 된다. 제국의 건설, 공고화와 영구화는 정당한 정치적 목적이 될 수 없다. 요컨대 이런 이유로 로마 공화국처럼 민주주의가 모험삼아 제국적 모험을 감행한다면, 그것은 조만간에 민주적 제도를 상실하고, 귀족제가 지배적인 경우에는 로마제국처럼 절대적 신정제 제도에 유리하게 된다. 역사의 대부분 시기에 전제적 방향으로의 이런 정치적 혁명들은 제국적 확장의 단계 앞에서 발생했는데, 중동, 인도, 중국, 페루 그리고 멕시코에서 그러했다.

이런 입장을 취한다고 해서 민주적 정치공동체가 정복에 나설 가능성을 부인하는 것은 아니다. 이런 입장에서는 민주주의가 평화를 위해 불가피한 정복을 항상 정당화할 수 있어야 한다고 강요한다. 분명히 말해서 이런 정복은 나중에 전쟁이 발생할 위험을 감소시켜야 한다. 다른 한편, 가입하지 않을 자유의 규칙에 근거해서, 피정복자들은 그 정치공동체에 통합되기를 동의하고, 그들이 평등하게 거기에 받아들여지는 것이 바람직하다. 이런 조건들은 조야(粗野)하고 사람들을 모으기 어렵다고 쉽사리 동의할텐데, 그런 입장은 내부적이고 외부적인 정치의 두 분야를 양립가능하게 만드는 일이 얼마나 어려운지를 강조해줄 뿐이고, 민주주의가 신정제 체제와, 특히 전제체제와 국제정치적 환경에서 부딪치게 된다면 겪게 될 수 있는 장애를 강조할 뿐이다.

정치공동체에 '영원한 구원'이 목적으로 부여된다면 출현할지도 모를 부패현상은 더욱 미묘하다. 천복은 정치의 목적이 아니고 종교의 목적이기에 이 점에 관해서는 타협할 것이 없다. 하지만 정치는 중심적이고, 모든 영역의 실현을 촉진해야하기 때문에, 정치는 시민들이 어떤 신앙에 귀의하여 구원을 추구하려는 노력을, 적어도 반대해서는 안 된다. 구원을 향해 도약하기 위해 요구되는 세속적 조건들의 조성을 정치가 지원함으로써 더 깊이 개입하는 것도 정당하다. 시민들이 어떤 같은 신앙에 **만장일치로** 공감한다면, 그들의 **공동**이해가 각자의 구원이 될 수도 있지만, 만장일치의 규칙으로 인해 이런 가정은 가장 비현실적인 이야기가 된다.

유사한 문제들은 같은 추론을 거쳐 취급되어야 한다. 예컨대, 민주주의는 자신의 개념 속에 시민들이 이혼할 자유를 포함하고 있다. 그런데 어떤 종교가 자기 신자들에게 이혼을 금지한다면 어떻게 할 것인가? 대답은 당사자인 신자들 **스스로** 이혼의 자유를 포기하는 것이다. 만약 시민들 **모두가** 신자고, 그들 스스로 이 자유를 포기한다면, 이 자유는 불문법률이 될 가능성이 있지만, 그것을 이혼을 금지하는 성문법률로 바꾸는 것은 부당하다.

개인들이 집단과 맺는 관계에 영향을 줄 수 있는 부패와 변태들에 관해서 살펴보자면, 그것들은 개인들이 집단의 목적을 자기 것으로 삼을 수 없거나, 그러기를 거부하는데서 비롯된다. 집단의 구성원들이 거기에 가입하고 남아 있는 것은 집단의 목적을 함께 실현하고 거기에 최선을 다하기 위해서가 아니라, 자신들의 개인적 이해를 고려하기 때문이다. 그들은 국가에 대한 그들의 의무를 준수하는 것으로 북돋워지지 않고, 야망, 탐욕, 오만, 인색, 허영 등등으로 고무된다. 한마디로 그들은 높은 덕을 지닌 것이 아니라 불완전하다. 우리는 나중에 한 장을 할애해 이 문제를 재론해야할 것이기에, 여기서는 이 정도로 그치려 한다.

3. 사적 영역과 공공 영역

이 문제는 민주주의를 위해 매우 중대하기 때문에 가장 엄밀하고 상세하게 검토하는 것이 좋을 것이다. 앞에서 살펴본 두 가지 요점 덕분에 우리는 민주주의에서 개인과 집단들이 목적을 추구한다는 것을 알고 있다. 보다 일반적으로 말해서, 자유롭고, 타산적이며, 목적지향적인 행위자들은 목표를 확정하고 그것을 추구하고 실현하고자 노력한다. 이런 목표들을 이해(利害)라고 부르기로 하자. 이중적인 문제 하나가 제기된다. 즉 이해의 개념규정은 무엇인가? 어떻게 이해를 실현할까?

이해의 개념규정은 그것의 물질적 내용과 관련된 것이 아니다. 그것의 소재는 목적들이고, 목적fin으로 이끄는 목표visée와 지향점but 들이다. 정치의 목적은 국제정치적 환경을 포함한 평화이다. 목표visée는 이 목적을 위해 정치공동체가 채택한 외교적이고 전략적인 행동계획일 것이다. 지향점but은 목표를 위해 계발된 동맹, 군비체계와 전략적 계획들일 것이다. 이해(그리고 이런 구별은 어휘의 변동을 정당화할 수 있을 것이다)는 이런 소재들에 주어진 형태이다. 이런 뉘앙스를 잘 포착하게 하기 위해서 가장 간단한 방법은 '이해'란 말에 일련의 수식어들을 붙여 보는 것이다.

첫 번째 수식어는 **개별적 이해**intérêt singulier인데, 그것으로 일회적이든, 포괄적이든, 한정된 행위의 목표를 일컫는다. 일회적 행위의 예로는 담배에 불을 붙인다거나, 책을 쓴다거나, 기도를 암송하는 것을 들 수 있다. 포괄적 행위에서 포괄적이라는 것은, 분리할 수 있는 일회적 행위들보다 얼마간 더 많은 수로 구성되었다하더라도, 그 일회적 행위들 모두가 분리될 수 있는 하나의 목표에 기여한다는 의미인데, 예컨대 자기를 계발한다든가, 학업을 계속한다든가, 기업을 창업하는 것 등이다.

특수이해intérêt particulier는 한 행위자의 개별적 이해들의 전체이다. 사람들은 즉시 동시에 모든 것을 소유할 수 없기에, 특수이해의 본래 의미는 개별적 이해들에 순서를 매겨 주는 것인데, 이 순서는 선호도와 동시에 긴박함에 따른다. 고려되는 시간의 등급은 상관이 없어서 한 시간이나 한 평생이 될 수도 있다. 마찬가지로 고려되는 개별적 이해들의 폭도 상관이 없다. 극단적으로 신경증적 고착(固着)의 어떤 경우에는 개별적 이해와 특수이해가 혼동될 수도 있다.

특수이해는 항상 한 행위자의 이해이다. 한 행위자는 한 개인이나 한 집단일 수 있으므로, 특수이해를 **개인적 이해**intérêt individuel와 **집단적 이해**intérêt collectif로 세분해야 한다. 첫 번째는 저절로 이해된다. 집단적 이해는 한 집단 그 자체로의, 곧 집단의 구성원들 모두의 개별적 이해들의 배열인 특수이해이다. 이와 같이 한 경제적 기업의 집단적 특수이해는(이 단계의 논증에서는 가설에 불과하다) 시장에서 도출된 이익의 극대화인데, 내부적 알력을 최소화하는 과정에서 완화된다.

새로운 수식어를 계속 붙여보자. **공동이해**intérêt commun는 다음과 같이 명확한 두 가지 기준에 부응하는 개별적 이해이다. 즉 개인적이고 집단적인 특수이해 각각에 존재해야하고, 특수이해 각각의 배열에서 최상위에 등장해야 한다는 것이다. 어떤 이해들이 확실히 공동적일 수 있을까? 우리는 이미 그것들을 알고 있다. 그것들은 모든 특수이해들의 가능성을 담보하는 가장 일반적인 조건들인데, 정치의 목적인 평화와 정의이다. 언어적 유희를 하자면, 정치공동체의 집단적 특수이해가 공동이해라고 정리할 수 있다. 자유롭고 타산적이며 목적지향적일 **수밖에 없는** 행위자들은 그들 각자의 특수이해들의 최상위에 공동이해를 올려놓게 되는데, 그들은 공동의 재산이 특수한 재산의 실현조건이라는 사실을 확실하게 알고 있기 때문이다. 유감스럽게도 우리는 이런 멋진 조화가 현실적인 이야기는 아니고, 거기에다가 높은 미덕을 갖춘 행위자를 전제해야만 한다는 것을 알게 될 것이다.

일반적 이해intérêt général란 무엇인가? 루소J.J.Rousseau 이래로 이 개념은, 우리가 앞서 정의했던 바대로의 집단적인 공동이해와 어떤 허구적 이해un intérêt fictif 사이에, 민주주의에는 치명적인 혼동을 불러일으키고 있다. 여기서 허구적 이해란 정치공동체를 구성하는 시민들로부터 독립된 것으로 상정되는 정치공동체 자체의 이해이다. 결국 일반적 이해는 특수이해와는 별개의 것(그런데 공동이해는 특수이해 **속에** 있다)일 뿐만 아니라 양자는 모순적 관계에 있다. 이런 개념적이고 관념적인 모호함은 가장 과격한 이념적 변태라는 지식적 기원에서 비롯되는데, 특수이해가 일반적 이해와 모순된다면, 자신들의 특수이해에 사로 잡혀 있는 시민들은 일반적 이해를 곁눈으로 쳐다볼 처지도 못되기 때문이다. 일반적 이해는 예외적 존재들에서만 기대할 수 있는데, 그들은 자신들의 특수이해를 포기하고 일반적 이해의 계시를 받아 정치권력에 다가서며, 특수이해에 거슬러 일반적 이해를 강요한다. 그들은 로베스피에르, 레닌, 히틀러, 마오쩌뚱, 폴포트 등등이다.

요컨대 공동이해는 경우에 따라서는 정치공동체 자체 안에서 정의되고 실현되며, 특수이해는 개인적으로 그렇게 되거나, 개인들이 이런 목적으로 창설한 다른 모든 집단들 속에서 그렇게 된다.

이해를 정의하는 것으로는 부족하고, 그것을 실현하기까지 해야, 더 신중하고 공평하게 말해서 그것을 실현할 기회를 마련해야한다. 특수이해도 공동이해와 같이 얼른 보면 극복하기 어려운 문제를 제기한다. 특수이해로부터 시작하자. 특수이해들 모두는 그것들이 충족되기 위해 폭력이나 책략에 의존하지 않는 한 **정치적으로** 정당하다. 여기서 '정치적으로 정당하다'는 구절이 분명하게 강조되어야 하는데, 이 구절을 인식하지 못하면 가장 중대한 착오를 범할 수 있다.

비근한 예를 들자면, 수학자는 증명된 대로 2+2는 4라는 등식을 인정한다. 그런데 누군가 2+2는 5라고 믿고 그것을 말과 글로 써서 타인을 설득하려 든다고 가정해보자. 이런 의견은 그때부터 그의 특수이해의 일부가 된다. 그의 의견은 정치적으로 정당한데, 확실히 결정

가능하지만 평화와는 무관한 문제에 대해 누구나 자기 의견을 가질 자유를 박탈당하지 않은 채, 아무도 정당하게 그의 의견을 허용하지 않을 수 없기 때문이다. 그렇다고 해도 이런 의견은 산술적으로 부당하다.

이런 사례를 일반화함으로써 모든 특수이해는 서로 이질적인 두 가지 관점에 따라 판단될 수 있고, 판단되어야 한다는 명제를 얻게 된다. 하나는 정치적 관점으로서, 적용되는 유일한 기준은 평화와 정의에 적합한 게임의 규칙 준수여부인데, 실제적으로는 폭력과 책략에 의존하는가 여부이다. 다른 하나는 종교, 경제, 과학 등등의 영역별로 규정되는 기준으로서, 전문가들의 공동체가 내린 판단을 통과한 기준이어야 한다.

정치영역 역시 자신의 진리와 오류, 정당한 의견들과 부당한 의견들을 지니고 있다. 그래서 민주주의에서는 정치적으로 부당한 의견들, 즉 비민주적이거나 반민주적의견들조차도(민주주의는 정치의 진리이기 때문에), 그것들이 폭력을 행사하지 않는 한, 표현될 자유가 있다.

영역에 따라서 부당한 모든 것에 대해서, 유일하게 정당한 대응책은 반박, 논증, 설득, 토론이다. 정치적 의견과 표현의 자유가 진리를 고려치 않은 채, 아무 것이나 생각하고 말할 인간의 일반적 자유와 같다고 생각하는 것은 부패이다. 변태는 의견들만이 존재하고, 모든 의견들은 서로 값어치가 같다고 생각하는 것이다.

정당한 특수이해는 사전 계획되지 않는 인간성으로 인해 여러 야망, 의견, 취향, 타산들에 따라 무한히 다양화된다. 그런데 모든 특수이해는 실현의 길을 모색할 수 있고(이것은 자주적으로 시도할 자유이다), 그렇지 않으면 실현을 승인받은 이해들과 금지당한 이해들 사이에서 선택할 능력을 누군가에게 부여하게 될 터인데, 이 능력은 그것의 피해자들로부터 동의를 받을 수 없는 것이며, 그 피해자들은 정치적으로 부당한 폭력을 받는 것이다.

한 정치공동체의 구성원들에게 제기된 문제는 바로 다음과 같다. 무한히 다양하고 분산적이며 불일치하는 이해들이 폭발할 위험없이, 저절로 조화를 이루기를 기대할 수 없고, 하나의 선택이 외부로부터 강요될 수 없는 채로, 공존하게 할 방법은 무엇인가? 유일한 해결책이 제시된다. 폭력과 책략이 배제된 **시장**들을 조직하여 정치적으로 정당한 모든 이해들을 거기에 참여시킴으로써 무수한 교섭들이 시작되고 촉진되도록 하는 것인데, 그 결과 즉각적으로 균형잡힌 입장이 등장하게 된다. 이 영구적으로 변화하는 균형의 입장을 **평균적 이해**intérêt moyen라고 부를 수 있다. '시장'이란 말마디는 너무 한결같이 경제적 의미를 띠고 있기에, 그리스어 **아고리**agorie에서 따온 신조어를 쓸 것을 감히 주장한다. 아고리란 말로 모든 영역들, 즉 경제적, 종교적, 애정적, 인지적, 이념적, 기술적 영역 등등의 이해들이 서로 만나서 대결할 수 있도록 조절된 사회공간을 지칭한다. 한마디로 아고리들은 특수이해를 평균적 이해로 변형한다.

공동이해는 새로운 문제를 제기하는데, 그 이해는 아고리적 절차를 통해 실현될 수 없기 때문이다. 다음의 두 가지 공동이해를 생각해보자. 법률적 정의justice légale와 징벌적 정의justice punitive. 만약 각자에게 게임의 규칙을 규정할 책임을 맡긴다면, 각자는 자신의 의견과 계산에 따라 그것을 규정하려 할 것이고, 그리되면 게임의 규칙은 없어질 것이다. 만약 각자에게 속임수를 정의하고, 속임수를 쓰는 사람을 찾아내어, 그를 재판하고 처벌하며, 자신의 죄과에 맞는 형벌을 가할 책임이 부여된다면, 각자는 각자에게 생사여탈권을 부여하게 된다! 공동이해는 공동으로 실현되어야 한다. 그런데 만약 모두가 쉽사리 목적에 대해 동의한다면(평화와 정의에 반대하는 사람은 없다), 만장일치는 중지되고, 그때부터 목적을 목표와 지향점들, 그리고 행동 전략으로 바꾸는 것이 문제가 된다. 한 정치공동체의 대외적 안전을 확보하기 위한 계획을 장교단에 요구하면, 여러분은 아마도 장군들 수만큼의 계획들을 받게 될 것이다.

공동이해는 모든 이해들 중에서 변화와 불일치에 가장 쉽게 노출되는데, 그것이 미래와 불확실성에 관한 것이기 때문이다. 그런데 모든 의견들은 정치적으로 정당하다. 다른 한편, 공동이해는 당장에라도 실현되어야 하는데, 그것이 모든 특수이해들(그리고 평균적 이해들)의 실현을 조건지우기 때문이다. 실제로 아고리들을 조절하는 것이 공동이해이다. 그러면 무엇을 할 것인가? 모든 공동이해(혹은 재화)의 (정치적으로 정당한) 해석들은 마음에 파고들고, 서로 마주치며, 그들의 관점을 노출하고, 서로 다투는데, 이해 당사자들, 즉 정치공동체의 구성원들을 가장 잘 계몽하며, 얼마간 자격을 갖춘 투표를 통해 어느 해석을 선택하게 해주거나, 어느 해석에 만장일치로 가담하는 방식으로 그리 한다.

단순하지만 밀도 있는 이 논증 결과, 다음과 같이 정의할 수 있다.

- 사적 영역은 특수이해들, 시장-아고리들, 평균적 이해들의 공간이다.
- 공공 영역은 공동이해들이나 공동선들의 공간이고, 활동영역으로서의 정치이며, 시민들 앞에서 정치인들 간의 논쟁 끝에 프로그램의 형태로 공동이해를 규정하는 임무와, 공동이해의 어떤 해석을 행동으로 옮기는 것을 방해하는 장애와 제약들을 넘어서 그것을 실현하려고 노력하는 임무를 띤 특수한 활동으로서의 정치이다.

여기서는 주요한 부패와 변태현상들만을 언급하는 것으로 족하고 , 나중에 다시 보다 더 자세히 살펴볼 것이다. 우리는 의견들의 정치적 정당성과 각 활동영역 나름대로의 정당성 간의 혼동을 강조했었다.

민주주의에 가장 해로운 부패와 변태현상은 사적 영역과 공공 영역 간의 부당한 간섭이다. 공공 영역이 사적 영역, 예컨대 압력단체들의 공세로 침해될 때, 혹은 반대로 사적 영역이 공공 영역에 의해 침해될 때, 즉 공공 영역과 관련이 없는 일에 관심을 둘 때, 부패 현상이 발생하고, 이념지배체제에서 공공 영역이 사적 영역을 흡수하거나, 무정부상태의 단계에서 사적 영역이 공공 영역을 흡수할 때 변태 현상이 출현하게 된다.

4. 권력의 위임

목적의 실현에 따라 나타난 제약들로 인해 집단들 속에는 권력관계가 불가피해진다. 그런데 모든 권력관계는 지도력 양식과 민주적 복종의 동력에 토대해야 한다. 여기서 한 번 더 정치와 민주주의의 양면성과 편재성(遍在性)을 확인하게 된다. 민주주의는 한편으로, 활동영역인 동시에 정치체제이고, 다른 한편으로, 다른 모든 영역들에 영향을 끼치고, 자신의 체제를 모든 영역들에게 강요하는 활동영역이다. 민주주의는 사실상 정치적일뿐만 아니라, 역시 경제적이고, 종교적이며, 예술적이고, 교육적…이기도 하다. 이 말은 활동영역들 각각은 실제로 민주적 요구와 그것의 고유한 합리성에 가장 잘 일치시킴으로써 민주 체제에 적응해야 한다는 뜻이다. 약 17세기부터 유럽에서, 그 뒤를 이어 전 세계에서 발현 중에 있는 근대성은, 민주주의가 여러 활동 영역들에 전파되는 거대한 역사적 과정이며, 이런 전파과정은 오늘날에도 여전히 완수되지 않았다고 우리는 주장할 수 있다.

모든 집단들에서 구성원 각자는 관념적으로 다음과 같이 추론해 볼 수 있다. 곧 "내가 가입하기로 선택했고, 그 회원들이 나를 받아들여준 집단 내의 질서에 복종함으로써, 그 집단이 본래의 목적을 달성

할 가능성을 높이고, 간접적으로 나의 특수이해의 실현을 앞당길 가능
성을 제고한다." 지도력의 속성에 합당하게, 이 추론의 요점은 복종자
들에 의해 평가된 대로의 명령자의 역량이다. 여기서 민주주의에서의
권력과 지도층의 지위를 직접적으로 추론할 수 있다. 그 지위는 다음
세 가지 절대적 규칙에 따른다.

- 모든 권력은 **위임**이고, 이에 따라, 아무도 스스로나, 상부로터의
  위임에 의해서나, 권력의 보유자가 되지 않는다.
- 모든 위임은 복종자들의 행위이고, 그들만이 권력의 정당한 보
  유자이다. 그들의 권력 보유는 단체로서도 아니고, 인민, 국가,
  계급 등등의 추상적 집단으로서도 아니며, 개별적이며 구체적
  행위자들로서 하는 것이다.
- 모든 위임은 조정할 활동들의 한정된 부분에 **국한되어야** 한다.
  또한 **일시적이어야** 하는데, 집단적 기획을 달성하기 위해서, 혹
  은 달성의 적정한 부분을 성취하기 위하여 필요한 시간 동안이
  어야 한다. 또한 위임을 **뒤집을 수 있어야** 하는데, 피위임자가 임
  기 중에 무능하다고 판명될 경우를 예견해야 하기 때문이다.

이 규칙들이 민주주의 체제 속의 모든 집단들에 적용된다는 것을
강조해두자. 정치공동체와 공공영역에서 피위임자들은 정치인, 위정
자, 공인(公人), 혹은 정치가라 불린다. 사적 영역에서는 가장, 사장, 교
수, 클럽 회장, 고위 성직자 등등의 이름을 가지고 있다.

여기서 중요한 예외 한 가지를 언급해야 하는데, 가족이다. 어린
이들은 삶을 시작하지 않을 자유를 박탈당하는 것과 마찬가지로, 자신
들의 부모를 선택할 자유를 행사할 수 없다. 이것이 순수하고 완벽한
민주주의 모델에서조차도 지도자가 자신들을 지도자에 지명하고, 지

도를 받는 사람들은 복종할 능력자를 선택할 수 없는 유일한 분야이다.

이런 제약은 전혀 지엽적이거나 인지적 호기심의 대상이 아니며, 일반적으로 인간적 대책 중에서 가장 중대한 결함을 드러내고 있다. 이런 제약은 인류가 후손들에게 대대로 문화를 재교육해야 하도록 만든 자유로 인해 불가피해지고, 이 재교육을 공평한 절차를 통해 지명된 능력자들에게가 아니라, 스스로 유능하다고 평가하거나 의문을 제기하지도 않는 모든 부부에게 맡겨야 하는 제약에서 비롯된다. 이런 결함을 완화하거나 제거할 어떤 기술적 해결책도 없는데, 이 분야에서 모든 해결책은 "누가 교육자를 교육할 것인가?"라는 넘어서기 어려운 논쟁과 항상 마주하게 된다.

가족이란 특수한 사례를 제외하면, 그 밖의 모든 집단들은 규칙에 맞는 절차나 제도를 찾을 수 있다. 그것을 재론하는 것은 우리의 주제를 넘는 것이다. 다음 장들에서 몇 가지 정치적 해결책들을 찾아보는 것으로 족할 것이다.

어떤 부패와 변태현상들은 너무 분명해서 재론할 가치가 없다. 폭력과 책략을 통한 권력의 장악은 그 어느 것도 정당하거나 허용될 수 없다는 것은 자명하다. 이렇게 가당치 않은 경우에는 필요하다면, 부당한 힘을 통한 합법적 권력 장악과, 민주주의를 전복하기로 작정한 정치행위자들에 의해 민주주의의 성문법규에 입각하여 정치권력에 접근하는 모든 행위를 실격 처리하는 것으로 족할 것이다. 이와 비슷한 책략은 본래 부당한 권력을 장악하며, 시민들이 거기에 복종할 의무는 모두 면제된다. 이처럼 나치체제의 합법성 주장은 위선적 외관과, 정치적이고 시민적 비겁함에 대한 핑계에 불과했다. 어느 지도자가 자신의 무능을 가리고, 폭력과 책략을 통하거나, 위임자들을 부패시킴으로써, 해임이나 재선 실패를 피하려고 하는 것은, 당연히 전혀 인정할 수 없는 일이다.

반대로 정치적 위임délégation과 대표représentation 사이에 일어나는 혼동을 언급하는 것은 유용한 일인데, 그런 혼동은 자주 발생하고 치명적이기 때문이다. 이것은 말마디의 문제가 아니라 대단히 중대한 현실이다. 피위임자는, 한정되어 있고, 일시적이며, 뒤집을 수 있다는 조건으로 복종자들의 명령을 표명할 권력을 받게 된다. 대표자는 위임한 사람들의 적합한 대리인으로 간주된다. 위임자들을 대신함으로써 대표들은 권력과 위임의 중심이 된다. 연이은 대리로 그들은 권력 **최고의** 권좌가 된 최종적 대리인들이 되고 말며, 민주주의는 이념지배체제로 전락한다.

이 혼동은 최선의 가설들 중에서 '직접 민주주의'의 환상에 근거를 둔다. 시민들이 단체로, 그리고 영구히 공동선에 전념할 수 있다면, 민주주의는 직접적일 것이다. 다섯 명으로는 가능하겠지만 열 명은 어떨지 모르겠다. 그 이상은 위임이 불가피하다. 서로 간의 연속적 대리를 통해 숫자를 줄임으로써 직접 민주주의에 도달한다고 주장하는 것은 의미 없는 일이다. 민주적 해결책은 이런 함정을 완벽하게 피한다. 이 해결책에 따르면, 시민들 모두는 피위임자들을 선택하고, 그들에게 한정된 과업들, 곧 법률을 제정하고, 예산을 표결하며, 대내외적 안전을 확보하고, 속임수를 쓰는 사람들을 처벌하는 일 등을 맡길 자유를 부여받는다. 피위임자들은 시민들을 대신하지 않고, 그들은 그저 시민들에게 봉사할 뿐이다.

우리가 이 장에서 드러내려고 시도했던 민주주의의 본성을 파악함으로써 우리는 새로운 두 가지 단계에 다가서게 될 것이다. 가장 중요한 단계는 민주주의의 본성을 정치의 목적에 대면시켜서, 그것이 분명히 '좋은 체제', 즉 평화를 달성하고 정의를 체험할 가능성이 가장 큰 체제라는 것을 증명하는 일이다. 다른 단계는, 우리가 통째로 거기에 도달할 여력이 있다면, 여러 문화적, 역사적, 사회적 맥락 속에서 정치

영역만이 아니라 그 밖의 모든 영역들에서의 민주적 해결책을 창안하는 것을 검토하는 일이다. 이것은 결국 실현 가능성이 큰 엄청난 기획이지만 방대한 분량의 저서가 될 것이다. 우리는 이 단계를, 현대 민주주의의 공적 제도들을 분석함으로써 절제된 차원으로 줄이고자 한다.

V. 민주주의, 평화와 정의

우리가 여기서 수행해야할 분명하고도 결정적인 임무가 하나 있는데, 그것은 평화와 정의의 속성을 다시 파악하는 일이고, 평화와 정의에 도달하기 위한 절차들이나 가능성의 조건을 규명하는 일이며, 본성에 충실한 민주주의는 적합한 조건이나 절차들을 제시한다는 것을 증명하는 일이다. 정의의 분석을 통해 우리는 그것을 법률loi과 권리droit의 두 분야로 나눌 수 있었다. 법률은 헌법적 정의와 법률적 정의를 고려하고, 권리는 계약적 정의, 분배 정의, 징벌적 정의, 교정적 정의를 고려한다.

1. 평화

평화는 매우 미묘한 한 가지 문제만 제외한다면 다루기가 가장 쉬운 문제이다. 손쉬운 부분을 통해 우리는 거의 동어 반복적으로 자명한 두 명제를 파악할 수 있다. 이 명제들은 평화와 민주주의의 일치를 강조한다. 우리는 평화를 폭력-부재상태로 우선 부정적으로 정의한 바 있다. 다시 말해서 지도력의 지배 양식에 접목되고, 강제력의 지배양식에 대립되는 정치체제로서의 민주주의는 공적 차원에서든, 사적 아고리에서든 시민들 간의 폭력 행사를 배제하는데, 폭력을 외부의 적들과 내부의 일탈자와 범인들에게 국한하기 위해서 그러하다. 다른 한편,

우리는 평화에 대한 이 단락을, 정치의 목적은 정의를 **통한** 평화라는 사실을 논증함으로써 끝맺을 수 있을 것이다. 즉 우리가 정의와 민주주의의 일치를 증명할 수 있다면, 민주주의는 정의를 확립함으로써 평화를 달성할 것이다.

미묘한 문제는 우리가 민주주의의 미덕으로 돌리는 정당한 화해와 더 이상 이상이 아닌 현실 속의 민주주의가 빚어내는 항구적 불협화음 간의 모순이 아니다. 모든 민주주의가 항상 되풀이되는 갈등들을 넘나든다는 것은 분명한 사실이고, 또 그것이 온갖 소문과 격노를 야기한다는 것도 사실이며, 피상적 관찰자가 보기에 민주주의가 끊임없이 혼돈과 심지어는 내란으로 빠져들 것이라는 인상을 주는 것도 사실이다. 관찰자는 피상적인데, 그는 단기적으로만 고려하기 때문이고, 민주주의의 긴 생명력에 대한 경험적 자료들을 망각하고, 우리가 살펴볼 이 긴 생명력의 이유들을 간과하기 때문이다. 어쨌든 이런 반론은, 설사 그것이 근거를 가지고 있다 하더라도 주제를 벗어난 것인데, 우리가 충분히 강조했던 대로, 평화는 폭력의 부재상태이지 갈등의 부재상태가 아니기 때문이다.

미묘한 문제는 시민들 간의 우정 속에서 성숙되는 평화정신으로서의 평화라는 긍정적 개념규정에 의해 제기된다. 보다 더 단순하게 말해서, 그리고 온갖 과장된 감상(感傷)을 피하기 위하여, 시민들은 함께 살기를 원해야 한다고 우리는 말하려 한다. 이런 의지가 뿌리박고 영속되게 하기 위해 무엇이 그들에게 민주주의를 제안할 수 있을까? 계약, 그것이 전부이다. 이 계약은 체제의 속성 자체에 의해, 체제에 실체를 부여하는 지도력의 속성에 의해 규정된다. 다시 말해서 시민들은 계약을 통해 통합되고, 그것에 따라 그들 간의 폭력을 포기하며, 아고리를 거쳐 평균적 이해로 변형되는 그들 나름의 특수이해를 실현하고, 공동선을 달성하게 해줄 것이 확실한 게임의 규칙에 헌신한다. 순전히 합리적인 이 계약은 순전히 자유롭고, 목표 지향적이며, 타산적인 개인들 간에 지속될 수 있는 연대를 확보하기에 충분할 것이다. 살과 피를 가진 인간은 그렇다. 하지만 인간은 훨씬 그 이상이다.

요컨대, 설사 인간이 그렇기만 하더라도, "누가 계약에 서명할 것을 승낙했는가?"라는 결정적인 질문에 대한 대답을 찾기가 쉽지 않을 것이다. "원하는 자"라는 대답은 적용되지 않는데, 가입의 부자유 조항과 모순될 것이기 때문이다. "공동선에 기여할 수 있는 자"는 좋은 대답이지만, 이 대답은 무의미하다. 자유롭고 목표 지향적이며 타산적으로 정의된, 그리고 그렇게만 정의된 개인들 누구나 여타의 사람들과 마찬가지로 기여할 수 있기 때문이다. 가입 지원자들의 선발에 도움이 될 보충적 성격이 추가된다면, 우리는 구체적이고 문화적으로 특정된 인간들 쪽으로 향하게 된다. 그때부터 함께 살려는 의지의 문제는 매우 복잡해지고, 우리가 앞서 도입한 구별은 유용하고, 심지어 필수불가결하기도 하다.

이 의지는 네 가지 별개의 버팀대들로 유지된다. 가장 포괄적인 것은 문화, 혹은 문명, 종교적, 미학적, 도덕적, 지적 등등의 정보가 전달되는 조직망인데, 하나의 공동체로 연관될 수 있다. 그리스도교권, 힌두교권, 중국권, 북아프리카-이슬람 복합권 등이 이 조직망이다. 사회통합성socialité은 사회형태(무리, 부족, 민족, 봉건제 등)와 함께 이 의지의 두 번째 토대를 제시하는데, 집단과 조직망들을 특정한 방식을 통해 하나의 사회로 결합한다. 사회적 연대의 세 번째 버팀대는 정치공동체인데, 그 개념이 외부와의 전쟁을 포함하기 때문에, 이 집단을 위해 사람들이 죽을 의향을 가진 것이다. 정치공동체는 구성원들 간의 계약을 통해 결정되지 않고, 항상 매우 복잡하며, 몇백 년 되거나 심지어 천년도 된 거의 항상 매우 오랜 역사의 우연한 산물이고, 그 논리는 일정한 국제정치적 상황에서 발생하는 전쟁과 연관시켜야 한다. 끝으로, 마지막 연대는 민주적 계약이거나 그것일 수 있다.

개별적 상황들에서는 이 네 가지 연대들 간의 관계가 매우 불안정해서, 민주주의, 정치공동체, 사회형태, 그리고 예컨대, 근대 유럽같은 문명 사이에서는 일치성이 높아지거나, 혹은 거의 완벽한 분리가 가능하다는 사실로 인해 더욱 복잡해진다. 유럽은 예외 사례인데, 민족이란 사회형태가 정치공동체와 사회형태가 겹쳐지는 경향이 있고, 유럽의 문화적 통일성이 매우 높기 때문이다. 이런 이유로 프랑스 같은 정치공동체는 프랑스 대혁명으로부터, 특히 1871년부터 민주화함으로써 네 버팀목들의 거의 완벽한 일치를 통해 예외적 연대성을 가진 사회적 연대를 갖추기에 성공했다. 우리는 아테네 같은 그리스의 도시국가들 몇몇에서도 역시 예외적인 사례들을 발견하게 된다. 아테네와 프랑스 사례가 충분히 증언하듯이, 함께 살고자 하는 확고한 의지로 내부적 갈등의 밀도에 대해 속단할 수는 없다.

우리는 '사회 계약'이란 개념에 의해 도입된 혼동된 사고를 갖게 될 수 있는데, 그 개념은 온갖 입장의 선동가들의 최대 행복을 위해 문화적 연대, 사회형태학적 접착제, 정치적 연대성과 민주적 계약을 욕구와 혼합한다. 유행하는 그 혼동이 매우 심각해서 수상한 표현을 포기하라고 밖에는 달리 권고할 수 없다.

2. 법률

법률은 기본적이거나 상황적인 게임의 규칙들 전체를 가리키며, 정치공동체 속에서 그렇게 정의되고, 모든 시민들에게 적용된다. 여기서 모든 집단들 내부에서 빠짐없이 만들어지는 모든 사적인 내규들의 지위에 대해 검토할 수 있다. 한편으로, 그것들의 지위는 역시 사적이고,

그것들의 개념규정은 해당되는 개별 사례에 맡겨져야 한다. 다른 한편, 사적인 내규는 공법(公法)과 모순될 수 없는데, 내규가 법률을 회피하기 위한 모든 시도들과 남용으로 통할 수 있기 때문이다. 그러므로 사적 내규들의 법률에 대한 적합성을 제기해야 하고, 모든 이의제기를 복원적 정의의 합법적이고 정당한 법정으로 이관해야 하는데, 이 정의의 고유한 목표는 그 어떤 소송이든 해결하는 것이다.

헌법적 정의는 정치공동체를 위한 **정당한** 제도들을 규정하는 책임을 진다. 이 제도들은 공평해야 하고, 정의의 속성을 반영하고 정의에 일치한다는 의미에서 **진실해야** 하며, 평화와 정의라는 좋은 결과를 산출하는데 기여한다는 의미에서 **선한** 것이어야 한다. 우리는 제도의 진실함과 선함이라는 최종적인 공통의 토대는, 한편으로 자의적이고 결정불가능하고 임의선택적인 것과, 다른 한편으로 결정가능하고 필수불가결한 것 사이의 구별이라는 점을 보여 주었다. 우리는 마찬가지로 결정가능하고/ 필수불가결한 것이 모두에게 강제되는 게임의 규칙의 전체라는 결론에 도달했었다.

민주주의의 주요한 특성이 즉각 떠오른다. 그것은 이 정의의 요구에 정확히 일치한다. 사적 부문과 공공 부문 사이에 각각 분배된 특수이해와 공동이해 간의 구별은 앞에서와 똑같은 선별에 토대를 둔다. 모든 특수이해는 인류로서의 보편적 인간의 관점에서 볼 때 자의적이고, 결정불가능하며, 임의 선택적이다.

이런 성급한 주장에는 설명이 필요하다. 보편적 인간의 관점에서 볼 때, 그 어떤 목적도(특수이해는 궁극적으로 목적에 뿌리를 두고 있다는 점을 상기하자) 자의적이지 않은데, 그 목적들이 매우 객관적이기 때문이고, 결정불가능하지도 않은데, 그것들이 이성적으로 인식 가능하기 때문이며, 임의 선택적이지도 않은데, 목적들이 인류에게 제기되는 생존의 문제들에 대한 일반적 해결책이기 때문이다. 그러나 특정한 문화를 가진 인류의 후손들에게는 이러저런 해석에 따라 그러저런 목적을 추구하느냐 마느냐의 문제는 자의적이고, 결정불가능하며, 임의 선택적이다. 예를 들어보자. 종교는 인간적이지만 그 아무 것도 절대로 어떤 사람에게 불교보다는 그리스도교를 믿으라고 강요하지는 못한다. 경제는 인간적이지만 그 어떤 이유로도 절대로 어떤 사람에게 농부나 은행원이 되라고 강요할 수는 없다. 그래서 민주주의에서는 자의적이고 결정불가능하며 임의 선택적인 모든 것은 특수이해와 연관되고, 결국 사적 부문에 연관되며, 사적 부문에서 개인들, 집단들과 시장/아고리들을 통해 취급되고 해결되어야 한다.

반대로, 공공 부문은 공동이해를 전적으로 책임지는데, 공동이해는 특수이해들의 가능성의 조건들이기 때문에 필수불가결하고, 그것이 각각의 특수이해 속에 존재하는 개별적 이해들이며, 대외적 안전, 번영, 자유, 정의, 평화 등과 같이 분리 가능하기 때문에 결정 가능하다.

민주주의의 속성은 공공 부문과 사적 부문의 관계를 분명하게 해준다. 논리적으로 사적 부문이 공공 부문에 앞서는데, 사회공간으로서의 공공 부문은 아고리적 절차들이 공통된 개별적 이해들을 자발적으로 실현해주지 못할 경우에만 등장하기 때문이다. 다시 말해서 민주주의에서, 그리고 완전히 정의롭기 위해서는, 사적 부문이 성공적으로 처리하지 못할 것만 공공 부문에 의뢰해야 한다. 존재론적으로는 공공 부문이 사적 부문에 선행하는데, 공동이해가 특수이해를 가능케 할 조건이기 때문이다. 모순의 해결은 중대한 결과를 초래하는데 나중에 이에 대해 재론할 것이다. 그 해결책에 따르면, 시민 각자가 자신의 특수이해의 첫 자리에 공동이해를 설정**해야 한다고** 규정하고 있는데, 이는 시민의 **미덕이 갖춰져야** 한다는 것을 전제한다. 연대기적으로는 물론 공공 부문과 사적 부문은 동시에 정해지거나 전혀 그렇지 않기도 한데, 양자가 서로 의존적이기 때문이다. 여기서 외관으로 보면 순진한 이런 명제는 한 번 더 중대한 결과를 초래하고, 우리가 민주주의의 역사적 기원의 문제를 파악하는 것에 도움을 줄 것이다.

여기서 공공 부문의 내용이나 공동이해의 구체적 개념 규정에 대해서 헌법적 정의와 민주주의 사이에 똑같은 일치를 지적하게 된다. 정의의 분석에 따르면, 제도적 구성을 가능한 한 가장 전반적으로 적용할 문제는 대외적 안전, 게임의 규칙의 개념 규정과 속임수를 쓰는 사람들의 처벌이다. 이것들은 분명히 공동이해인데, 이 세 가지 목표가 실현되지 않는다면, 어떤 특수이해도 실현될 수 없기 때문이다. 즉 시민들은 외부의 적들에게 죽음을 당하거나 노예로 전락하고, 정글의 법칙이 지배하며, 가장 폭력적이고 간교한 자들이 타인들에게 법률을 강제하게 된다.

민주주의의 속성에 따르면 정확히 같은 결론에 도달하게 된다. 그 속성에 따르면, 시민들은 단체로, 혹은 한정되고, 일시적이며, 뒤집을 수 있다는 조건으로 위임받은 피위임자들은 사적 부문과 공공부문의 구별에 관해서, 공공 제도들에 관해서, 그리고 아고리에 대한 규제에 관해서 게임의 규칙이나 법률에 그들 스스로 복종한다고 규정된다. 18세기 이래로 이런 활동을 '입법권'이라 불렀는데, 정치단체의 **입법적 기능**fonction législative이라 명명하는게 나을 것같다. 시민들은 단체로 혹은 그들의 피위임자가 법률을 시행하고 대외적 안전을 확보할, 한마디로 공동선을 실현하기 위해 모든 것을 사용할 책임을 진다. 이것을 정치단체의 '행정권'이라고 언급하기보다 **행정적 기능**fonction exécutive이라고 말하는 게 나을 것이다. 끝으로 시민들은 단체로 혹은 그들의 피위임자가 속임수를 쓰는 사람들을 처벌하고 소송을 해결하는 일을 관장하는데, '사법권'을 행사한다기보다는 정치단체의 **사법적 기능**fonction judiciaire을 보장한다고 할 것이다.

우리는 사물의 속성에 귀 기울이는 사고의 자연스런 운동에 따라,

모든 것 중에서 유명한 정치적 구별을 다시 발견한다. 우리의 이론에 따르면, 그 구별은 민주화의 한 측면에 관해서, 이 경우에는 몽테스키외의 저작 속에 나오는 정치철학의 출현을 가리킨다. 그것은 마치 민주적 계약이 16세기 칼빈주의의 어떤 사조들 속에서, 특히 17세기 홉스의 사상 속에서 출현했던 것과도 같다.

우리는 세 번째이자 마지막 문제인 제도들의 개념규정 자체에서 똑같은 일치를 재발견하게 된다. 정의는 제도들이 선하고 진실하며, 그것들을 준수하도록 요청받는 사람들에 의해 규정될 것을 요구한다.

민주주의도 똑같이 말한다. 민주주의는 우선 시민들이 단체로, 혹은 이런 목적으로 선출된 그들의 피위임자만이 헌법을 만드는 권력을 갖게 되는데, 그들만이 복종하기로 동의하는 것이 무엇인지를 결정할 권력을 갖기 때문이다. 하지만 시민들이 아무 제도나 선택할 자유를 갖는 것은 아니고, 민주주의의 기본적 원칙들, 즉 그것의 '불문법률'을 가능한 한 충실히 관습적 규칙이나 성문법률으로 옮겨적어야 한다. 시민들은 자유로운 만큼 불충실하게 옮겨적거나, 심지어 불문법률을 완전히 변질시킬 **능력**을 지니고 있다. 그러나 그들이 그렇게 하기에 자유롭지도 않고, 그렇게 함으로써 자유로워지지도 않는다. 즉 그들은 제도들을 부패시키고 변질시키며, 그렇게 함으로써 자신들도 그렇게 된다. 결국 헌법 제정자들은, 성문법률이 불문법률에 가능한 한 최대로 일치하고, 동시에 한 국민의 역사적 특성에 가장 잘 적응하도록 하기 위해서, 기본 원칙들에서 영감을 얻고, 역사적 경험들을 연구해야 한다. 우리는 그 성과물을 다음 장에서 검토할 것이다.

법률적 정의는 그것의 지위에 관해서 어려운 문제도, 미묘한 문제도 제기하지 않는다. 그 정의는 법률이나 관습들이 선하고 합법적이길 요구하는데, 한편으로는 그것들이 평화를 지향하는 시민들의 필요에 부응하고, 다른 한편으로는 공정하고 합법적인 절차들, 그것들 자체가 공정하고 정당한 헌법의 범위 안에서 규정된 절차들에 따라 제정되었을 것을 요구한다.

민주주의도 다음 두 가지를 분명히 함으로써 똑같이 말한다. 민주주의는 우리가 이미 강조했던 바와 같이, 집단들 안에서, 그리고 개인들과 집단들 사이에 확립된 사적 규제들과, 정치공동체를 구성하는 시민들 모두와 그들과 함께 살기로 인정된 외국인들 모두에게 부과되는 공법들 사이에 구별이 이루어져야 한다고 규정한다. 사적인 규제는, 이 규제가 어떤 명백한 공법도 어기지 않는다는 조건으로, 그리고 이 규제를 불공평하다고 평가하는 사람들이 소송을 제기할 법정이 존재한다는 조건으로, 이해 당사자들의 처분과 자주적 행동에 맡겨져야 한다.

민주주의에서 강조되는 두 번째 요점은 법률의 제재, 즉 복종을 요구하고 그 위법자들을 처벌하도록 부여된 능력이다. 이 능력은 공공 제도에 의해서만, 곧 **이것을** 하기 위해서 시민들이 단체로 혹은 그들의 피위임자를 통해서만 주어질 수 있는데, 민주주의에서는 시민들만이 자신들에게 복종을 부과할 수 있고 위반자를 처벌할 수 있기 때문이다. '제재'는 라틴어 sancire에서 비롯됐는데, 이 말은 분명히 이런 기술적 의미를 지니고 있고, 또한 '신성하다sanctus'는 의미를 부여했다. 이와 같이 민주주의에서 법률의 신성한 차원이 강조되며, 민주주의는 모든 정치 권력에 부여된 권한의 몫을 분명코 법률에 부여한다는 것을 우리는 보았다.

법률의 제재는 법률의 내용, 즉 법률이 해결해야할 특수한 문제와 그것의 형태, 즉 법률에 결부된 의무와 처벌 간의 구별을 강조한다. 이 구별은 개념적이지만, 그것은 기능적이 될 수도 있다. 법률의 내용, 즉 적절한 형태의 법률안은 법학자들의 사적 집단을 통해 제공되고 작성될 수 있는 반면에, 법률의 형태는 입법자들의 공적 기관을 통해 법률에 부여되어야 할 것이라고, 사람들은 쉽사리 생각할 수 있는데, 이런 법안은 민주주의와 정확히 합치하게 될 것이다. 보충적인 두 요소들 사이의 분리가 주는 이점은 이중적이다. 즉 법률의 내용은, 상이한 역량의 기준을 통해 선출된 입법자들보다 아마도 더 유능할 직업적 법학자들에 의해 작성될 것이다. 다른 하나는, 재능을 강화하고, 성문법률을 보다 더 명료하게 하며, 이미 존재하는 법규들과의 일관성을 강화하기 위해 사적 집단들 간에 경쟁을 도입하는 것도 가능해질 것이다.

3. 권리 le droit

"각자에게 자기 몫을 주라." 이것이 권리의 확립된 원칙이다. 우선 어림잡아 보면, 각자에게 자기 몫을 주는 것은 특수이해와 연관된다고 생각할 수 있는데, 각자의 '자기 몫'이 각자의 특수이해나 개별적 이해이기 때문이다. 특수이해라는 것은 사적 부문을 의미하고, 사적 부문이라는 것은 시장/아고리를 의미한다. 민주주의처럼 정의를 따르면, 가장 일반적인 표현은 대략 다음과 같이 이루어진다. 권리는 그 절차와 내용에 관해서는 사적 부문에 속하고, 그 절차들의 규칙성과 내용의 준수를 보장하기 위해서는 공공 부문의 규제를 받는다. 우리가 권리를 구성하는 여러 가지 정의들을 다시 구분해 본다면, 대략 다음과 같이 배분할 수 있다. 곧 계약적 정의와 분배적 정의는 사적 부문에 속하고, 복원적 정의와 징벌적 정의는 공공 부문에 속한다. 이 모든 추론들을 명료화하고 권리와 민주주의를 확고한 방식으로 결속하려면, 하나의 방도가 우리에게 제시된다. 그것은 아고리의 개념을 깊이 연구하여 권리와 그것의 가능한 연계를 찾아내는 것이다.

a. 아고리란 무엇인가?

속성과 개념규정에 따르면, 아고리는 규제된, 즉 폭력과 책략이 제거된 사회공간으로서 적어도 공급과 수요가 만나는 곳이다. 아쉽게도 다시 한 번 적절한 어휘가 없다! 우리는 이 신조어 아고리를, '시장'이란 말마디의 순전히 경제적인 뉘앙스와, 우리에게 가해질 경제주의란 비방을 피하기 위해 도입했다. 아고리agorie는 그리스어 **아고라**agora에서 왔는데, 아고라의 어근은 담론, 그리고 담론의 교환을 가리키며, 공적인 회합이 진행되는 공간이라는 의미로의 광장을 의미한다. 그러므로 첫 번째 의미는 정치적이고, 경제적 의미는 부차적이고 나중에 생긴 것이다. 라틴어 **포럼**forum도 마찬가지다. 실제로 우리는 경제적이지도, 정치적이지도, 종교적이지도 않으며 어느 영역에 의해서도 문맥에 따른 의미제한이 없는 중립적이고 일반적인 말마디가 필요했고, 그것이 바로 아고리다! 그리고 비록 배타적이지는 않지만 부담스러운 경제적 차원과 함께 '공급'과 '수요'가 우리에게 던져진다. 다시 말해서 사람들은 재화와 용역만이 아니라, 여러 가지 사물들, 누군가의 손길, 도움, 수업, 시, 애정, 위로 등등을 제공하고 요구한다. 인류 역사의 현 단계를 특징지우는 경제적 강박 관념으로 인해 독자에게 요청되는 어긋나게 하기décentrage의 노력에 독자가 동의해주기를 바란다.

공급과 수요의 만남은 매우 상이한 세 가지 형태로 나타날 수 있다. 첫째 형태에서는 공급과 수요 둘 다 변동가능하고, 그들의 만남은 **교환**으로 해결된다. 둘째 형태에서는 공급이 고정되고 수요가 유동적인데, **배분**으로 해결된다. 마지막 형태에서는 상황이 뒤바뀌어 공급이 유동적이고 수요가 고정되는데, **탐색**exploration를 야기하게 된다. 순수한 개념으로 파악한 각각의형태는 그 속성과 내재적 논리에 관해서 상세하게 논의될 수 있다. 분석의 이 수준(우리가 자유, 정의와 권력의 개념을 검토하기 위해 채택했던 수준)에서는, 정의나 민주주의를 고려하지 않은 채, 개념 자체와 그것이 포함하는 현실에 집착해야 한다. 정의나 민주주의는 나중에 재론할 것이다.

교환에서 공급과 수요는 서로에 따라 달라지고, 그 상호적 변동은 교환 대상과 관련이 있다. 그 형태는 보이는 것보다 더 복잡하지만, 그 요소들과 그것들 간의 상호작용은 극도로 엄밀하게 분석할 수 있다. 첫 번째 요소는 이원적이다. 즉 공급되고 수요가 있는 대상이 적어도 둘이 있어야 한다. 각각의 대상은 어느 한 쪽에 의해 공급되고 다른 쪽에 의해 요구되는데, 각자는 이원적이고 상반되는 관심의 초점이다. 교환은 이처럼 네 겹의 교환위에 바탕을 둔다. 교환이 멈추려면 네 겹 중 하나만 사라져도 충분하다. 네 측면은 적극적 원칙으로서 공급과 수요 쪽에 자리 잡는데, 공급은 동시에 수요이고, 수요는 동시에 공급이다.

공급과 수요가 서로 유동적이라는 것은 그것들이 결정되어 있지 않고, 타율적이지도 않으며, 아무 것이나 되는 것도 아니라는 것을 전제하는데, 만약 온갖 의미로 변하는 아무 가치나 우연히 받아들일 수 있다면, 교환이 이루어지지 않을 수 있기 때문이다. 적극적인 용어를 쓴다면, 공급과 수요는 자유로워야 한다. 인간만이 자유로울 수 있기 때문에 사람들은 공급자와 수요자에 대해 말할 수 있다. 공급과 수요는 개인적이고 집단적인 행위자들 속에 항상 현현(顯現)되어 있다. 그 때부터 세 가지 동시적 교섭이 시작된다. 즉 수요자이자 동시에 공급자 사이인 두 행위자들 각각에서와 그들 둘 사이에서이다. 이 교섭은 행위자들 간의 교섭이 단절되거나, 행위자들이 교섭을 평등하다고 평가할 경우 대상의 교환을 통해 끝나게 된다. 교환은 평등에 이르게 되고, 자유로운 행위자들을 전제한다는, 이미 확인된 진리를 재확인하게 된다.

배분도 겉으로 보이는 것보다 훨씬 더 복잡하다. 공급은 절대적으로 고정적이지는 않지만, 시간의 모든 불연속적 부분 안에서는 그러하다. 공급의 변동이 불연속적이지 않고 연속적인 경우, 이 불연속적 부분이 모호해질 수 있다. 다른 한편, 공급은 배분할 일정한 대상이거나, 그 대상과 그것을 소유한 공급자이거나 이다. 보다 더 흔하고 포괄적 형태를 더 잘 고려하는 두 번째 상황을 생각해 보자. 수요는 항상 이중적 측면, 즉 한 쪽의 행위자, 다른 쪽의 객관적 수요를 가진다. 행위자는 혼자일 수가 없는데, 앞의 교환의 형태로 되돌아가기 때문이다. 달리 말해서 배분은 교환의 유기적 전개이고, 두 수요자가 동시에 한 공급자에게 요구하자마자 발생한다.

그때부터 상황은 다음과 같이 진행된다. 공급자는 그가 공급하는 것으로부터 최대를 획득하려고 애쓴다. 즉 그는 교환과정에서의 공급자처럼 등장하여, 교환의 논리에 따라 최소를 양보함으로써 최대를 얻으려 한다. 그러나 그는 단일한 수요자에게 양보할 수는 없는데, 그렇지 않다면 배분은 없어지고 교환이 될 것이다. 수요자들로서는 전부를 차지할(다시 한 번 배분에서 교환으로 돌아간다) 수도 없고, 폭력과 책략을 행사하도록 허용되지도 않은 상태에서 가능한 가장 큰 몫을 원하게 된다. 유일한 해결책은 각자가 가능한 가장 큰 몫과 교환하기 위해 무언가를 주려고 하는 것이다. 즉 최대를 얻기 위해 최소로 양보하는 것이다. 수요자들 간에 값을 올려 부르기가 등장하고, 공급자에게 향하는 경매 상황에서, 수요자가 양보하는 것이 그 대가로 받는 것과 같다면, 수요자 각각은 자신들과 교섭하고, 공급자로서도 자신과 그리고 각각의 수요자와 교섭한다. 교섭은 단절을 거쳐 끝나거나, 몫들이 경매에 정확히 비례하고, 각자의 몫이 그것을 얻기 위해 양보해야 하는 것과 똑같을 때 끝난다. 각자는 평등하게 얻게 되는데, 수요자들은 각자 한 몫을, 공급자는 몫들의 합에 대해 경매된 총액을 얻게 된다.

배분은 교환에 토대하고, 교환처럼 자유로운 행위자들을 통해서만 작동될 수 있다. 물론 공급자는 자신의 공급물을 자기 생각대로 수요자들 사이에 배분할 수 있지만, 이런 가설은 증여에 속하는 것이고, 우리가 다루고 있는 주제인 아고리를 벗어나는 것이다.

탐색은 이런 맥락에서 낯설게 들릴 수 있는데, 그것을 아고리적 기제의 이론 속에 통합하는 것에 지금까지는 익숙지 않기 때문이다. 하지만 탐색은 거기에 자리를 갖는다. 고정된 수요는 무언가에 대한 확정된 기대이다. 어휘를 바꾸어 고정된 수요는 해결해야할 문제로, 즉 해결되기를 '요구하는' 문제로 항상 정의될 수 있다고 가정한다면, 요점이 더 잘 파악될 수 있다. 이 문제는 다시 한 번 이중적 측면을 가지고 있다. 한 쪽은 객관적 현실이고, 다른 쪽은 그것을 표현하는 행위자의 주관적 중개이다. 어느 누구도 **자기에게 어떤 문제를** 부과하지 못한채, 그 문제가 **제기되는** 한, 여기서도 두 측면은 정해지지 않은 시간 동안 분리될 수 있다. 공급은 해결책이라고 주장된 것들의 전체이다. 그것의 변동가능성은 특별한 의미를 갖는다. 문제는 하나 혹은 몇 가지 좋은 해결책들만을 가지게 되는데, 그 해결책들은 객관적 정확성으로 따져볼 때 변동 가능성이 전혀 없다. 변동가능성은 그 문제를 풀기 위해 공급자들이 주장하는 해결책들이 얼마간 좋은 해결책이라는 사실에서 비롯된다. 그것은 그들의 주관성이고, 진실을 발견하고 착오에 빠질 능력인데, 요컨대 해결책들이 변동 가능하게 되는 것은 그들의 자유 때문이다.

좋은 해결책이 첫 번에 발견된다면, 탐색은 그 즉시 멈추게 되지만, 그런 경우는 생각할 수 없거나 드물다. 탐색은 나쁜 해결책들이 이어질 때 계속되고, 좋은 해결책이 나쁜 해결책을 점진적으로, 혹은 갑자기 대체하지 않는 한 연장된다. 탐색이 어떤 의미를 가지려면, 즉 존재 이유와 동시에 올바른 방향을 취하기 위해서는 선별자라는 세 번째 인물이 등장해야 한다. 그는 나쁜 해결책을 나쁘다고 하고, 좋은 해결책을 좋다고 하며, 연속적 선별을 통해 탐색이 점점 더 적절한 해결책으로 발전하도록 하는데, 즉 그것의 객관성이 문제의 객관성을 채우도록 하는 것이다.

탐색은 세 행위자들로 구성된다. 곧 문제를 드러내는 수요자, 그것을 해결하는 공급자, 그 해결책이 적절한지 거짓인지 말해주는 선별자이다. 수요자와 공급자는 그의 활동의 두 시점에서 포착된 똑같은 행위자인 경우가 자주 있다면, 그 자신이 선별자가 되기는 힘들다. 선별 작업은 타인들, 즉 같은 문제들에 동원되고 상이한 해결책들을 평가할 수 있는 동료 공동체communauté des pairs가 더 효율적으로 수행할 수 있다.

b. 계약적 정의와 교환

이 둘 사이의 일치는 분명한데, 우리가 계약적 정의를 분석하면서 증명했던 것처럼, 계약은 본래 자유로운 계약자들/교환자들에 의해 평가된 대로의 평등한 교환을 대상으로 하기 때문이다. 교환은 그것이 평등하고 자유로운 행위자들 사이에 이루어질 때만 정당하다.

민주주의는 그 특성들 다수를 통해 볼 때 계약적 정의에 적합하다. 무엇보다 속성 자체가 계약적이고, 계약주의적 인식의 표현을 쉽사리 받아들이는 체제와, 계약이 전부인 것 사이의 전반적인 선택적 친화성이 확고히 자리잡고 있다. 공공 부문과 사적 부문의 구분에 유리한 파급효과가 있는지는 덜 분명하다. 행위자들이 그들 간에 교환할 수 있는 것들은 무수하다. 요컨대 교환물들은 교환자들의 특수이해에 속하는 것들이다. 교환할 기회는 영구적이고, 아무리 점검해도 다 못할 정도로 다양하다. 특수이해들이 아고리에서 서로 자유로이 만나게 내버려둠으로써, 민주주의는 잠재적 교환이 실현될 확률을 제고하는데, 이를 통해 사회적 교류가 더 밀도 있고 더 효율적이 될 수밖에 없다.

행위자들이 자유롭다면, 민주주의는 그 시민들에게 이런 교환을 보장하는데, 그들은 인간적 자유의 모든 양상을 표현할 정치적 자유를 갖기 때문이다. 민주적 정치공동체 안에서 시민들이 자유롭다는 것은, 민주적 **사회들이** 자유롭지 못한 사람들, 노예들, 혹은 덜 자유롭거나 별로 자유롭지 못한 사람들, 침체된 지위에 처한 사회계층에 갇혀 있는 소수집단을 포함할 수 없다는 의미가 아니다. 이런 상황과 어긋남이 발생한다면, 그것은 민주화가 아직 달성되지 못했다는 징표이다.

이처럼 공공 부문과 사적 부문은 개입하는데, 하나는 행위자의 자유를 보장함으로써, 다른 하나는 교환을 항상 갱신할 기회를 부여함으로써 그리 한다. 양자는 다른 경로를 통해 계약적 정의의 실현에 다시 협력한다. 사적 부문의 내용은 사생활로서 행위자에 알맞은 것인데, 그것은 그들의 재산 전체로서, 물질적인 것만이 아니라 심리적이고, 신체적이며, 도덕적, 지적인 것으로, 개인적, 집단적 행위자가 자신들의 것으로 지시할 수 있는 모든 재산이다. 그러나 그들이 그렇게 보장받는 것은 재산이 폭력과 책략에서 배제되어 있어야만, 즉 재산이 법률에 의해 보장되어야만 한다. 사적 행위자들 간에 배분되고, 공적 제도에 의해 보장된 재산권은 합법적 계약과 정당한 교환으로 진행할 수 있는 최선의 것인데, 각자가 '자기 몫'을 지키기 위해 주의를 집중하기 때문이다. 각자가 똑같이 관심을 쓰기 때문에 각자가 '자기 몫을 받을' 가능성은 높아진다.

끝으로, 민주주의는 그 공적인 차원을 통해 다시 한 번 계약적 정의에 협력하는데, 계약이 맺어지는 시장의 폭력과 책략을 제거하는 경향을 통해서, 그리고 계약 위반의 피해자들에게 제공된 수단을 통해 시장 규칙의 준수를 보장함으로써 그리한다.

여기에, 민주주의 체제의 시민들에게 요구되는 미덕을 통해, **계약은 지켜져야 한다**pacta sunt servanda는 법언이 계약자들에 의해 자발적으로 준수될 가능성이 높아진다는 것을 덧붙여야 할 것이다.

c. 분배적 정의와 배분

양자 간의 친화성은 뚜렷한데, 분배적 정의는 권력, 위세, 부의 공평한 배분에 초점을 두기 때문이다. 세 가지 가치들 각각에 적용되는 정의의 기준들에 민주주의가 적합하다는 것을 보여주기는 쉽다.

권력에 대해서, 우리는 없어서는 안 될 모든 요소들을 이미 제시했다. 권력의 세 가지 양식들은 각자 자기를 위해서 배분의 일률적인 기준, 즉 청원에 의한 취득자 각자는 한 몫을 얻기 위해 교환으로 주어야 할 것을 제시해야 한다는 것이다. 강제력은 폭력을 강조한다. 누군가 더 폭력적일수록 더 많은 강제력을 가지게 되고, 더 많이 복종을 받는데, 피지배자들은 더 많은 공포를 느끼기 때문이다. 무엇으로 교환을 잘 구성할 수 있는지 의문이 제기될 수 있다. 물론 강제력으로서의 권력에 대한 폭력이지만, 권력이 보완하는 복종은 무엇과 교환하나? 복종자의 생명과의 교환이다. 상황은 다음과 같다. 권력자 각자는 그가 동원할 수 있는 폭력에 비례하여 한 몫을 얻는다. 권력자 각자는 그에게 권력을 넘겨준 복종자들의 생존을 대가로 권력을 교환한다. 복종자 각자는 공포에 바탕을 둔 복종에 동의하는데, 이 공포는 위협의 강도에 비례하며, 매 번의 위협 시 그의 공포와 동등하다. 이제 우리는 강제력의 논리 한가운데 서 있다. 이 논리는 철학자를 위한 모호함의 온상이 아니고, 사회학자와 역사가들이 전제정치와 이념지배체제들을 분석하고 설명하기에 유용한 도구가 될 수 있다.

한 가지 결정적인 상황을 제외하면, 민주주의가 이런 논리와 관련이 없다는 것은 자명하다. 민주주의에서(아마도 그것의 제일 규칙에서), 대외적 적들과 내부의 범죄인들에 대한 사용을 제외한다면, 폭력의 사용은 항상 부당하다. 이런 이유로 폭력은 거기서 그 어떤 배분의 대상이 되지 않으며, 폭력은 한정적이고 일시적이며 뒤집을 수 있다는 조건으로, 그 사용을 위임하도록 강요된 단체로서의 모든 시민들에 의해 집단적으로 장악된다. 여기서 예컨대 막스 베버Max Weber를 따라 정치권력을 폭력의 정당한 사용을 독점하는 자로 정의하는 정식의 위험과 모호성을 강조해야 한다. 아마도 '정치권력'이란 말로 시민들의 피위임자가 아니라 권력의 중심에 있는 시민들을 의미한다면, 그렇다. 민주주의에서 폭력의 지위는 시민들에게 별로 흔치 않은 심리적 제약을 가하는데, 그들은 사적 부문의 행위자들로서는 전적으로 그것을 포기해야 하고, 시민으로서는 필요하다면 가장 단호하게 사용해야 하기 때문이다.

권위는 업적mérite의 기준을 제시하고, 업적은 위세의 배분을 가리킨다. 이제 지도력이 남았는데, 그 고유한 기준은 역량이다. 이것이 권력의 공평한 배분을 분석함으로써 우리에게 밝혀진 것이다. 이것이 민주주의에서 권력의 배분이 확인해준 것이다. 우리는 방금 강제력의 지위를 자세히 살펴보았다. 우리는 앞에서 권위는 법률에 부여된다는 것을 보여 주었다. 이제 지도력이 남았는데, 민주주의에서 권력 배분의 배타적 규칙을 거기서 도출한다.

- 권좌들은 집합적 행위의 제약에 의해서만 규정되는데, 이는 모든 권력은 시민들에 대한 봉사에 있다고 말함으로써 더 직접적으로 표현될 수 있다.
- 권좌들의 배분에 대한 유일한 기준은 피위임자의 역량이다.
- 복종자들만이 권좌 지원자들의 역량을 평가할 자격이 있다.
- 시민 각자는 권좌를 희망할 수 있다.

이 규칙들을 다음 세 가지 명제로 요약할 수 있다. 첫째, 시민 각자는 자신의 지원 의사를 표현할 수 있다. 둘째, 시민들은 지원자들 가운데서 선택한다. 셋째 이 규칙들은 사적 부문과 공공 부문에서 유효하다. 아마도 셋째 명제가 가장 중요할 터인데, 그것이 민주주의자들에게 모든 활동영역들에서의 민주적 절차들을 창안하도록 강요하기 때문이다. 정치 영역에서 창안은 자유로운 입후보와 선거의 원칙으로 귀결된다. 경제 영역에서는 기업을 시도할 자유와 고객들에 의해 부과된 평결의 원칙으로 귀결되며, 종교에서는 계시의 자유와 신자들의 자유로운 신봉의 원칙으로 귀결된다.

위세의 배분을 위한 정의의 기준은 업적, 즉 숭배자들에 의해 인정된 목적에 얼마간 접근할 수 있는 능력이다. 민주주의에서는 그 원칙에 적합한 상황이지만 엄청나게 다양하다. 의견, 표현, 결사, 발의의 자유, 그리고 다른 자유들 역시 시민의 개념 속에 분석적으로 포함되고, 이 모든 자유들은 올바른 해석이거나 다소간 불순한 해석을 통해 모든 목적들이 추구될 수 있으며, 조만간에 추구될 터인데, 대개는 사적 부분에서 그러하다. 각자는 자신의 능력에 따라 목적을 실현하려고 시도할 정치적 자유를 갖는다. 그리고 능력은, 재능을 선천적으로 타고 나거나 후천적으로 획득하거나, 혹은 동시에 양자를 통해 이루어지든 불평등한데, 성취의 위계구조가 저절로 드러난다. 그 위계구조는 각각의 위계구조가 그것에 따라 형성되는 목적에 민감한 사람들에 의해 매번 인정된다. 목적에 민감한 사람들은 각자의 성취에 비례하여 예찬하고, 업적을 그들의 예찬과 함께 배분한다.

이 배분에서 무엇이 교환되는가? 지도력의 배분에서 복종자들은 그들의 복종을 넘겨주고, 이 복종은 지도층에 대한 동등한 권력으로 바뀌며, 그 보상으로 지도층의 역량에 따라 가능해지는 집합적 활동의 성공을 받게 된다. 위세의 경우에, 위세를 가진 자들은 예찬을 받고, 예찬자들에게 그들 자신의 수준 이상으로 끌어 올려지는 감정을 주게 되는데, 업적을 예찬함으로써 사람들은 스스로 목적에 다가서기 때문이다. 민주주의에서 이런 위세의 지위는 두 가지 결과를 낳는다. 첫째는 예찬자들과 예찬 받는 자들의 클럽과 위계구조들이 무한히 양산되는 현상인데, 가장 뚜렷한 현대의 예시는 인기 연예인들의 확산이다. 위험은 목적들이 평범하고 변변치 못해지는 것이고, 위계구조들이 상대화되는 것인데, 그 위계구조들이 양산되면서 일종의 인플레이션을 초래하고("악화가 양화를 구축하듯"), 우리가 이미 경고한 것처럼 변태현상으로 심화되기에 이른다. 요컨대 모든 것이 가치 있게 되면, 아무 것도 가치 없게 되는 것이다. 둘째 결과는 인간성의 평판에 대해 위험한 이런 표류를 시정하러 온다. 목적들은 사실 객관적이다. 시민들은 목적에 대해 착오를 범할 수 있고, 환상이나 허튼 소리를 목적으로 간주할 수 있으며, 업적을 분별없이 인정하고, 목적들 간의 위계구조를 제대로 구성할 수 없음을 드러낼 수도 있는데(곡예사와 학자를 똑같이 예찬한다든지), 이런 모든 결점은 목적의 객관성을 통해 수정되고, 간접적으로, 시간을 두고 진실한 업적과 부당하게 차지한 업적 간의 선별을 요구하는, 목적의 현실화 과정에서 수정된다. 그리고 이 과정에서 아인슈타인과 후디니Houdini(해리 후디니(1874. 3. 24.~1926. 10. 31.)는 헝가리 부다페스트에서 태어난 헝가리계 미국인 마술사이자, 난국 탈출 마술사, 스턴트 맨, 배우, 연기자였다.)를 같은 수준으로 취급하지 않게 된다. 이처럼 위세의 배분은 여러 세대를 통한 탐색으로 연장된다.

부의 배분에서 경매의 역할은 특별히 눈에 띤다. 정의에 따르면 각자는 부의 생산에 기여한 만큼 부유하거나 가난하도록 되어 있다. 민주주의에서 똑같은 결론을 도출해야 한다. 그 추론은 준엄하고 반박할 수 없다. 부는 주어지지 않고 생산되어야 한다. 그것은 거저가 아니고 비용이 든다. 각자는 부의 한 몫을 차지하기 위하여 무엇인가를 교환으로 제시해야 하고, 그것의 가치는 차지할 몫의 가치와 동등하다. 그 가치의 동등 여부는 공급자와 수요자 간의 교섭에 따라 정해진다. 자유로운 교환을 통해 교섭된 가치를 가격이라 부른다. 한 몫의 교환을 위해 제시할 무엇인가를 가지려면, 이전의 순환단계에서 그것을 획득해야 하는데, 아무것도 거저가 아니고 절도는 소유에 대한 민주적 기본권의 위반이기 때문이다. '획득하다'는 말마디는 교환의 종결을 지적하기 위한 말이다. 경매의 능력은 이득에 비례하고, 차지하는 몫은 경매에 비례한다. 각자는 이전의 교환에서 얻은 이득으로 값을 올려 부르기 때문에, 각자는 부의 생산에 기여한 만큼 받게 된다.

가능한 기여는 '생산요소'라는 몇 가지 일반적 범주로 정리되는데, 노동, 자본, 원료, 기술, 토지, 새로운 구상 등이다. 각각의 요소는 가격이 있는데, 그것은 시장에서 교환되기 때문이다. 즉 요소 각각의 기여가 그것의 시장 가격이다. 다만 새로운 구상은 생산물이 시장에 공급된 후에야 가격이 정해진다. 즉 그것의 가격은 경쟁적 시장에서 벗어난 이윤이다. 이런 치밀한 연쇄과정은 민주주의를 전제로 하고 시장 기제, 여기서는 경제적 시장 기제에 바탕을 두고 있다.

그러나 모델과 현실을 혼동해서는 안 된다. 민주주의의 순전한 모델에서는 부의 분배가 다소간 불평등하지만 언제나 정당하다. 역사 속의 민주주의가 모델에서 멀어질수록, 부정의가 양산되고 심화된다. 그러나 민주주의에서 벗어남으로써 정의를 촉진하기를 바라는 것은 치명적인 환상일 것이다. 신정제적인 해결책과 한층 더 전제적인 해결책들은 언제나 더 나빴는데, 그것들은 기생적 존재들, 즉 부의 생산에 전혀 참여하지 않은 채 부의 몫을 갈취하는 자들의 창궐을 조장하기 때문이다.

d. 징벌적이고 복원적인 정의와 탐색

앞의 정의와 뒤의 정의에서 하나의 문제가 제기되는데, 그 해결책이 모색되어야 하기에, 우리는 이를 위해 단도직입적으로 탐색의 가설을 살펴보자. 징벌적 정의에 제기된 문제는 실정법에 의해 밝혀진 위반에서 비롯된다. 즉 누가 죄를 지었는가? 죄인을 어떻게 공정하게 처벌할 것인가? 복원적 정의에서 문제는 어느 법률의 정당성이나 적법성에 이의를 제기하는 행위자 혹은 어떤 배분, 교환, 과거 소송의 처벌이나 해결책의 부당함으로 인해 피해를 입었다고 믿는 행위자에 의해 제기된다. 두 상황에서 해결책은 예고되거나 처음에 주어지지 않고, 마지막에 우연히 찾아질 수 있다.

범죄에 관해서 민주주의를 통해 제시된 해결책은 징벌적 정의의 요구에 정확히 부합한다. 그것은 다음과 같은 여러 규칙들의 준수에 바탕을 두고 있다. 첫째는 확인된 위반들 모두에 앞서서 어떤 법률이 적법한 형태로 제시되지 않았다면 어떤 처벌도 예상할 수 없다. 더 간략히 말해서 위반할 수 있는 법률이 없다면 위반은 없다. 둘째는 아무도 그의 범죄가 정당하게 입증되지 않는 한 처벌 받을 수 없다. 셋째는 아무도 위반에 어울리지 않는 처벌을 받을 수 없다. 넷째는 단체로서의 시민들이나 그들의 피위임자들만이 확인된 위반행위를 처벌할 수 있다.

앞의 두 가지 규칙들은 자명해서 더 장황한 부연설명이 필요 없다. 셋째 규칙은 더 교묘하다. 그것은 시민들이 합리적 타산자들이라는 민주주의 가설에 근거한다. 즉 처벌은 속임수로 예상되는 이득을 파기하고 시민들이 속임수를 쓰지 않도록 만류해야 한다. 이처럼 처벌의 근거는 법률의 형태이고, 법률은 그것을 준수하지 않는 자를 처벌하도록 요구하며, 처벌의 근거는 만류이다. 넷째 규칙도 자명하지만 공공 영역에서의 징벌적 정의를 포함한다는 점을 강조해야 한다.

이 규칙들을 준수하도록 하기 위해 고려할 절차들은 징벌적 정의를 통해 예견되는 것으로, 법정이 있다. 여기서는 상반되는 논쟁이 재판관 앞에서 고소와 변호를 대립시키는데, 재판관으로 하여금 유죄 여부를 결정하고, 공평한 형량을 산정하며, 피해자를 보상하도록 해준다. 재판관은(배심원일 수도 있다) 공적 임무를 확보하고 권력을 행사한다. 그러므로 그는 시민들로부터 위임된 자여야 한다. 최선의 위임 절차에 대해서는 토론이 이루어질 수 있다. '행정 기능'이나 '입법 기능'에 의한 지명은 최악의 절차인데, 재판관의 독립이 위태롭기 때문이다. 선출은 의심스러운데, 선출과정이 이해의 개입과 정념의 분출 속에 전개될 위험이 있기 때문이다. 아마도 최선책은 시민들 전체 속에서는 아니더라도, 적어도 유능한 재판관들의 풀 속에서 추첨하는 방향에서 찾는 것이고, 호선(互選)을 통해 추첨을 혼합하는 것인데, 호선은 독립과 역량의 가능성을 높여줄 것이다.

소송에 대한 해결책도 같지만, 소송들 다수에 대한 해결책은 전적으로 사적인 것으로 남아있을 수 있다. 실제로 특수이해들에서 야기된 소송들 모두와 아고리적 절차들은 이해 당사자들 사이의 직접 교섭을 통해 해결될 수 있다. 그들 사이에서는 어떤 문제에 대해 공정한 해결책을 찾아내는 것이 대등함에 이르는 것보다 중요하다. 다시 말해서 교섭은 아리스토텔레스적 의미로 변증법적이고 수사적 논증인 셈이다. 해결책을 고안해 내는 것은 논증이 중립적이고, 유능하며, 소송에 참여한 쌍방에 의해 인정된 제3자, 즉 조정자나 중재자 앞에서 진행된다면 쉬워질 수 있다. 원칙적으로 이해 당사자들에 의해 받아들여진 어느 누구나 조정자나 중재자가 될 수 있다. 순수한 민주주의 속에서 복원적 정의는 사적인 절차를 통해서 인정될 것이다. 로마 공화국의 법률에 정통한 사람juris prudentes이 아마도 이것의 역사적으로 최선의 사례일 것이다. 부족 세계에서도 무수하게 많으며 설득력 있는 사례들이 발견된다.

문제의 해결책을 창안하는 절차로서 탐색을 통해 우리는 헌법적이고 법률적 정의로 돌아갈 수 있다. 양자는 문제들로부터 태어나고, 그 해결책들을 통해 성장한다. 법률적 정의는 공동선에 유용하고, 헌법적 규칙에 합당한 법률들을 제정해야 한다. 제기되는 문제들만큼 많은 법률들이 있을 수 있다. 헌법적 정의는 한 정치공동체에 정당한 제도들을 부여해야 하는 문제, 즉 민주주의의 불문법률을 성문법률으로 옮겨 쓰는 문제를 담당하고 있다. 근대성은 이 문제를 해결책의 탐색을 통해 어떻게 해결했는지 살펴보자.

VI. 근대적 공공 제도

우리는 뒤에 나오는 장(8장)에서 민주주의는 근대적 발견이 아니고, 그리스의 창안물도 아니며, 사람에 의해서 그리고 모두에 의해서 발견되었고, 인류의 시초부터 매우 다양한 사회형태적이며 문화적인 환경들 속에 존재한다는 사실을 보여줄 것이다. 그렇다 해도 민주화의 과정은 16세기 후반에 유럽에서(스페인에 대항한 네덜란드 7개주 연합공화국 Provinces-Unies의 독립 전쟁을 뚜렷한 첫 번째 조짐으로 잡을 수 있다) 시작되었고, 이 과정은 민주주의의 재창안으로 나타났다고 할 수 있다. 이 재창안을 통해 다수 현상들의 출현이 자극을 받았는데, 먼저 인식 차원에서 살펴보면, 정치철학, 이데올로기, 또한 17세기 초에 과학을 발명했던 유럽에서는 정치경제학, 정치학과 역사학을 들 수 있다. 그 다음 행동의 차원을 보면, 새로운 정치 활동영역의 구축에, 그리고 전파와 파급효과를 통해 모든 사회활동영역의 재정비에 얼마간 세련된 방식으로 사용된 모든 (사회)운동들, 전략들과 전술들이 있다. 끝으로 제작의 차원에서는 근대성에 형태를 부여했던 조직들과 제도들이 있다.

　이 제도들 중에서 17세기와 20세기 사이에 유럽과 미국에서 초점이 맞혀졌던 중심적 공공 제도들은 실제로 민주주의의 안정과 효율을 위해 결정적일수록 그만큼 더 뚜렷하게 다시 살아나며, 적어도 18세기부터는 공법droit public이라는 전문적 교육의 대상이 된다. 이 제도들은 두 가지 방식으로 해석될 수 있다. 합리주의적 방식에서는 그 제도들을 민주주의의 보편적 진리로 간주한다. 역사주의적 해석에서는 그것들이 아마도 유럽과 서양에 적응된 역사적 개별성에 불과하고 전혀 보편화할 수 없는 것이다.

우리는 이 책에서 인정된 이론에 보다 적합한, 색다른 해석을 제시하고자 한다. 즉 우발적인 상황들로 인해 근대적 정치 제도들이 출현했던 곳이 유럽과 미국이라는 점이 여전히 사실이라고 하더라도, 그 제도들은 근대성에 맞춰져 있다. 그 제도들은 근대성의 범위 안에서 보편화할 수 있는데, 달리 말해서 근대화와 민주화의 과정에 개입된 모든 정치공동체는 이 사례들로부터 유익한 영감을 얻을 수 있다. 하지만 근대성은 인간성의 최종적 단계가 아니며, 민주주의의 궁극적 단계도 아니다. 인간은 새로운 환경에 적합한 새 제도들을 항상 창안할 수 있을 것이다.

우리의 입장이 한 가지 중요한 사실에 대해 더 명료해져야 한다. 우리가 구성한 모든 추론을, 인류의 개념, 즉 자유롭고, 목적 지향적이며, 타산적이라는 개념에 토대함으로써, 우리는 사고의 같은 전개 속에서 설명 수단들, 민주주의의 진실과 그것이 빠질 수 있는 오류들을 분명히 했다.

그 반대 주장들을 설명할 수 있는 우리 이론의 능력으로 인해, 상이한 정치공동체들에서 민주적 진정성이 얼마간 고양된 그들 나름의 처방에 따라 창안된 근대적 제도들을 분류하기 위한 논의가 진전될 수 있다. 우리가 이 장에서 채택하고자 하는 것은 이런 비판적 관점인데, 역사적 관점의 입문적 지식을 위해서는 공법과 공공 제도의 역사를 다룬 개론서와 교과서를 권한다.

여기서 모든 것을 다룰 수는 없고, 서구적 경험에 비추어 오늘날 민주주의가 해결해야할 기본적인 제도적 문제 네 가지를 다룰 터인데, 그것은 정치공동체의 구조, 행정 기능의 제도, 투표의 방식, 그리고 사법 기능의 독립이다.

1. 정치공동체의 구조

가능한 한 명석 판명한 결론에 도달하기 위해서, 우리는 두 가지 극단적 가능성, 즉 단일 정부제unitaire 구조와 연방제fédérale 구조만을 검토할 것이다. 요컨대 이런 단순화가 현실적인데, 역사 속의 정치공동체들은 실제로, 어느 한 쪽의 극단으로 향했고, 제3이나 제4의 극단은 존재하지 않았기 때문이다. 단일 정부제 구조의 극단은 공적 공간이 동질적이고, 등방성(等方性: 공간은 모든 방면에 있어서 성질이 같음)이며, 중심에 놓인 정치공동체를 이상적으로 보는데, 이것은 중심에서 나온 모든 지시가 아무런 장애 없이 전파되고, 이 공간의 어느 지점에서도 왜곡 없이 시행되는 것과, 상호적으로 주변부의 공적 지점 모두가 중심으로의 동일한 접근성과 동등한 연대를 갖는 것을 의미한다.

나는 분명코 공적 공간이라고 말하고 있다. 단일 정부적 정치공동체 안에서 사적 부문은 무한히 많은 이질적 공간들로 나누어질 수 있다. 이것이 의미하는 바는, 정치공동체의 구성원들은 사적인 사회 구성원으로서 그들이 원하는 만큼, 이질적인 역사, 종교, 문화, 풍습, 사회적 소속 등등에 연관될 수 있으나, 시민으로서는 가능한 한 통일되고 같아야 한다는 것이다. 개인들 각자에서 이런 공/사의 분리는 생각할 수 있고, 아마도 견딜 수 있으나, 이런 분리가 또 다른 근대적 발현물과는 직접적인 모순관계에 빠진다는 점을 엄중하게 강조해야 한다. 이 근대적 발현물은 민주화와는 완전히 이질적인 것으로서, 국가라는 사회형태인데, 이것의 분명한 특징은 민족적, 역사적, 언어적, 종교적, 문화적 등등의 다원적 동질성을 요구한다는 점이며, 개인을 통합된 조직의 세포로 변화시키려는 야망을 가진다는 점이다.

연방제 구조는 얼마간 이질적인 하위 단위들이 여러 차원들로 끼워 맞춰진 구조에 바탕을 두고 있는데, 이로 인해 공적 공간의 이방성

(異方性:물리적 성질이 방향에 따라 다름)이 나타나고, 하나의 공통된 중심
에 따르기까지 위계화된 여러 중심들이 생겨난다.

정치공동체의 개념만 보고 양자 중 어느 한 구조를 한 번에 선택
하는 것은 어렵다. 정치공동체는 외부를 향해서 국제 정치무대에서 시
민들의 안전을 확보할 책임이 있고, 이 무대에서의 갈등은 언제나 전
쟁으로 확대될 수 있다. 정치공동체는 내부적으로 정의를 통한 평화를
목적으로 삼고 있는데, 이를 위해 게임의 규칙을 규정하고, 속임수를
쓰는 사람들을 처벌하며, 각자가 자기 몫을 차지하게 하고, 공동이해
로 간주되고 공통적으로 해결되어야할 것으로 간주되는 문제들, 즉 하
부구조, 화폐, 교육, 경제적 변동의 관리, 시민들 간의 상호부조 등등의
모든 문제들을 최선을 다해 해결하도록 노력한다. 정치공동체의 구조
를 선택하는 일은 순전히 일치의 기술적 문제이고, 목적에 의해 정의
된 목표들과, 사회형태학적, 경제적, 국제정치적 등등의 맥락을 고려해
야할 문제이다.

그 대답들은 맥락들에 따라 완전히 달라질 수 있다. 근대성의 범
위 내에서 이 맥락은 매우 큰 숫자와, 복잡성과 사안들의 뒤얽힘과, 국
민의 움직임과 문화적 이질성의 증대 등등에 의해 드러난다. 이런 특
수한 맥락에서 대답은 의심의 여지가 없다. 즉 민주주의는 연방제 구
조를 선호해야 한다. 외부를 향해서 단일 정부적 구조가 군사적 자원
의 동원을 원활케 하며, 효율을 극대화할 것이 분명하다는 점은 사실
이다. 하지만 과도한 중앙 집권화가 지속적으로 변형되는 국제정치 무
대에서 요구되는 유연성과 적응성을 저해한다는 점을 배제할 수 없다.

연방제 구조는 내부를 향하여 세 가지, 어쩌면 네 가지 우월성을
활용할 수도 있는데, 이것이 의사결정을 지배하게 된다. 이 구조가 더
효율적인 것은, 근대성의 발현으로 인해 사안들이 몹시 복잡해져서,
통일된 하나의 중심이 시민들이 만족할 정도로 사안들을 해결하기가

점점 더 어려워지기 때문이다. 그 사안들은 그것이 제기된 현장과 빈번히 접촉함으로써 더 쉽게 해결되는데, 그 현장에서 이해 당사자들과 지도층이 서로를 더 잘 알 수 있는 기회를 더 많이 갖게 되기 때문이다. 이어서 이 구조는 피위임자들을 그들의 위임자들과 가능한 한 가까이 접근시킴으로써, 지도를 받는 이들이 지도층을 민주적으로 통제하기 좋게 만든다. 또한 이 구조는 헌신을 북돋아 주는데, 공동선이 시민들과 개인적으로 관계될 때, 그리고 시민 수가 줄어들면 타인의 헌신에 대해 기대를 덜하게 해줌으로써, 시민들이 공동선에 헌신하는 것이 더 쉬어지기 때문이다. 이 구조의 마지막 이점은 다음 경우에 현저해지는데, 정치공동체의 인구 구성이 문화적으로, 민족적으로, 종교적… 등으로 이질적이 될 때, 구성원 전체의 응집력과 정합성(整合性)을 확보하는 것이 절실해질 때, 그리고 소수민족들을 보호하려할 경우이다.

연방제 구조는 명백히 민주주의에 보다 더 동조적(同調的)인데, 적어도 근대적 맥락에서는 그렇다. 사실 이런 제한 규정은 필요치 않다. 민주주의와 연방제 사이의 친화성은 보편적이고, 단일 정부적 구조와 민주주의 간의 만남은 상황에 따른 것이라는 점을 우리는 보여줄 수 있기 때문이다. 하지만 동조성과 친화성은 두 가지 본질적인 원리를 준수할 것을 요구한다. 첫째는 별로 적합한 표현은 아니지만 **보조성의 원리**로 불리는 것이다. 이 원리에 따르면, 모든 공동이해의 문제는 언제나 가능한 한 가장 지역적인 차원에, 그리고 구체적 단체로 모인 시민들에 가장 가까운 차원에 우선권을 두고 해결되어야 한다. 결과적으로 (하위 차원에서) 달리 할 수 없을 경우에만 상위 차원에 문제를 제기하게 된다. 둘째 원리는 진술되지도, 명명되지도 않았는데, **직접성의 원리**로 부르기로 하자. 이것의 중요성은 결코 첫째에 못하지 않다. 이 원리에서 요구하는 것은, 모든 시민이 연방제 구조의 각 차원에 직접(아무 매개 없이) 연결되고, 그 시민은 거기서 지도층을 직접 위임하며, 자

신의 기여를 통해 번 돈을 그 지도층으로부터 직접 받는 식이며, 어느
차원이 그 하위 차원의 포기를 통해 실체를 부여받는 경우는 결코 없
다는 것이다. 이 원리는 본질적인데, 이것이 준수되지 않는다면, 정치
공동체는 전혀 정치공동체가 아니라, 준(準) 정치공동체quasi-polities의
얼마간 느슨하거나 밀접한 연합으로 전락할 위험을 피하지 못하게 된
다. 준 정치공동체들은 봉쇄의 권한과 불법 방해의 권력을 부여받거나
보유하게 되고, 이런 권력들은 대내적인 평화와 대외적인 안전을 저해
하게 된다. 1848년 이전의 스위스를 보자. 그 당시 스위스는 국가연합
에 불과했고, 손더분트Sonderbund의 내전은 아직 연방으로의 도약을
향해 추진되지 못했다.

한 연방체에서 고려할 차원들의 이상적 수효를 모험삼아 추론해
보는 것이 가능할까? 세 가지를 고려해 봄으로써 가능하다. 위쪽을 향
해서는, 효율성과 비용 때문에, 차원들이 무한정하게 양산되는 것은
불리하다. 효율성은 충돌들이 증가될 위험으로 인해, 역량의 경계를
설정하는 것을 둘러싼 갈등으로 인해, 그리고 가능한 과잉으로 인해
저해된다. 비용에 관해서는, 아무 것도 거저가 아니며, 특히 공동이해
를 담당하는 기관들은 그러하다. 이 공공 기관들은 공동이해라고 표방
할 수 있고, 수입을 조사하기 전에 먼저 비용을 규정하는 공공 예산의
속성상 불가피하게, 초과와 낭비로의 불가항력적 경향을 지니고 있기
때문이다. 이 두 가지를 고려하면 연방제 구조에서 넷이나 다섯 단계
를 넘지 않는 것이 바람직하다.

아래쪽으로는, 피할 수 없는 구조적 고려를 한다면, 차원의 수를
과도하게 줄이는 것은 불리하다. 단 하나의 차원은 분명히 배제되는
데, 연방제가 단일 정부적 구조로 흡수되어 버리기 때문이다. 두 개의
차원일 수 있다. 혹은 연방적 차원이 무수히 많은 하위 소 단위들을 결
합하기도 한다. 이 경우 중심의 주도권은 정해진 기한에서 불가항력적

이고, 단일 정부적 구조로의 전락이 온다. 혹은 연방적 차원에서 소수의 거대한 하위 단위들을 통괄하는데, 이 경우 중심은 만장일치의 요구와 하위 단위 각각이 행사하는 봉쇄권의 희생물이 되고, 동맹적con-fédérale 구조로의 전락은 불가피한데, 이런 상황은 정치적 구조 자체로부터 벗어나게 하고, 순전한 분열의 위험을 무릅쓰게 한다. 넷이나 다섯 단계보다 적고, 두 단계보다는 많은 차원들, 즉 셋이나 넷의 연방제 차원이 최적으로 보인다.

이 분야에서 매우 유감스런 혼동들이 퍼져 있다. 가장 빈번한 것들 중의 하나는, 정치공동체의 구조와, 민주주의의 사활이 걸린 공/사 구분 사이의 혼동이다. 이 구분은 정확히 공동이해와 특수이해의 구분이고, 특수이해를 평균적 이해로 변환하는 시장/아고리들과 정치인들이 공동선을 실현하기 위해 계발한 숙고된 전략들 사이의 구분이라는 점을 기억하자. 네 가지 조합이 가능한데, 그 중의 두 경우는 부당하고 민주주의의 부패, 심지어 변질로 나타난다. 단일 정부적 구조는 민주주의의 요구에 합당하게 사적 부문과 공공 부문을 결합할 수 있는데, 연방제 구조도 그 나름대로 그렇게 할 수 있다. 반대로 연방제 구조에서는 모든 차원에서 혹은 특정 차원에서만 공공 부문이 사적 부문을 침탈하고 사적 부문이 공공 부문을 잠식할 수 있는데, 이는 단일 정부적 구조가 그 나름대로 두 부문의 혼동을 겪을 수 있는 것과 마찬가지다. 그래서 거드름피우는 공공 부문으로 괴로워하는 단일정부적 구조의 정치공동체가 스스로를 개혁하려 할 때, '지방분권화décentralisation'와 '민영화privatisation'를 혼동해서는 안 된다.

유럽과 서양의 정치공동체들의 실제 구조들을 검토할 여유가 있다면, 우리는 정치공동체들의 역사와 그것을 모은 국제정치체계들의 구조를 통해 완전히 설명 가능한, 엄청나게 다양한 사례들을 확인할 수 있다. 가능한 사례들의 양 극단에서, 프랑스는 단일 정부적 구조의 거의 순수한 사례라고 할 수 있다. 한편으로는, 전략적 지위를 차지한 단일 왕조를 둘러싼 정치공동체의 역사적 집적(集積) 현상을 확실히 거기에 연관시킬 수 있고, 다른 한편으로, 1940년까지의 유럽의 국제정치체계 속에서 정치공동체의 중심성과, 군사력을 가능한 한 최대로 집중해야할 필요성을 연관시킬 수 있는데, 스위스는 연방제 구조의 모범 사례이다. 그 밖의 정치공동체들은 더 중간적 위치를 차지하고 있는데, 영국(잉글랜드 역시 프랑스만큼 단일 정부적 구조이다), 아일랜드, 포르투갈, 스칸디나비아 반도 국가들, 현재의 오스트리아는 분명 단일 정부적 구조 쪽에 가깝고, 확립된 연방제인 미국, 캐나다, 오스트레일리아, 독일과, 경향적으로 연방제적인 스페인과 이탈리아는 연방제 쪽이다.

보다 최근의 동향을 포착하기 위하여 상이한 시각을 채택한다면, 20세기로 이어지는 두 가지 경향을 분명히 지적할 수 있다. 서양의 정치공동체들은 수십 년 동안 국제정치적 제약과 전쟁의 위험, 경제적 관리와 공평한 재분배란 평계로 야기된 공공 부문의 엄청난 확장이 겹쳐져 가하는 압력으로 인해서, 단일 정부적 구조 쪽으로 움직이는 경향을 띠고 있었다. 약 10년 전부터는 연방제적 구조로의 가능한 회귀의 기미가 감지되고 있는데, 일정 한계를 넘어서는 단일 정부적 구조로의 쏠림현상으로 인해, 연방제 쪽의 반대자가, 더 큰 효율성, 통제, 헌신과 다원주의를 통해, 민주주의를 자연스럽게 보완한다는 주장이 더욱 더 설득력을 갖게 되었기 때문이다.

2. 행정적 기능의 제도

우리가 앞서 살펴본 대로, 세 가지 '권력' 또는 '기능'은 민주주의 체제의 본성 속에 각인되어 있다. 각각의 기능은 인간 활동의 양식들 중의 하나와 특별한 친화성을 가지고 있다. 행정의 기능은 행동이란 양식과 연관되는데, 이런 점은 행정에 부과되는 다음 몇몇 제약들을 함축하고 있다. 즉 의사 결정, 명령, 자원 동원, 지속적인 장애에 대한 임기응변, 행동과 반응 등의 획일성이다. 입법의 기능은 적합하고, 유용하며, 간결하고, 품위 있어야 하는 게임의 규칙을 규정하는데, 이런 이유로 입법을 제작이란 양식에 자리매김할 수 있다. 그리고 제작의 특성은 재료에 대한 정보를 주거나 형태를 구체화하는 것이다. 끝으로 사법의 기능은 무엇보다도 인식이란 양식에 토대하는데, 사법은 정당한 것을 찾아내고 규정해야 하기 때문이다.

'기능들의 분리'는 폭군제적 부패를 막기 위한 기본적 예방책이다. 사실, 유일하게 중대한 위험은 행정의 기능이 입법과 사법의 기능을 지배하는 것이다. 지도층이 통제 받지 않고 법률을 제정하고, 그들의 의지를 재판관에게 강요할 수 있게 되는 순간부터 민주주의는 최소한 빈사상태가 된다. 입법의 기능이 행정의 기능을 지배하기는 어려운데, 적어도 그런 역사적 사례는 없다. 반대로 입법은 잘못 제정된 규칙을 행정에 강요함으로써 행정의 활동을 방해할 수 있다. 실제에서는 입법과 행정이 협력하는데, 공동이해를 일시적으로 책임지는 팀은 그 팀의 방향으로 진행할 법률을 제정할 필요가 있기 때문이고, 반대로 입법이 행정의 프로그램을 고려치 않고 법률을 제정하는 경우를 상정하기 어렵기 때문이다. 정치적 효율성으로 보면, 행정과 입법의 기능을 담당하는 팀이 똑같이 다수파인 것이 바람직하다. 자유의 보장은 허망한 (기능의) 분리 상태와는 다른 곳에서 찾아야 한다. 사법의 기능은 거의 모든 곳에서 다른 두 기능의 과다한 행사에 대해 매우 민감한데, 이런 점으로 인해 사법의 독립성을 보호하기 위한 특별한 방책들을 강구할 것이 요구된다.

행정의 기능은 그 속성상 그리고 정의상, 공동선을 가능한 한 최대로 실현할 책임을 지고 있다. 이런 책임으로 인해 그것은 **효율성**이라는 첫 번째 요구에 직면하게 된다. 효율성의 분명한 조건은 모든 활동 영역에서 동일한데, 그것은 일반적으로 행동을 성공시킬 조건이다. 행정은 의사 결정을 할 수 있어야 한다. 다시 말해서 하나의 전략, 혹은 전략들의 일관된 전체를 선택할 수 있어야 하고, 목표를 달성하기 위해 전략상 요구되는 인간적이고 물질적인 수단들을 그 의향대로 조합할 수 있어야 한다. 또한 언제든 권력 상실의 위험 없이 지속되어야 하고, 노력의 계속성을 확보해야 한다.

효율성이 행정에 부과된 유일한 요구는 아니다. **안정성** 또한 보장되어야 하는데, 그것은 수구주의(守舊主義)가 아니라 제도의 계속성이다. 정치적 안정성은 헌법적 단절 없이 정치 권력이 한 팀에서 다른 팀으로, 특히 반대파로 합법적으로 이양되는 것을 의미한다. 안정성은 제도의 공정성만으로 확보될 수는 없는데, 제도는 안정성 역시 필요하기 때문이다. 안정성은 좋은 제도들을 치밀하게 조합하고, 중용의 전통을 지키며, 반대파를 존중하고, 정치인들이 관용의 미덕을 갖춤으로써 확보된다. 사람들이 안정성을 결심할 수는 없으며, 기껏해야 불안정성의 위험을 최소화할 수 있을 뿐이다. 어느 정치공동체가 올바른 조합을 찾았는지 드러내는 것은 시간이다. 이런 이유로 안정성의 엄밀한 첫 번째 테스트는 선거에서 반대파의 첫 번째 승리를 통해 치러진다. 그때까지 집권당은 집권을 계속할 수 있고, 헌법적 외관을 통해서만 전제 체제와 구별된다.

효율성과 안정성을 동시에 확보할 가능성을 극대화하기 위해 어떤 방식으로 행정부를 제도화하고, 입법부를 선출할 것인가? 복수이긴 하지만 매우 소수의 해결책이 여러 세기에 걸친 서구의 경험들로부터 발현되었다. 첫째 해결책은 **의회 체제**régime d'assemblée인데, 거기서 행정부와 입법부는 같은 기구 속에 섞여 있고, 한 의회는 시민들에 의해 다양한 절차를 통해 선출된다. 그것의 역사적 모델은 1792년부터 1795년까지의 프랑스 국민의회Convention일 것이다. 이 모델은 이 해결책을 폭군제의 전 단계로 비난하기에 충분하다. 행정과 입법, 두 기능의 혼돈은, 거리 폭동의 통제를 제외한, 가능한 모든 통제를 폐지했지만, 그것은 평화와 정의를 확보하기 위한 최선의 방법은 아니었다. 행동의 제약으로 인해 의회에는 대리substitution와 대표représentation의 기제가 부과되었는데, 먼저 의회 가운데서 생겨난 위임 혹은 위원회의 형태로, 그 다음엔 위임에서 생겨난 위원의 형태로였다. 대리된 각각의 차원은 주권을 가진 국민의 정당한 대리인으로 간주되고, 그 대리인은 아무거나 결정할 수 있으며, 자신의 결정을 시행하기 위해 어떤 수단이라도 동원할 수 있다고 추정되기 때문에, 그 길은 '공안 위원회'로, 즉 현대의 이념지배체제가 성공을 거둔 첫 경험에로 열려 있었다. 또한 이 해결책은 한 번이 아니고 도처에서 거기에 빠져 들었다.

내각 체제régime de cabinet 역시 고려의 대상이다. 이 체제에서 행정부는 입법부에서 선출된 의원들 사이의 뒷거래의 결과인데, 그들은 정부를 구성하기 위해 합의하며, 의회에서의 다수파를 그 정부에 확보해준다. 의회는 이런 사실 자체로 행정부를 전복할 권력을 보유한다. 행정부는 그 나름대로 의회를 해산할 권력을 갖거나 갖지 않는다. 이 해결책은 민주적 기준에 잘 호응하지 않는다. 효율성은 제휴의 취약성으로 인해 저해되고, 안정성은 소수파의 방해권 때문에 위협받는데, 어떤 정치 지형에서는 다수파를 바꾸는데 한 표로도 충분하기 때문이다. 다음과 같은 정치 상황에 있는 소국들에서는 비효율성과 불안정성이 최소화되거나 심지어 사라질 수도 있다. 즉 정치적 열정이 약하거나, 모든 정치적 결합이 거의 교체 가능하거나, 시민 사회가 활기를 띠고 적극적이며, 특수이해들을 관리하기에 효율적이거나, 빈약함이 대외적인 대폭 개방과 유익한 대외적 제약을 준수할 의무로 나타나는 정치 상황들이다. 하지만 이 모든 완화적 조건들은 순전히 우발적이고, 그 내면적 흠결을 해결하지 못한다.

대통령 중심제régime présidentiel는 제도적으로 입법부와 행정부를 분리하는데, 양자는 직접적이건 간접적이건 시민들에 의해 따로 선출된다. 이 해결책이 미국에서 채택되지 않았더라면, 오늘날 목격하는 인기를 누리지는 못했을 것이다. 이 경우 역시 우발적 상황들이 이 해결책의 중대한 흠결이 가려졌음을 설명해줄 수 있는데, 두 가지 주요한 상황은, 시민 사회가 차지하는 거대한 위치와 입법자들의 미약한 당파적 가맹이다. 만약 입법과 행정의 두 기능이 두 정당이나 상이한 다수파들에 의해 보장되고 타협에 이를 가능성이 별로 없거나, 보다 일반적으로 두 기능이 무슨 이유로든 갈등상태에 들어가면 효율성은 저해된다. 이런 사실로 인해 안정성 역시 저해되는데, 행정부는 기어코 자신의 권력을 인정하도록 입법부를 변모시키려는 유혹을 받게 되고, 그 반대도 가능한데, 헌법적 규칙들을 위반하지는 않은 채, 관행이 된 그들 각각의 영향력에서의 불균형을 통해서이다. 더욱 중대한 것은, 대통령 중심제가 민주적 외관을 가진 전제 체제와 실제로는 전혀 구별되지 않는 방식으로 매우 쉽게 바뀔 수 있다는 것이다.

의원내각제régime parlementaire가 남았는데, 1689년부터의 영국 사례에 초점을 두고 살펴보자. 이 해결책의 원리는 단순하다. 의회 다수파가 행정부를 구성하거나, 의회에서 다수당의 영수가 그대로 행정 수반이 된다. 이 방식은 효율성을 보장하는데, 정부가 다수파이기 때문에 다스릴 수 있다. 이런 다행스런 결과는 두 가지 조건이 충족되는 것을 전제로 한다. 즉 의회가 회의에서 다수파를 바꿈으로써, 혹은 다수파 안에서 새로운 팀을 구성하기 위해서 정부를 전복할 수 있어야 하는데, 정부의 효율성을 자극하기에 충분한 통제와 압력을 행사하는 방식으로이다. 반대로, 행정부는 의회를 해산할 지속적인 권력을 가져야 하는데, 다수파에게 충성과 규율을 요구하기 위해서이다. 이와 같이 행정부와 입법부는 과도한 권력을 회피하기 위해 서로 견제하고 효율적 협력을 하도록 요청을 받는다. 안정성 또한 확보된다. 의회에서 소수파는 최소한의 합법적 단절을 두려워 할 필요 없이, 매 선거에서 다수파가 되고 집권할 수 있는데, 적어도 민주적 정치 의식이 충분히 정착되어 있다면 그러하다. 다수파의 교체는 정상이고 유익하기도 하다고 간주될 수 있는데, 권력의 부패는 사실이기 때문이다. 다른 한편, 소수파는 다수파를 감시하고 비판하며, 권력 남용의 경우에는 시민들에게 경고하기 위해서 존재한다.

결론은 의심의 여지가 없다. 영국식 의회제가 효율성과 안정성이란 민주적 요구에 가장 잘 부응한다. 부수적으로 이런 역사적 조합을 통해서 '공화제'와 '군주제'사이의 구별이 갖는 일화적(逸話的)이고 우연적 성격을 강조할 수 있다. 어떤 민주주의는 세습 군주를 통해 상징화될 수도 있는데, 그 군주는 자신의 권위로부터 그 어떤 지도력도, 강제력도 파생시키지 않는다는 조건으로, 있는 그대로의 정치공동체의 통일성과 지속성을 체현한다. 유럽에서 천년 후에 '의회군주제monarchie parlementaire'는 구체제의 민주화가 도달한 정상적 결과였다는 주장이 있을 수 있다. 그리고 공화제가 우세했던 곳, 즉 프랑스, 독일, 오스트리아, 이탈리아 등에서 왕조의 신망을 떨어뜨렸던 것은 역사적 우연에 의한 것이었다고 주장할 수도 있다.

군주제이건 공화제이건 의회제가 최선의 해결책이다. 나중에 언급하겠지만, 이 해결책은 의회가 일관성 있고 응집력 있는 다수파와 소수파로 구성되는 경우에만 효과적일 수 있다. 이 보충적 조건을 충족시키기 위해서 선거 절차들과 그 절차들에 의해 결정되는 정당 체제를 살펴보아야 한다.

3. 투표 방식

투표 방식의 소임은, 이상한 근시안적 사고를 통해 무시되거나, 상황에 따라 편리하게 하는 일로 격하되는 경향이 있다. 하지만 정당 체제가 거기에 달려 있기 때문에 그 소임은 중요하다. 그런데 정당은 정치적 민주주의에 필수적이다. 그 이유는 시민들이 공동선의 해석을 정당에 제안하는 임무, 이 해석을 행동의 프로그램으로 바꾸는 임무, 이 방향으로 효율적으로 행동할 수 있는 한 팀을 제공하며, 그 팀을 감시하고 통제할 수 있는 다른 한 팀을 제공하는 임무를 정당에 위임하기 때문이다. 여기서 복수 정당은 필수적이다. 유일 정당 체제는 민주 체제가 아니며, 그 체제는 영구 집권하는 지배적 정당과 함께 문제의 근원이 된다. 복수 정당이어야 한다는 것은 의심의 여지가 없지만, 복수는 둘부터 시작해서 무한대로 연장된다. 의회 체제는 두 개의 정당 구조에서 가장 잘 작동하는데, 둘 사이의 경쟁은 효율성과 안정성의 미덕을 극대화하기 때문이다. 투표 방식들을 검토하면서 고려해야할 것은 이런 강점이다.

우리는 한 번 더 두 가지 극단적 절차들 간의 양극적 대립을 고려함으로써 이 문제를 연구할 수 있는데, 그 밖의 절차들은 우리가 여기서 무시해도 좋은 변종에 불과하다. 한 극단은 다수결의 투표에 속하는데, 이 경우 정해진 선거구에서 선두에 있는 후보자 혹은 후보자의 명단은, 차점자에 대한 표차가 얼마이든, 선거인 명부에 등재된 사람이나 유효표의 퍼센트가 얼마이든 당선된 것으로 공표된다. 다른 극단은 비례적 투표인데, 획득한 표수에 비례하여 정당들 사이에 의석을 배분하는 것이다.

주제를 벗어날 논의는 입구에서 배제하자. 이것은 분배적 정의의 문제가 아니라, 효율적이고 안정적으로 작동할 수 있는 행정부와 입법부의 팀을 선출하는 기술적 문제이다. 이것은 또한 '시민들의 대표'의 문제도 아니고, 민주주의의 이런 변태가 완화된 형태인 여론 조사도 아닌데, 후자의 경우에서 '대표성'은 '대표'의 개념과 거의 마찬가지로 수상한 개념이다.

효율성과 안정성을 염두에 둔 민주주의에서는 선택의 여지가 없다. 다수결 투표를 채택해야 한다. 그 증거를 제시하기 위해서는 각각의 투표 방식의 기계적 결과를 고려하는 것으로 충분하다.

비례적 투표는 시민들 속에서 의견의 다양성 때문에 어느 정당이라도 최소한 한 명의 당선자를 낼 가능성을 조금이라도 보장해준다. 그러므로 야망가들 각각은 이런 이득을 볼 희망을 잡기 위해, 덧붙여 이러저런 정당 간 제휴에 유리하게 중재하는 위치에 서기 위해 정당을 창당하는데 관심이 있다. 결과는 정당의 양산이다. 복수 정당제는 투표 때마다 다수당의 출현을 예상치 못하게 하거나 순전한 우연으로 만든다. 다수파의 부재는 차례대로 피할 수 없는 결과를 야기한다. 가장 덜 심각한 결과는 어쩔 수 없이 내각 체제를 받아들이게 하지 않는 것인데, 선거 **후** 정당들의 기구들 사이의 뒷거래는 시민들의 통제를 완전히 벗어나게 된다. 터무니없는 봉쇄와 불법 방해의 권한이 소수파들에 부여되고, 이들은 단일한 피위임자로까지 감소할 수 있다. 심각한 위기의 경우에는, 언제나 몇몇 대표들을 당선시키고 마는 반민주적 이념들이 일시적으로 과장된 그들의 말로 이득을 볼 수 있는데, 의석수로 나타난 그 말은 위험한 신뢰를 그 이념들에 부여할 수 있고, 그 이념들을 대안이나 활로로 보이게 만든다. 민주적 인사들의 속성을 거슬러 반민주적 인사들과 맺은 연합이 불시에 나타날 수 있는데, 유일한 목적은 다수를 획득하거나 그것을 방해하는 것으로, 이것은 충격적이고 위험한 것이다. 끝으로, 정당들이 너무 많아서, 시민들의 눈에 서로 구분되도록 하기 위해서는 그 정당들이 이념적 분할을 강조하고 심화해야 하는데, 인위적으로 그리할 경우, 정치적 담론에 대한 시민들의 회의주의를 강화할 수 있을 뿐이고, 확신을 가지고 그리할 경우, 시민들 간의 우애를 해치게 된다.

다수결 투표는 완전히 다른 파급효과를 가지고 있다. 그것은 이념적 선택의 폭을 개방함으로써 '광범위하게 지지표를 긁어 모으기'를 부추기는데, 다른 쪽보다 한 표가 더 많아야 이기기 때문이다. 각 진영은 같은 계산을 하게 되기 때문에, 같은 계산은 두 정당만의 출현을 초래하는데, 제3당은 아무런 기회가 없기 때문이다. 결국 두 정당들 각각은 다양한 의견들의 제휴이고, 이런 상황은 그들에게 온건하고 혼합된 정강정책을 제안하지 않을 수 없게 만든다. 더구나 각 정당은 중도파 유권자들에게 선거운동을 하게 되는데, 두 정당 모두 양극단을 상대편에 투표할 위험이 전혀 없는'고정표를 던지는' 유권자가 몰려있는 곳으로 간주하고, 결국 부동층이 결정하게 된다고 생각할 수 있기 때문이다. 그로부터 깊은 이념적 분할과 극단주의적 편향(偏向)의 위험은 약해지거나 사라지게 되는데, 부동층은 이념에 대해 별로 민감하지 않고, 모든 편향은 선거의 패배를 초래하기 때문이다. 극단주의적이거나 반민주적인 정당들에게는 의회의 문을 돌파할 기회가 오지 않고, 종파의 지위로 주변화되며 폐쇄적이 되는데, 그들에게는 민주주의에서는 거의 성공할 수 없는, 무능과 난폭한 권력 행사 사이의 선택만 남게 된다(10장을 보라). 위기의 경우, 집권당은 반대파에 유리하게 선거에 지게 된다. 또한 그 반대파가 무능의 증거를 보일 경우, 위기는 스스로 서서히 해소될 가능성이 높다. 최악의 경우, 비상 상황에서 '구국'연맹이 최후의 방책으로 남아 있다. 끝으로, 이런 이점은 결코 무시할 수 없는데, 다수결 투표는 다수파를 확대하고(극단적으로, 각 선거구에서 단 한 표 차로 다수파가 된 정당이 모든 의석을 차지할 수 있다), 이를 통해 의회 체제의 정부는 다스리기에 확고한 다수를 점할 수 있다.

결론은 분명하다. 근현대적 맥락에서 민주주의 체제는 한 차례의 다수결투표에 바탕을 둔, 군주제적 혹은 공화제적 의회 체제의 제도들을 요구한다. 다수결 투표는 다음과 같은 최적 상태를 제안한다. 즉 다수결 투표에서 벗어난 모든 해결책은 최적 상태에서 벗어난 것이고, 비효율성과 불안정성의 증대로 나타난다. 모든 관점에서 이질적인 정치공동체 안에서조차도 다수결 투표는 바람직한 것으로 채택되어야 하는데, 거기에 연기명(連記名) 투표plurinominal를 도입하고, 어느 정당도 부족적, 민족적, 종교적, 사회적, 문화적... 등등으로 나눠지는 유권자들의 분할과 일체가 될 관심도, 가능성도 추구하지 못할 방식으로 선거구를 획정하는 것이 필요할 수도 있다.

완벽한 것은 아무 것도 없다. 이 말은 인간적 부족함의 대가이고, 어떤 영역에서도 잊혀 지지 않는다. 다수결 투표는 구분되지 않는 두 정당의 출현을 야기할 위험이 있고, 그 결과 시민들의 정치적 무관심을 부추기며, 정치인들로 하여금 권력의 횡령물들을 나누기 위해 타협하게 만들 수 있다.

4. 사법 기능의 독립

이것은 민주주의의 본질인데, 집권자들, 더 나쁘게는 정치권력의 위임을 받은 자들이 정의의 문제가 제기됐을 경우에 그것에 대해 권력을 행사할 수 있게 되면, 정의는 거기서 살아남지 못한다. 교환, 배분, 탐색의 아고리적 기제들은 기능이 정지되고, 이런 기능 정지와 함께, 거기서 비롯되는 판결은 어김없이 왜곡된다. 하지만 모든 권리에 대한 재판권을 사법 기능에 부여하는 것은 사법 기능의 권력을 모든 개연성과 양식 이상으로 확장하는 것이라는 비판이 있을 수 있다. 그것은 정확한 말이다. 다시 말해서 분배적 정의는 사법 기능과 관련이 없는 데, 불법적 위반에 의해 사법 기능이 무시당하는 경우를 제외하면 그러하다. 이런 위반은 징벌적 정의에 경고를 보내거나, 혹은 사법 기능이 소송을 제기하지 않는다면, 그 소송은 교정적(복원적) 정의로 이송된다. 그러나 한쪽에 대한 이런 책임 감면은 법률 자체를 사법 기능의 역량 안에 포함시킬 논리적이고 개념적 필요에 따라 더 균형이 잡힌다. 그리고 이런 현상은 다음과 같은 방식으로 일어난다. 현대 민주주의의 공통된(그리고 정당화된) 소망은 법에 의해 다스려지는 국가États de droit가 되는 것이다. 이 표현은 법이란 말로 단순히 '법으로 정한 법loi légale'이 아니라 '공정한 법loi juste'을 뜻할 경우에만 의미가 있다. 그렇지 않으면, 모든 나라들은 법으로 다스려지는 셈인데, 모든 체제들, 심지어는 가장 극악무도한 체제도 법을 제정하고, 게다가 어떤 형식적 절차를 준수하면서 그리하기 때문이다.

이런 법률의 공정성 요구는 다음의 연관된 세 가지 조건으로 충족된다.

- 자의적이지 않은 관점을 구성할 수단이 주어져야 하는데, 이런 관점은 입법자가 가질 수 있는 인식으로부터 독립된, 객관성 속에서 법률의 공정성을 판단하게 해준다. 우리는 이런 관점을 '불문법률'이라 부르고, 정치의 목적으로서 평화와 정의의 확고한 토대 위에 설정했으며, 그리고 이런 목적에 도달하기에 적합한 체제로서의 민주주의 위에 그 관점을 설정했다.
- 불문법률은 '성문법률'(관습 혹은 좁은 의미의 성문법률)로 옮겨져야 하고, 이런 옮겨적기는 합법적 형태를 준수함으로써, 그리고 불문법률의 정신에 최대한 맞춤으로써 시행되어야 한다. 성문법률의 근대적 표현으로서, 이 조건들은 '권리 선언Déclaration

des droits'을 부여하는데, 이 선언은 민주주의의 개념을 통해 정의된 시민의 개념 속에 분석적으로 포함된 자유들(즉 의견, 표현, 결사, 종교, 투표, 출산 등등의)의 체계적 목록에 다름 아니다. 또 다른 조건은 '헌법'(이것이 오늘날에는 거의 항상 성문법률이지만, 영국의 헌법은 예외다)인데, 우리가 헌법적 정의라고 부른 것, 즉 민주 체제의 가장 기초적인 게임의 규칙을 옮겨적은 것이다. 마지막 조건은 법률적 정의를 옮겨적고, 보다 더 상황적인 공동이해의 문제를 다루는 법률들이다.

- 헌법을 옮겨적기는 민주주의의 속성에 맞게 정당해야légitimes 한다. 그 옮겨적기 자체가 적법성의 근거이기 때문에, 그것이 적법하다고légales 할 수는 없다. 즉 (헌법의) 정당성을 심사하는 것은 헌법 제정자들이 정치공동체를 창설하는 시기에는 그들에게 달려 있고, 언제나 적법한 절차에 따라 부당성을 규탄하고 헌법을 개정하기 위한 운동을 전개할 수 있는 시민 누구에게나 책임이 과해진다. 상황에 따르는 법률의 옮겨적기는 정당하고 적법해야 한다. 곧 그것의 정당성은 민주주의로부터 일종의 호민관적 기능을 부여받은 시민 각자의 재판권에 다시 속하게 되고, 이 기능은 시민에게 여론 앞에서 정치적 정당성에 관한 모든 소송을 심리할 자격을 부여하지만, 그것의 적법성은 '법률의 합헌성 심사'라는 문제를 제기하며, 이 문제는 입법자에게 맡길 수 없는데, 그는 재판관이자 피고가 될 것이기 때문이다.

그러므로, 근대의 민주적인 헌법과 법률의 제정은 법률의 적법성 여부, 법률이 '권리 선언'과 '헌법'(양자는 적어도 원칙상 민주주의의 불문법률을 정당하게 옮겨적은 것이다)을 준수했는지 여부에 아주 분명하게 초점이 맞혀진 소송을 가능하게 한다. 소송은 교정적(복원적) 정의를 필요로 한다. 이와 같이, 권리가 겪은 위반과 소송을 통해 직접적으로로건 간접적으로건, 권리 전체 뿐만 아니라 법률 전체도 사법 기능의 활동 영역에 포함된다. 이런 이유로, 사법의 독립성은 절대로 필수적이다.

이런 단도직입적(單刀直入的)인 지적은 왜 민주주의들(현대의 민주주의들 만이 아니라)이 그토록 일관되게 사법기능을 간청하고, 소송에 일상적으로 강박 관념을 가지는 지를 납득시키기에 충분할 것이다. 이것은 요컨대 인간이 본성적으로 분쟁을 일으키는 존재이고, 그들의 분쟁을 평화적이고 정의롭게 해결하려고 하기 때문이다. 우리는 출발할 때 정한 문맥을 결코 벗어난 적이 없다.

사법 기능의 독립성은 본질적이고, 그것은 전혀 의심할 필요가 없다. 그러면 어떻게 그것을 보장할 것인가? 우리의 분석에서 도출했으며, 민주주의 정신에 부합하는 대답의 몇몇 요소들을 주장할 수 있을 것이다. 첫째 원칙은 사적일 수 있는 정의의 모든 절차들을 사적으로 유지하는 것일 수 있다. 민주주의에 언제나 가능하고 유용한 것은, 사적 집단들이 그들 자체로 내부적인 분쟁들, 즉 그들의 내부적 규제의 적용에서 비롯되든, 개인들과 다른 집단들이 함께 수행한 외부적 거래에서 비롯될 수 있는 모든 소송들을 처리하도록 내버려두는 것이다. 계약적 정의는 이해 당사자들이 자체로 고안하고, 형성하며, 활성화시킨 법정의 형태로 사적 부문에 대부분 맡겨질 수 있다. 이런 법정의 예를 들면, 계약 준수에 관해 경제적 행위자들 사이에 야기된 문제들의 규제를 담당하는 '상사(商事) 법정'이 있다. 분배 정의는 전적으로 사적 부문에 남겨지고, 자발적인 아고리적 규제에 맡겨질 수 있으며, 그러해야 한다. 교정적(복원적) 정의 역시, 우리가 살펴본 대로, 사적 부문에서 창달(暢達)될 수 있고, 사적 행위자들 간의 수많은 사적 소송들을 해결할 수 있다. 법률적 정의와, 심지어 헌법적 정의까지도 민영화될 수 있다! 이미 강조했던 한 가지 사안을 보자. 법률의 형태가 아니라 그것의 내용은 본질적으로 공적인 것인데, 그 내용이 의무와 처벌을 포함하기 때문이다. 법률의 내용은, 우리가 말한 대로, 경쟁하는 법률가들의 사적 연구집단에 맡기는 게 유익할 수 있다. 헌법들은 이미 오래 전부터 사적인 헌법 전문가들의 주의 깊은 관심의 대상이 되어 왔고, 헌법제정자들에게서 그와 같이 자주 자문을 받았다.

권리와 법률의 민영화privatisation는 넘을 수 없는 세 가지 한계를 지니고 있다. 법률의 형태가 그 첫 번째 한계인데, 우리가 방금 전에 언급했던 것이다. 징벌적 정의가 그 두 번째 한계인데, 집단으로서의 시민이나 그들의 역량있는 피위임자들만이 처벌할 수 있다. 세 번째 한계는 더 교묘하다. 사적으로 작동하는 모든 정의들은 법률과 헌법의 일반적 문맥 안에서 그렇게 하는데, 이 법률과 헌법은 평화와 정의를 달성하기 위해 결성된 집단인 정치공동체를 창설하기 때문에, 확실히 선행한다. 사적 정의에서 비롯되는 모든 판정은 적법해야 하는데, 이 말은 그 판정이 경우에 따라서는 불법적일 수 있고, 이에 관하여 소송이 제기될 수 있음을 의미한다. 정의마저도 이런 문제를 인식해야할 법정이 어디엔가 규정될 것을 요구한다.

두 번째 원칙은 재판관들의 독립성을 최대한 보장하고, 있을 수 있는 그들의 착오에 대한 방책을 설치하는 것이다. 가장 확실한 방책은 항소의 절차이고, 그 절차는 유일한 최후의 상고로 끝을 맺는 게 바람직한데, 이러저런 조직이 동원됨에 따라 정의가 상이하게 검토되는 것을 막기 위해서이다. 재판관의 독립은 최소한 그들이 행정부나 입법부에 의해 지명되지 말 것과, 그들의 경력이 거기에 달려 있지 말 것을 요구한다. 재판관을 선출하는 것은 바람직한 해결책이 아니고, 그리하면 지위와 사람들을 당파적인 경쟁의 목적으로 삼게 될 것이기 때문인데, 그들의 모든 권위와 효율성은 그들의 공정함에 바탕을 둔다.

이제 위임의 세 가지 민주적 절차가 남아 있다. 그 하나는 지원자들이 역량을 입증할 수 있는 테스트를 통과하도록 요구함으로써, 그들의 인재 풀을 선택하게 해주는 평가나 경쟁시험이다. 두 번째 절차는 추첨으로서, 음모를 최소화하거나 제거하는데, 인재 풀이 동질적이고 역량이 지나치게 특수하지 않은 경우에, 그것은 언제나 원칙상 민주적이다. 세 번째 절차는 호선(互選)으로서, 요구되는 역량이 희소하고, 그 역량을 보유했다고 이미 확인된 사람들에 의해서만 유용하게 평가되며, 경력 상 승진의 기회를 배분하는 일과 관련되는 경우, 더욱 권장되는 것이다.

모든 이야기는 헌법재판소나 최고재판소 같은 최종적 기관을 창설할 필요로 모아진다. 제도적 체계를 완결하기 위해서, 법률의 적법성을 검증할 수 있도록 하기 위해서, 그리고 최종적 상고에 부응하기 위해서, 그것은 필요하다. 민주적 근대성은 두 가지 해결책을 고안해 내었다. 미국식 해결책은 법률의 합헌성 심사를 사법 기구 전체에 맡기고, 연방최고재판소를 정점으로 하는 통일적 피라미드 구조 속에 항소 체계를 조직하는 것이다. 이런 체계에서는 합헌성에 관한 소송을 피라미드의 어느 차원에서도 설치할 수 있게 된다. 유럽식 해결책은 헌법 관련 소송을 이런 목적만을 전담하기 위해 창설된 기구에 맡기는 것이다. 이 해결책에 관해서 자세히 살펴볼 몇 가지가 있다. 즉 누가 헌법 관련 재판관을 임명하는가? 합헌성 심사는 연역적인가, 귀납적인가, 혹은 둘 다인가? 누가 제소의 권리를 보유하는가? 세 번째 질문에 대한 대답이, 아마도 유럽과 미국 사이의 연결 통로를 찾게 해줄 것이다. 독일에서 행해지는 것처럼, 헌법재판소나 헌법평의회Conseil constitutionnel의 제소권이 재판관들 자신에게 맡겨진다면, 미국식 모델에 가까운데, 이 경우 사법 기능의 독립성이 더 잘 보장된다. 그러나 입법부의 통제 하에 있다고 해도, 행정부가 재판관을 선택하기를 포기한다는 조건으로만 그러하다. 선택의 기준이 당파적이고 이념적인 목표들에 의해 영향을 받을 가능성이 매우 높기 때문이다. 민주주의를 위해서는 추첨이나 호선, 혹은 이 두 가지 민주적 절차들을 조합해 사용하는 것이 낫다.

우리의 처음 딜레마로 돌아가자. 유럽과 미국에서 고안된 이런 제도들은 그것들이 태어난 역사적 환경에 대해서만 적합한 것인가? 혹은 보편적 가치를 가지는가? 여기서 '보편적'이라 함은, 인류가 지금껏 거쳐 왔고, 미래에 경험할 모든 맥락에 맞을 것이라는 의미가 아니라, 오늘과 다가오는 미래의 사회 상황에 적합하다는 의미이다. 이 질문에 절대적 확신을 가지고 대답할 수는 없다. 근대성에 훨씬 더 잘 적응하며, 민주주의의 불문법률을 더욱 더 충실하게 실현하는 제도들을, 어느 정치공동체가 내일 고안해 내는 일이 언제나 가능하기 때문이다. 그것을 기다리면서 그 역사적 실현과정을 주의 깊게 고려하지 않는 자는 누구나 오만을 범하는 것이다.

VII. 민주주의에서의 미덕

미덕은 최근에 유행이 아니다. 어떤 사람들은 그것을 종교, 즉 그리스도교만의 고풍스런 개념으로 보는데, 근대처럼 계몽된 시대는 그것으로부터 유익하게 면제될 수 있다. 다른 사람들은 현장에서의 사회 질서를 유지하기 위한 교묘한 사회적 억압의 한 형태로 미덕을 간주한다. 이렇게 보든 저렇게 보든, 모두가 미덕의 포기를 해방과 발전으로 생각한다. 반동적인 분파에서는 이런 입장이 잘못된 것이고, 풍습과 사회 안정에 해롭다고 확신하며, 전반적으로 근대성에, 특별히 민주주의에 그 책임을 전가한다. 이런 입장은, 만약 그들이 선과 악, 악덕과 미덕의 구별을 부정하는 것이 민주적 장치의 내재적 요소라고 생각하지 않는다면, 그리고 이런 부정은 (아마도 민주주의 시대에 나타날 가능성이 훨씬 많지만) 그래도 여전히 부패현상이라는 생각을 유지한다면, 지지를 받을 수도 있을 것이다.

이런 모든 횡설수설에 대하여 몽테스키외의 다음과 같은 확언으로 반박할 수 있을 것이다. 우리의 민주주의인 공화국의 원칙, 즉 도덕적 원동력은 시민들이 자신들의 특수이해보다 공동이해를 앞세울 수 있는(우리의 정식에 맞춘다면, 자신들의 특수이해의 선두에 공동이해를 배치할) 능력이란 미덕이다. 저명한 어느 저자의 상반되는 확언이라도 결정을 내리게 해 주기에는 충분치 못하다. 시민들에게든, 정치 지도자들에게든 요구되는 주요한 미덕들을 찾아내기에 앞서, 미덕을 정의하고, 민주주의가 가능성의 조건으로 미덕을 요구한다는 것을 입증하는 것으로 시작함으로써, 이 문제를 새롭게 검토해야 한다.

1. 미덕의 본성

우리는 토마스 아퀴나스가 아리스토텔레스를 따라 제안하는 정의로 시작할 수 있다. 그것은 이 책에서 전개하는 이론에 가장 크게 공감하는 입장이다. 핵심적인 원문은 신학대전 2장의 1장, 질문 55, 57, 58에 있다. 핵심을 요약하고 있는 다음 문장을 기억해보자. "미덕은 인간으로 하여금 선(善)을 따라 행동할 수 있게 하는 어떤 지속적 성향이다."(질문 58, 3항) 이 집약된 정식은 조금 주의를 기울일 만한 세 가지 요소를 담고 있다. 즉 지속적 성향이라는 것과, 그 성향은 선에 알맞게 (혹은 악으로부터 벗어나게) 만든다는 것과, 행동과 관련된다는 것이다.

토마스 아퀴나스가 '지속적 성향'이라는 뜻으로 사용한 말마디는 중세 스콜라 철학의 전문 용어인 **아비투스**habitus이다(피에르 부르디외와 그 학파는 이 말마디의 완전히 다른 용법을 대중화했다. 모든 용법은 그것을 정의한다는 조건으로 정당하다. 우리의 용법은 고전적이고 중세적인 정의를 계승한다). 이 말마디는 아리스토텔레스가 유통시킨 등가적인 의미의 그리스어 엑시스εξις를 번역한 것이다. 두 말마디는 정해진 행동으로 표현되는, 존재의 정해진 방식을 지칭하거나, 행동방식으로 표현된 존재방식을 가리킨다. 두 가지 질문이 제기된다. 이런 방식은 타고나는가 아니면 획득되는가? 아마도 두 가지 다일 것이다. 각자는 어떤 천분을 유산으로 받고, 그 천분은 각자가 받는 교육과 생활체험에 따라 얼마간 잘 관리된다. 이런 방식은 무의식적인가, 아니면 숙고한 것인가? 아마도 역시 두 가지 다일 것이다. 타고난 성향의 일관성 있는 전개 때문에 지속적이 된 성향인 미덕은 행위자의 행위를 무의식적으로 알려준다고 봐야 한다. 다른 한편, 미덕은 악덕에 의해 부인되거나 위협당할 때, 성찰과 숙고의 대상이 될 수 있어야 한다. 우리는 인류의 이런 대립의 능력을 재발견하게 되는데, 인류는 타고난 자유로부터 이런 능력을 받는다. 악덕이 불가능하다면 미덕이 없을 것이지만, 그 반대는 아니다. 그러나 미덕이 불가능하다면 인류는 존재하지 않을 터인데, 어떤 목적도 실현되지 않을 것이기 때문이다. 그것을 잠시 후에 살펴볼 것이다. 하지만 미덕을 아는 것만으로는 충분치 않고, 그것을 원해야 하며, 그것을 원하는 것만으로는 충분치 않고, 더 나아가 그것을 실천하려고 노력해야 한다. 요컨대 미덕은 특히 의지와 노력에 연관이 있는데, 미덕이 그것들을 선으로 인도하는 한 그러하다.

선(善)은 총칭(總稱)의 어휘이고, 아마도 각 활동영역별로 정해지는 목적들의 집합을 지칭하기에 유용한 어휘이다. 선은 진리, 번영, 평화, 정의, 천복, 효율성, 행복, 지혜, 그리고 사람들이 추구하는, 혹은 추구해야하는 그밖의 목적들인데, 사람들이 과학에, 경제에, 정치에, 종교에, 기술에, 윤리에, 그리고 그밖의 영역에 종사한다면, 추구하는 목적들이다. 미덕의 본성은 다음과 같이 명료하게 표현된다. 즉 미덕은 목적들을 추구하는 지속적 성향이고, 다시 말해서 행위자로 하여금 목적을 위해 행동하게 만드는 성향이다. 그런데 인간의 활동은 두 가지 근원을 가진다고 주장할 수 있다. 한 쪽에는, 행동하도록 '밀어주는' 원동력mobiles, 본능, 정념과 감성이 있고, 다른 쪽에는 의지에 제안되고, 행위를 '유인하는' 목적, 목표, 지향점들이 있다. 인간 행위들 각각은 언제나 심리적 충동과, 지적인 의지에 작용한 유인이 결합된 것이다.

미덕은 우선적으로 말해서, 원동력에 영향을 미치는 성향이다. 그것은 전개된 에너지가 인간의 목적에 사용되도록 본능, 정념, 감성을 관리하는 것이다. 한 두 가지 사례만 살펴보자. 미덕은 개인이 사는 이유에 계속 충실하도록 해주기 **위해**, 생명을 유지하고 걷기에 알맞은 상태를 유지하는 방식으로 보존 본능을 새로운 방향으로 이끈다. 미덕은 구체적 역량을 타인에 봉사하도록 하기 **위해**, 야망을 권좌의 추구로 변모시킨다. 동기motifs에 관해서는, 미덕이 최종 목적을 목표로 하는 행위들이나 최종 목적의 중간적 수단인 행위들만을 행위자가 시도하도록 이끈다. 또한 원동력과 동기가 최선의 짝이 되도록 해야 한다. 즉 미덕은 지능이 목적을 실현할 의지에 대해 가능한 최대의 에너지를 최대로 집중하도록 한다.

이 모든 상세한 설명은 다음의 간결한 정식으로 요약할 수 있다. "미덕이란 목적들을 지혜롭게 겨냥하려는 의지의 지속적 성향이다." 악덕의 본성은 상반되는 정의를 통해 추론된다. 악덕은 본능, 정념, 감성에 의해 계발된 심리적 에너지를 그것들 자체에 내맡기거나, 그것들을 잘못 지향함으로써 목적을 벗어나게 하는 것이다. 악덕은 목적을 모르거나 무시하고 그것과는 거리가 먼 목표를 추구한다. 그것은 선으로의 적극적 의지가 부족하거나, 악으로의 능동적 의지로 인해 목적을 원하지 않는데, 그 결과 미덕의 부족으로 인한 악덕과 악의에 의한 악덕을 구별할 수 있게 된다.

끝으로 미덕은 행동과 관련된다. 인식은 진실을 목적으로 삼는다. 거기에 도달하려면 지능을 올바로(착하게가 아니라) 사용할 수 있어야 한다. 그 다음으로, 제작은 유용성을 목적으로 삼는데, 유용성은 인간의 능력과 재능의 효율적이고 적절한(착한이 아니라) 사용을 전제한다. 그러나 진실과 유용성 역시 활동의 목표로 정할 수 있고, 정해야 하는 목적들이기 때문에, 진실과 유용성만을 위하여 인식하고 제작하기를 원하기 위해서는 미덕이 필요하다. 마찬가지로, 아니 더욱 분명한 것인데, 진실한 인식과 유용한 제작이 나쁜 사용을 야기할 수 있다는 것이다. 예컨대, 속이고, 부패시키고, 굴복시키기 위해 인간 행위의 원동력에 대한 진실한 인식을 사용하는 경우이다. 사용법의 일탈에 굴복하지 않으려면 미덕이 필요하다.

이처럼 미덕의 최종적 표현은 다음과 같을 수 있다. "미덕은 목적을 위해 효율적으로 행동하는 지속적 성향이다." 이 표현의 장점은, 좋은 의도가 칭찬할 만한 것이라 해도, 미덕을 정의하기에 충분치 않다는 점을 강조하는 것이다. 그것은 진정성, 성실성, 확신의 모든 윤리를 부인하고, 신용을 잃게 하는데, 그 계통수(系統樹)는 루소와 낭만주의로까지 이어질 수 있다. 좋은 의도는 충분치 않고, 그 위에 행동이 필요하다.

목적이 좋다고 믿는 것도 충분치 못하고, 그 목적이 **실제로 좋아야** 하는데, 이 말을 통해 목적의 모든 중요성을 덕행 속의 인식에 돌리게 된다. 한 마디로, 미덕은 능동적이고, 식견을 갖춘 것인데, 그것은 객관적으로 좋은 목적만을 정해주기 때문이다. 이 마지막 명제는 현대적 담론 속에서 미덕의 명예실추를 설명해주기에 충분하다. '가치'의 상대성과 '이상'의 주관성을 주장하는 모든 이념은 악덕과 미덕, 선과 악의 구별을 무너뜨린다.

2. 민주주의와 미덕

우리는 아마도 양식(良識)의 지시들을 그대로 따를 수 있을 터인데, 그 양식에 의하면, 한 정치 사회를 난폭한 자들, 열광적인 자들, 도둑들, 살인자들, 방탕한 자들, 신성 모독자들, 요컨대 가능한 모든 악덕들을 모은 인적 자원을 가지고 구축하고 작동시킬 수 있다는 의견을, 괴상망측하다고 생각할 것이다. 어떤 놀라운 기적을 통해 평화와 정의를 함께 얻기에 성공할 것인가? 양식에 따르면, 민주주의는 자연스런 정치체제이기 때문에, 정치 영역이 자신의 목적을 실현하기 위해 요구하는 자질을 민주주의자들에게 요구한다고 결론짓게 된다.

양식론으로는 설득이 충분치 않을 것이다. 여기서 합리적 지식의 목적은 양식이 왜 옳은지 말하는 것이다. 두 가지 추론의 영역을 주장할 수 있는데, 한 쪽은 부정적이고 상반되는 입장을 거부하는 것이고, 다른 쪽은 긍정적인 것이다.

첫 번째 추론은, 그것이 우연히 먼저 발현된 경제 영역에 적용된다면, 더 잘 이해된다. 그것은 사실, 개인적 악덕들의 협력을 통해 집단적으로 행복한 결과를 산출한다는 망드빌Mandeville의 **꿀벌의 우화**보다 훨씬 앞선 17세기의 진부한 이야기이다. 자유주의(혹은 어떤 자유주의적 사조들)는 거기서 자신의 기본적 명제들 중의 하나를 도출한다. 그것은 잘 고안된 게임의 규칙은 행위자들의 자질과 결함이 어떠하든, 문명화된 국가에 충분하다는 것이다. 이 추론은 상식을 충족시킨다. 대강의 생각은, 한 마디로 개인적 차원에서의 인색, 탐욕, 사치 취향, 문지마식 지출, 무절제는 자연적인 결집을 통해 전반적 번영으로 이어진다는 것이다. 달리 말해서, 애매한 표현을 하지 않고 말하자면, 개인적 악덕들은 집단적 미덕을 지니고 있다. 하지만 모든 주장은 말마디들의 혼돈에 바탕을 두고 있다. 우리가 언급했듯이, 원동력은 인간을 행동하도록 추동하는 본능, 정념과 감성이다. 원동력은 그 자체로는 악덕이 아니라 에너지의 원천이다. 미덕이나 악덕인 것은 이 에너지의 사용이다. 경제적 미덕은 고행도, 기부도 아니고, 경제 영역의 목적에 따라 정의된 경제적 행위자의 직분에 매인 의무에 있다. 예컨대 생산자의 의무는 생산의 요소들을 가능한 한 가장 효율적으로 조합하는 것이고, 이것은 생산자에게 가능한 최대의 이익을 보장하게 된다. 교환에서는 구매자처럼, 판매자의 의무는 가장 적게 주고 가장 많이 얻어오는 것이다.

그러나 모두에 대한 그들의 의무는 또한 속임수를 거부하는 것인데, 받은 것과 등가물을 지불하지 않고 훔친다든지, 품질을 속인다든지, 경쟁자가 시장에 진입하는 것을 방해한다든지, 상대방이 받을 것보다 적게 주기 위해 권좌를 이용한다든지 등등의 행위를 거부하는 것이다. 미덕을 실천하는 것은 아주 간단히 말해서 통상적으로, 지혜롭게, 효율적으로 자신의 직분에 매인 의무를 완수하는 것이다. 그때부터 전체의 번영은 경제적 행위자 각자가 **경제적으로** 미덕을 실천한다면, 더 커지고, **경제적** 악덕자의 수와 유독성에 비례하여 감소한다는 것이 분명해진다. 그래도 역시, 집단적 이익의 기초로서 개인적 악덕의 가설을 입증하려면, 시장의 절차들이 잘 계산된 이해(利害)라는 간접적 수단을 통해 경제적 미덕을 자극한다는 점을 증명해야할 것이다. 이것이 바로 다음 같은 항구적이고 보편적인 경험이 반박하는 것이다. 즉 생산자들은 강압과 강제로만 경쟁을 받아들인다든가, 이익단체들은 합법적으로 속임수를 쓸 권리를 얻기 위해 정치권력을 공략하기를 멈추지 않는다든가, 모든 형법은 온갖 속임수들을 처벌하기 위해, 그리고 아마도 그들에게 경고하기 위해서라도 미리 정해져 있다든가 하는 것이다.

우리는 똑같은 추론을 모든 활동영역에서 전개할 수 있다. 각각의 활동영역은 직분에 매인 의무를 정의하고, 그 의무는 준수되기 위해 미덕을 요구하는데, 인간의 자연적 경향은 그 의무를 무시하는 쪽이기 때문이다.

이 추론은 고스란히 긍정적 논의를 통해 고찰할 수 있다. 자유롭고, 목적 지향적이며, 합리적 혹은 타산적인 인간 행위자라는 우리의 기본적 가설에서 다시 출발해보자. 그 인간 행위자를 정의를 통한 평화라는 자연적 목적에 충실한 정치공동체 속에 도입해보자. 그로 하여금 이런 목적에 알맞은 민주 체제를 창설케 해보자. 그리고 다음과 같은 질문을 우리에게 혹은 그에게 제기해보자. 이렇게 정의된 행위자가 체제의 좋은 작동에 충분하다고 생각할 수 있는가? 이성에 토대한 답변을 찾기 위해서, 무엇보다도 반대되는 것을 선택할 능력으로 이해되

는 자유와, 최대화하고 최적화할 능력을 의미하는 합리성을 채택하는
게 마땅하다.

자유롭고 합리적인 행위자는 정글을 피하기 위해 정치공동체에
들어가는 것이 그에게 이롭고, 평화와 정의로 이끄는 장치와 절차를
보유하기 위해 민주주의를 창설하는 것이 이롭다고 자유롭게 계산한
다. 요컨대, 행위자는 게임의 규칙이 정해지는 정치공동체를 창설하기
에 이를 것이다. 게임의 규칙을 준수하는 것은 행위자에게 만족감을
필요로 하는 일이다. 그것을 깨닫기 위해서는 다양한 정의들을 빠르
게 훑어보는 것으로 족하다. 민주주의의 불문법률에 가장 잘 부응하는
제도보다, 행위자의 특수이해에 유리한 제도를 채택하는 하는 것이 더
만족스럽다. 또한 오로지 공동선을 지키는 제도보다, 특수이해를 지지
하는 법률을 제안하는 것이 그러하고, 교환과정에서 주는 것보다 더
많이 받는 것이 그러하며, 자신의 역량, 실적, 기여에 부여될 몫을 능가
하는 권력, 위세와 부의 몫을 차지하는 것이 또한 그러하고, 처벌을 받
지 않거나 당연히 받아야할 처벌만큼 가혹하지 않은 것이 더 만족스러
우며, 정의에 따른 것이 아니라 자신에게 유리하게 해결된 소송 결과
를 보는 것이 더 만족스럽다.

합리적 행위자는 끊임없이 속임수의 유혹을 받게 된다. 그는 순전
히 이성적으로는 두 가지 고려에 따라 신중을 기하도록 이끌린다. 첫
번째 고려는, 만약 모두가 속임수를 쓴다면, 정글의 법칙에 빠져 모두
가 손해를 보게 되는 것이다. 이런 고려는 다음 두 가지 상이한 결정으
로 이어질 수 있다. 한 가지 결정은, 행위자가 그만큼 합리적인 다른 충
분한 수의 행위자들과 같이 합리적 내기를 하고, 속지 않기 위해서, 그
리고 속임수를 쓰는 자를 처벌하기 위해서 충분한 수가 게임의 규칙을
준수하리라고 모두가 확신하는 것이다. 이 내기는 이기면 순수한 계산
위에 민주주의 국가를 창설할 수 있다. 하지만 다음 같은 논리의 흠결

이 있다. 즉 속임수를 쓰는 사람들의 수가 증가하기만 하면, 속임수를 쓰지 않는 사람들이 어리석은 내기를 했다는 감정을 갖게 되고, 그들 나름대로 속임수를 쓰도록 선동을 받게 된다. 매 순간 정치공동체와 민주주의의 존재 자체가 속임수를 쓰는 사람들과 안 쓰는 사람들 사이의 균형에 달려 있게 되는데, 이 균형은 눈덩이 효과에 의해 완전한 무정부상태로 거의 순식간에 무너질 수 있다. 다른 한 가지 결정은, 행위자가 파렴치한 계산을 하는 것인데, 속임수를 쓰는 자들의 수와 그들이 전체를 무정부상태로 전복시킬 수 있는 능력에 따라 자신의 속임수를 정확하게 계산하는 것이다. 달리 말해서, 속임수를 쓰는 사람들이 적을수록, 파렴치한 계산자는 더 많이 속임수를 쓴다! 인간 모두가 타산적이라고 전제했기에, 장기적 전망은 최소한 위태롭다.

속임수의 개인적이고 집단적인 이익과 비용의 계산만으로 민주국가를 견고하게 하는 것이 충분치 못하다는 것은 자명하다. 구제수단이 불가피하다. 즉 속임수와 속임수를 쓴 자들의 징벌이 필요불가결하다. 이런 이유로, 우리가 살펴본 바와 같이, 법률은 그것을 준수하지 않는 자를 처벌할 능력을 포함하고 있다. 하지만 공권력의 공포가 시민들이 민감해지는 유일한 만류 수단이라고 가정해보자. 우선, 이것은 함께 살려는 의지와 시민들 사이의 우애를, 합리적인 계산 위에 설정하는 것을 의미하지만, 감정적 연대를 북돋울 가능성은 별로 없다. 그것은 적발될 확률에 의해 늘어나는 처벌의 비용을 지불하고 속임수를 통한 이득의 기대치를 언제나 숙고하는데 있다! 그 다음으로, 그리고 무엇보다도 그것은 시민들로 하여금 적법하게 속임수를 쓰게 해주는 법률, 공동선의 제약으로부터 특수이해를 보호해주는 법률을 제안하도록 매혹하는 자극일 것이다. 특수이해는 비중과 영향력에서 불평등하다고 가정할 수 있기 때문에, 일부 시민들이 다른 시민들에 대해 유리해질 수 있다. 우리는 이 추론이 얼마나 현실주의적인지 9장에서 살펴볼 것이다.

이 간략한 분석에서 도출할 결론은 양식론으로 돌아간다. 흠결이 많은 인적 자원은 양식을 대신해서 건전한 국가를 지탱할 수 없다. 양식에 따르면, 순수한 계산자는 평화와 정의가 요구하는 규칙을 준수하지 않도록 어찌할 수없이 떠밀린다. 또한 처벌받을 두려움도 그 규칙을 받아들이게 하기에는 충분치 않다. 보충적 가설이 필요하다. 그래서 자유롭고, 목적 지향적이며, 타산적이면서도 미덕을 갖춘 시민들을 가정해야 한다.

3. 시민의 미덕

시민들에게 없어서는 안 될 미덕을 전부는 아니라도, 적어도 몇 가지를 찾아내기에 성공하려면, 경험적 방법을 따라, 민주적 구조로부터 어떤 요소들을 떼내어 다루고, 그 요소들이 작동하기 위해 행위자에게 요구되는 자질들을 도출하거나, 보다 더 이론적이고 연역적인 방법으로 자유로부터 출발할 수 있다. 두 가지 방법이 교육적이기 때문에, 미덕의 부재가 민주주의에 대해 어떤 결과를 가져올 것인지 자문하기에 앞서, 두 가지 모두를 간략하게 차용할 것이다.

여기서 구성된 민주주의적 구조의 측면들로서, 우리가 경험적 연구를 위해 고려할 수 있는 측면들은 많다. 폭력의 지위가 그렇다. 한편으로는, 자신의 특수이해를 주장하기 위해, 폭력과 책략의 행사를 포기하는 것이 아마도 좋은 체제의 첫 번째이자 기본적 규칙이다. 다른 한편으로는, 시민들은 외부의 적과 내부의 속임수를 쓰는 자에 맞서 단체로 폭력에 의존하지 않을 수 없게 될 수도 있다. 한 마디로, 시민들은 그들 간에는 비폭력적이 되어야 하고, 그들의 적과는 폭력적이 되어야 한다. 그러므로 그들은 절대적으로 비폭력적이 되기를 선택할 수 없게 되는데, 이것은 결국 그들이 타고난 구성 자체에 의해 금지된다. 그런 데 이 구성은 인류로 하여금 생명 에너지를 공격성으로, 그리고 공격 성을 폭력으로 변화시킬 수 있게 한다. 유일한 해결책은, 각자가 자신 에 대해 행사되는 공격성과 폭력을 엄격하게 관리하는 것인데, 원동력 이라는 거의 생물학적인 천연의 여건이 정치적 목적, 이 경우에는 외 부적이거나 내부적인 모든 공격에 맞서 정치공동체를 방어하는데 사 용되도록 하는 것이다. 이에 부응하는 미덕을 고전적 미덕의 목록에서 찾아본다면 아마도 **용기**일 것이다.

특수이해도 특정의 미덕이 없지 않다. 특수이해들 모두는, 그것들 이 게임의 규칙을 준수하는 한, **정치적으로** 정당하다. 항간에 통증이 없 는 것으로 받아들여지는 경향이 있는 이 규칙은 그것을 적용하는 과정 에서 매우 고통스러워질 수 있다. 이 규칙은 구체적으로 각자의 의견 들, 취향들, 야망들, 행동들은 정당하고, 상응하는 자유에 의해 보호된 다고 규정하고 있다. 자신의 것과 상반되는 의견이나 풍습이 그 정당 성에 반발하지 않은 채 받아들여지는 것은 전혀 당연한 일이 아니다. 자연스럽고 자발적인 반응은 극히 어긋나는 모든 것을 부인하고, 무시 하고, 제거하는 것인데, 낯선 모든 것은 이상해 보이고, 이상한 모든 것 은 쉽게 위협적이 되기 때문이다. **관용**은 자연스런 것이 아니고, 이상 한 것에 대한 적의(敵意)를 극복하고 얻어진 지속적 성향이다. 하지만 관용은 무관심이 아니다. 각자는 자기 의견을 가지고 있어야 하지만, 타인도 그의 의견을 가지고 있다는 점을 동시에 인정해야 하고, 그 타 인의 의견이 진실이거나 더 진실일 수 있으며, 그것이 거짓일 수 있다 는 것을 인정해야 한다. 결국 관용은 의견들의 대결, 그것들의 상호 인 정과 공평함의 공동 탐색을 의미하는데, 이 모두가 결코 폭력을 행사 함이 없이 한다는 조건으로다.

관용의 과잉은 각자가 자신의 특수이해를 포기하는 지경에까지 도달하게 되는데, 이것도 민주주의에 적당하지는 않다. 시민들의 전적인 자기 희생은 사적 부문의 쇠퇴와 위축으로 이어져서, 급기야 가능한 유일의 해결책으로 그것이 공공 부문으로 흡수되는 경향을 띠게 되고, 민주주의의 종말로 치닫게 되는데, 그 이유는 민주주의가 공과 사의 구분에 토대하고, 또한 한쪽으로 공동선과 다른 쪽으로 특수이해의 취급에서 공/사의 상호적 전문화에 토대하기 때문이다. 이 명제는, 물론 적법성을 엄격히 준수하며, 될 수 있는 한 목표를 달성하기 위해 그들의 이해(利害)를 정확히 판단하여 정의할 것과, 필요한 모든 노력을 기울일 것을 개인과 집단들에게 매우 구체적으로 강요한다. 시민들이 자율적인 것으로는 충분치 않고, 그들이 자율의 정신으로 활기차야 하며, 자존심amour-propre과 **긍지**fierté을 가져야 한다. 이와 같이, 각자가 자신의 고유한 업무를 타인의 그것보다 더 긴급한 것으로 간주하도록 이끄는 천부적인 감정의 움직임이 민주주의의 전체적 균형에 사용된다.

우리는 공동이해의 윤리적 의미를 살핌으로써 끝맺을 수 있다. 공동이해 역시, 그리고 공동이해가 가장, 그것을 대상으로 하는, 대립하는 다양한 해석들 사이의 관용을 요구한다. 그것이 무엇보다도 관용을 요구하는 것은, 우리가 9장에서 살펴볼 것인데, 공동이해의 이 해석들이 이념적 요소들의 주입 없이는 결코 진척되지 않기 때문이다. 그런데 이 이념적 요소들에는 반드시 강하게 감정이 실려 있다. 다른 한편, 공동이해는 시민들에게 **헌신**dévouement도 요구하는데, 헌신은 등가물을 돌려받기를 예상하지 않고 주는 것이다. 우리는 이미 헌신의 첫 사례를 살펴봤는데, 타인들이 속임수를 쓰지 않을 것이라는 보장을 미리 받지도 않은 채, 시민들이 속임수를 포기하는 경우이다. 법률을 준수한다는 것도 일종의 헌신인데, 그것이 공동이해를 위하여 자신의 특수이해를, 경우에 따라서는 위태롭게 하는 것이기 때문이다. 일반적으로 자신의 특수이해의 맨 앞에 공동이해를 배치하는 행위가 헌신의 영역에 속한다. 보다 구체적으로는 시민들이 헌신의 미덕을 표출하는 그 밖의 많은 경우들이 있는데, 권력, 위세, 부로 실질적 보상을 해주기에는 너무 대수롭지 않고, 너무 많은 공동이해의 모든 과업들을 수락하는 경우들이다.

보다 더 이론적으로 미덕을 찾아내는 방법은 자유와 그것의 세 가지 정의들로부터 출발한다. 이 정의들은 자유의 일람표를 구성하게 해주는데, 이 일람표는 복수형인 부자유의 항목들로 완성되어야 한다. 그것은 자유가 부족이나 과잉으로 소멸될 수 있기 때문이다. 여기서 **자유의 정치적 일람표**를 제시해보자.

부족상태	적정(適正) 상태	과잉상태
억압	선택	無규범anomie
강제	자율	無정부
예속	참여	전투적 태도militantisme

이 일람표를 보면서 결코 말마디가 아니라, 그것이 가리키는 현실에 집착해야 한다. 첫 두 줄은 자명하다. 세 째 줄은 해명이 필요하다. 이 줄의 적정상태 난에 '참여participation'가 등장하는데, 이 말마디로 시민들이 공동이해의 개념규정과 그것의 실현에 참여함으로써 공동관심사에 종사하게 해주는 정치적 자유의 표현을 의미해야 한다. 그 옆 난의 예속sujétion 상태에서는, 누군가 공동이해를 나름대로 판단하고, 민중들에게 의견을 묻지도 않은 채, 그들의 행복을 보장하려고 애쓰는 식으로 공동이해를 책임지게 된다. 참여의 과잉상태는 어느 이념적 집단의 열광과 흥분상태에 빠뜨리는데, 거기서 개인은 사라지고 집단의 지시들을 맹목적으로 따르게 된다.

이 정치적 일람표에 **윤리적 일람표**를 포개어 놓을 수 있는데, 그것은 모든 자유의 정치체제가 요구하고 금지하는 미덕과 악덕을 제시해준다.

부족 상태	적정 상태	과잉 상태
방종	자제(自制)	엄격주의rigorisme
노예근성	개인주의	이기주의égoïsme
자기중심주의égocentrisme	이타주의	광신

각각의 난은 일반적 가치를 지니고 있어서, 특정의 미덕과 악덕으로 차고 넘친다. 우리는 이것들을 나열하는 것으로 그치려 하는데, 지금껏 언급된 모든 것에다 나열된 항목을 결합시키기 쉽기 때문이다.

· **자제**maîtrise de soi의 미덕과 대립되는 악덕

부족 상태	적정 상태	과잉 상태
변덕스러움	정신적 안정	경화증(硬化症)
불신	빈정거림ironie	맹신(盲信)
완고	관용	무관심
비타협성	타협compromis의 정신	양심속이기compromission
불안	평정	도취
비관주의	통찰력	낙관주의
우유부단	결연함	광기
배신	충직	양심의 가책
비겁	용기	무모함

· **개인주의**individualisme의 미덕과 악덕

부족 상태	적정 상태	과잉 상태
비열함	긍지	교만
종속	독립	非사교성
조잡	세련	황당무계
명예 실추	명예	거만
소심함	관대함	과대망상

· **이타주의**altruisme의 미덕과 악덕

부족 상태	적정 상태	과잉 상태
거짓 맹세	약속 이행	지나친 예의
속임수	헌신	자기희생
이기주의	희생	의지박약
파렴치	인정(人情)	천진난만
민족적 편견	인본주의	미분화 상태

이런 일람표의 구성은 솔직히 그것과 아주 유사한 아리스토텔레스적 영감이 부족하다는 생각이 들 터인데, 과잉과 부족 사이에 걸린 중용(中庸)으로서의 미덕에 관한 아리스토텔레스의 관념은 공정하고, 확실한 길은 모두 공정으로 인도하기 때문이다. 또한 자유로부터 미덕을 연역하는 것은 본질에 대한 경험적 수집에서 도출된 것과 유사하다는 것, 다시 말해서 자유로운, 즉 민주적인(이 두 수식어는 이런 관점에서 동의어이다) 국가가 요구하는 미덕들은 자연적으로 세 개의 큰 범주들로 나눠진다는 것을 확인하게 될 것이다. 첫째 범주는 목적에 관한 지식을 통해 명확해진 의지를 위해 심리적 에너지가 한 방향으로 유도되도록 행위자의 본능, 정념, 감성들, 한 마디로 원동력을 행위자가 통제할 것을 요구한다. 둘째 범주는 모든 정치적 체계, 결과적으로는 모든 사회적 체계 일반이 위와 같은 행위자들의 성공적인 개체화individua-tion에 바탕을 둔다는 점을 강조하는데, 이들은 특유의 개성으로서 가장 그들 자신이면서, 즉 인류의 표본들로서 가장 인간적인 동시에, 그들이 소속된 문화의 명확한 특성을 가장 많이 지니는 어려운 임무를 수행할 책임을 받아들인다. 마지막 범주는 이 자율적 개인들이 타인과, 그리고 그들이 가입한 집단들과 맺고 유지해야할 연대에 방점을 둔다.

민주주의는 특정한 미덕들을 요구한다. 이것은 민주주의가 그것들 없이는 영속할 수 없다는 의미일까? 우리는 이 어려운(가설의 경험적 검증을 실시하기 어려울 것이기에) 질문에 개연성 있는 예측을 해 봄으로써 답변을 시도해볼 수 있다. 사실 두 가지 예측은 확실하다. 시민들 모두가 완벽하게 미덕을 갖춘 민주주의는 완벽하게 작동할 것이다. 반대로, 시민들 모두가 완전히 악덕에 빠진 민주주의는 영속할 수도 없고, 수립될 수조차 없다. 이 두 가지 이론적 극단 사이에서, 현실은 그것들을 연결하는 연속선상의 어느 지점에 위치한다. 미덕자 혹은 악덕자의 비율이 어느 정도부터 민주주의가 가능하거나 불가능 해지는가, 이것은 이론적으로 해결될 수 없는 문제이다. 상황은 다른 한편으로 아마도 딜레마에 처한 문제를 야기하는 또 다른 고려로 인해 더욱 더 복잡해진다. 악덕을 미덕에 맞서게 하는 것은 너무 거친 단계 설정이다. 이보다 더 교묘하고 현실적으로 단계를 늘려, 非악덕non-vice과 非미덕non-vertu, 적어도 두 가지 보충적 단계들을 추가해야 한다. 한 가지 사례로 충분할 것이다. 절도행위는 악인데, 부의 정의로운 배분을 어기고, 타인의 사생활을 부당하게 침해하기 때문이다. 미덕은 절도행위가 왜 악인지 알면서 그것을 피하는 것이다. 악덕은 그것이 악인지 알고 혹은 모르고 절도행위를 하는 것이다. 非미덕은, 주위의 풍습 상 절도행위는 해서는 안 될 짓으로 되어 있기 때문에, 이런 금지가 정말 정당한 지 여부를 주장하지 않은 채, 절도행위를 하지 않는 것에 그치는 것이다. 非악덕은 훔칠 기회가 없어서 훔치지 않은 것이다.

역사 속의 민주주의는 소수의 미덕자, 소수의 악덕자, 그리고 다수의 非미덕자와 非악덕자와 함께 작동할 수 있다고 주장할 수 있다. 또한 두 가지 소수는 상수(常數), 모든 사회에 타고난 미덕자와 악덕자들이 각각의 세대에 나타난다는 의미에서 그렇다고 가정할 수도 있다. 역사적이고 사회학적인 변수는 다수가 잡는 균형일 것이다. 다른 말로, 결정 요인들의 압력 하에 악덕으로 기울거나, 미덕 근처에서 악덕에 부정적으로 버팀으로써, 이 다수는 민주주의를 지지하게 되거나 위태롭게 만들 것이다.

4. 정치적 미덕

완전히 명료한 논의를 위해서는, 공공 영역에서 정치공동체 조직의 중심부터 지역 차원까지의 어느 단계이든, 권좌에 앉기를 수락한 시민이자 정치인의 미덕을 언급해야할 것이다. 정치인들에게 부과되는 미덕의 요구는 높은 수준의 것인데, 다른 관점에서도 그들은 일반적으로는 인간으로서, 특히 시민으로서 미덕을 갖춰야하기 때문이다. 그들이 정치인으로서 지속적으로 터득해야할 미덕들 가운데, 일반적인 행동을 수반해야할 미덕들과, 보다 더 고유하게 정치 영역에 속하는 미덕들을 새롭게 구별할 필요가 있다.

일반적인 행동의 미덕들은 플라톤 이래로 서구의 도덕적 전통을 통해 인정된 세 '주요 덕목'인 절제, 용기, 신중이다. 추구하는 목적이 무엇이든 행위자 모두가 이런 미덕을 갖추지 못했다면, 성공할 가능성은 심하게 낮아진다. 이런 관점에서 정치인들은 기업체 사장, 단체의 책임자, 가장(家長) 등과 같은 곤경에 처한다. 그러나 정치인들에게 매우 특별히 절실한 의무가 부과된다고 주장할 수 있는데, 그 이유는 인간의 제도들 중에서 중심적이고 전략적인 위치를 점하고 있는 정치 영역은 인간이 하는 기획들의 성패의 대부분을 결정하기 때문이고, 또한 공동선을 실현하는 소임을 맡은 정치 영역은 가장 극심한 불확실성 속에서 전개되기 때문이기도 하다. 예컨대, 자신의 선택 결과도, 성공의 가능성도 엄밀하고 정확하게 숙고할 수 없는 상태로, 평화 아니면 전쟁을 결정해야할 정치가의 책임을 생각해보라. 어떤 상황에서는 정치 공동체의 생존 자체가 달려 있다.

절제는, 서구의 어떤 청교도들이 주장하는 것처럼, 음주와 마약 사용을 삼가고, 방종하다고 평가되는 장난에 빠지기를 거부하는 행위만이 아니다. 또한 다른 방향으로 과장해서도 안 되며, 공동이해를 담당하는 공직자들이 술과 마약에 마비되고, 지속적으로 방탕한 행위를 일삼는 것을 상관없는 일로 간주해서도 안 된다. 풍기문란은 공공 업무에서의 명석한 판단과 확고한 경영에 대해 해로울 것으로 예측되기 때문이다. 절제는 훨씬 더 일반적인 미덕이고, 우리가 자제라고 불렀던 것과 실제로 동등하다. 절제는 타고나거나, 교육, 경험, 심사숙고를 통해 획득되는 능력으로서, 본능, 정념, 감성을 조절하고, 목적에 관한 통찰을 통해 명확해진 의지로 생산된 에너지를 사용할 줄 아는 능력이다. 민주주의가 그 지도층에 요구하는 절제는, 그 근원이 무엇이든 그들을 활기차게 하는 대부분의 에너지를 공동이해를 추구하고 실현하는데 바치도록, 그들에게 요구하는 것이다(이상적 민주주의가 지도층에게 완벽하게 소임을 다할 것을 요구하리라는 천진한 생각은 하지 말자). 이런 이유로 정치인이 과도한 야망을 추구한다고 비난하는 것은 무분별하고 무의미하기까지 하다. 이런 권력에의 열정은 그 열정이 고무하는 행위들에 따라 평가되어야 한다. 곧 그 행위들이 공동이해에 기여하는가, 아니 하는가? 기여한다면, 열정이 뜨거울수록 행위는 더 효율적이 될 수 있다. 물론 과도한 야망은 시민들의 자유에는 위험한데, 그래서 폭군적 비행을 통제할 수 있는 제도들을 찾아서 채택하고, 경각심을 갖는 것은 시민들의 소관이다.

용기는 그 말의 뜻으로 미덕을 지칭하기에는 아마도 너무 좁아서, **확고부동함**fermeté으로 바꿔 부르는 것이 더 나을 것 같다. 용기는 일종의 확고부동함이고, 위험에도 불구하고 소임을 완수하게 해주는 미덕이다. 확고부동함은 본래 좋은 목적과 그것에 도달케 하는 구체적 목표들에 꾸준히 충실한 것이다. 이런 충실성은 행위자를 괴롭힐 수 있는 의지박약, 의기소침, 심지어 절망과, 인간적이고 물질적인 장애들의 확산, 반복, 배반에도 맞서 견지되어야 한다. 확고부동함은 올바른 방향에서 벗어나거나 포기할, 좋거나 나쁜 온갖 이유에도 불구하고 그 방향을 유지할 줄 아는 것이다.

그러나 확고부동함은, 행동의 최고 미덕인 **신중함**prudence 없이는 제대로 발휘될 수 없다. 신중함은 한 의사결정의 유·불리, 한 행위의 가능성과 위험, 어느 정도 장기간의 그 행위 결과를 가장 공평하게 고려할 수 있게 해주고, 모든 불확실성들을, 그 자체만이 아니라 그것들 상호간에, 그리고 목적과 관련된 모든 그것들을 고려하게 해준다. 이런 이유로 고전적 도덕 철학은 신중함을 도덕적 미덕과 동시에 지성적 미덕 속에 넣었던 것이다. 신중함은 지성적 미덕인데, 우리가 계산이라 불렀던 인간 특성이 구체화된 것이기 때문이다. 그것은 본능, 정념과 감성의 조절에 바탕을 둔다는 의미에서 도덕적 미덕이다. 어리석거나 편협한 정치인처럼, 고정 관념이 되어 버린 정념에 사로잡히거나, 자신의 감정에 너무 쉽게 굴복하는 정치인에게서 신중함을 기대하기는 어렵다.

절제, 확고부동함과 신중함은 부족과 과잉 사이의 중용으로서의 미덕이라는 아리스토텔레스적 관점을 벗어나지 않는다. 절제는 완고함(그 이름이 무엇이든 인간의 정신 현상에 대한 과도한 통제를 지칭하는 것)과 마찬가지로 방종을 조심해야 한다. 확고부동함은 고집과 같이 의지박약과도 대립된다. 신중함은 우유부단만큼 경거망동과도 구분된다. 하지만 중용이 양 극단 사이의 중간 상태인 평범을 의미하지 않는다는 점에 주목하자. 미덕은 오히려 부족과 과잉 사이의 긴장이고, 그 균형점은 결코 충분히 높은, 혹은 너무 높은 곳에 자리 잡지 않는다.

어떤 미덕들은 보다 더 엄격히 정치적인데, 정치 영역도, 정치인도 그 미덕들에 대해 독점권을 가지지 않는다고 해도 그러하다. 그것들은 정치의 목적들을 통해 직접적으로 요구되는 모든 미덕들이다. 우리가 지금까지 살펴본 대로의 평화는 객관적 상태이고, 더 낮게는 이런 상태로 향하는 경향이며, 평화는 평화 회복pacification이다. **평화**는 또한 주관적 상태이고, 타인들에 대한 어떤 성향이고, 행동이다. 일반적 미덕으로서의 평화는 여러 종류를 갖고 있다.

우리는 이미 시민들 사이의 **화합**concorde 즉 **우애**amitié를 다루었다. 아리스토텔레스는 그것에 관해 경탄할 만한 논의를 전개한 바 있는데(니코마코스 윤리학 8권과 9권), 그것을 참고하길 바란다. 시민들 사이의 우애는 미덕만은 아니다. 그것은 있을법한 군집 본능, 집단적 열정, 공감과, 또한 공동이해에 대한 타산과 숙고가 매우 교묘하고 복잡하게 혼합된 것이다. 이 혼합물은 역사의 산물인데, 그것은 사회형태와 국제정치적 환경에 의해 영향을 받는다. 우애는 시민들로 하여금 살 수 있게 할 뿐만 아니라, 함께 살기를 원하도록 만들 때, 미덕이 되는데, 정치공동체 생활을 하려는 의지가 아니라, 시민들과 함께 살려는 의지를 거스르는 모든 것에도 불구하고 함께 살려고 할 때, 그러하다. 우애는 추상적인 것과 집단에 초점을 맞추지 않고, 정치공동체를 포함한 구체적 집단들을 구성하는 구체적 개인들에 초점을 맞춘다.

평화의 정신esprit de paix은 폭력의 정당한 사용을 고려하지 않은 채, 절대적으로 폭력의 사용을 거부하는 평화주의pacifisme가 아니다. 그것은 대내적으로는, 민주주의에 의해 준비된 절차들에 따라, 그리고 대외적으로는 전쟁을 방지하기 위해 할 수 있는 한 최대로 외교와 교섭을 통해, 평화적 해결에 도달하려는 확고하고 신중한 의지이다.

절충(折衷)의 정신esprit de compromis은 무기력이 아니고, 양심과의 타협compromission은 더더욱 아니다. 그것은 해로운 봉쇄상태나 폭력으로 비화하는 것을 예방하게 해주는 모든 해결책을 수락하는 것이다. 이 절충의 해결책은 교환이나 배분 과정에서 불평등의 고착과, 당사자 각자가 희망하던 것과는 다른 몫의 고착일 수 있다. 또한 그것은 절충안을 허용하지 않고 탐색에 맡겨진 문제들에서 후일로 결정을 연기하는 것으로 나타날 수도 있다.

관용은, 우리가 살펴본 대로, 무관심이 아니고, 자신의 행동을 민주주의의 기본 규칙에 적응케 해주는 미덕인데, 그 규칙은 모든 특수 이해들, 심지어 그것들의 소관인 활동영역에서는 정당하지 않은 특수 이해들의 **정치적** 정당성을 인정한다. 관용은 민주주의의 적들에게까지도 적용되어야 하며, 그들의 적의가 정치 영역에서는 부당하다 할지라도 그러해야 하는데, 이는 민주주의가 자연스런 체제이기 때문이다. 그런데 이 점은 분명히 해두자. 이 관용의 미덕은 반민주적인 의견의 표현에 직면하여 끝나고, 반민주주의자들이 책략과 폭력을 행사하는 즉시, 가장 준엄한 폭력과 가장 세련된 책략으로 교체되어야 한다.

평화처럼 정의는, 우리가 상세하게 분석했던 대로, 객관적 지위를 가지고 있으며, 그것의 주관적 지위는 평화의 주관적 상태처럼 별로 명명되지 않았는데, 이제 그것을 **정의의 정신**esprit de justice이라 부를 수 있다. 이 미덕을, 항상 옳음을 고려하고 그것에 가능한 한 가장 가까이 접근하려 노력하면서 행동하게 해주는 것으로 정의하는 것이 최상의 개념규정이다. 신중함이 정치(과정) **속에서** 최고의 미덕이라면, 정의의 정신은 정치(영역 전체)**의** 최고 미덕이다. 또한 평화의 정신이 정치인들만큼이나 시민들을 활성화시켜야 한다면, 정의의 정신은 정의를 실현할 책임을 맡은 사람들에게 더욱 직접적으로 관련된다는 주장도 가능하다. 이런 의무는 헌법제정자들에게 그들의 특수이해와 그들의 위임자들의 그것을 숨기도록 요구하는데, 이는 민주적 정치공동체를 관리하기에 앞서, 그 기본적 원칙을 가장 충실하고 가장 정확하게 실현하는 것에만, 지성과 확고한 의지를 갖도록 하기 위해서이다. 예컨대, 투표방식의 선택에서 헌법제정자들은 제도의 효율성과 안정성에 대한 고려만을 따라야 한다.

정의의 정신은 상이한 정의들만큼이나 그것이 작용할 상이한 경우들을 만나게 된다. 법률적 정의는 입법자에게 부담스러운 미덕을 요구한다. 그는 법률안이 헌법에 합치하는지와 그 법률안이 공동선에 기여할 수 있는지만을 고려하면서 입법을 해야 하는데, 어떤 특수이해에 유리하도록 계획된 모든 입법을 지지하기를 거부함으로써 그리해야 한다. 미덕은 부담스러운데, 그것이 사적 부문의 행위자들과 정치인들 모두의 이해타산들과 직접 갈등을 빚기 때문이다(9장을 참고할 것). 권리는 법률 다음으로 정의의 두 번째 분과이다. 계약적, 징벌적, 복원적 정의들에 부응하는 정의의 정신은 특별한 논의전개를 요구하지 않는데, 예컨대 재판관이 피고를 매우 정의롭게 판결해야 하는 것, 즉 실정법에 따라 입증된 위반사실에 대해 상반되는 토론 후에 범법행위에 비례한 처벌을 내려야 하는 것은 당연하기 때문이다.

분배적 정의는 더욱 미묘해 보이는데, 민주주의에서 분배는 정치인들의 소관도, 시민들의 소관도 아니고, 아고리적 절차들의 소관이기 때문이다. 이 절차들이 완벽하게 원활히 유통되고, 외부에서 오는 모든 압력으로부터 보호를 받는다면, 권력, 위세와 부의 공평한 몫이 이 절차에 따라 분배된다. 정치인들의 미덕은 공평한 몫을 분배하는데 있지 않고, 그 분배 절차들의 원활함과 충실성을 조심스럽게 감시하는데 있다.'분배에 관한 미덕'은 '합법의 미덕'에 합쳐지는데, 이 절차들의 기능 불량은 특수이해들로 하여금 아고리적 절차들로 향하게 해주거나, 그것들을 기피하게 해주는 입법적 조치들로부터 주로 비롯되기 때문이다. 정치인들은 배분 과정에서 요청을 받을 수 있으며, 특히 부의 분배에서 그러하다. 이 경우, 공평의 문제가 제기되는데, 아무리 공평한 배분일지라도, 그것이 너무 분산되어서 화합을 위협하고, 어떤 시민들은 완전히 박탈당하게 된다. 이런 경우에 시민들 간의 연대는 자

원의 재분배를 불가피하게 하며, 적어도 그 자원의 어느 정도는 불가
피하게 공적 경로를 이용하게 될 것이다. 그러면 미덕을 갖춘 정치인
들은 부유층에 대한 질투에서가 아니라, 가난한 사람들의 결핍과 시민
들 간의 화합을 유지하려는 배려만으로 재분배를 추진하지 않을 수 없
게 된다.

VIII. 민주주의의 기원

이 책에서 우리가 주장했던 명제, 즉 정치의 목적은 평화와 정의이고, 민주주의는 이런 목적에 적합한 체제라는 명제가 정확하다면, 다음과 같은 질문이 즉시 제기된다. 모든 사회 속의 모든 인간은 왜 민주주의에서 지속적으로 살지 않는가? 사실 경험적 자료들에 따르면, 곧 이어 살펴볼 것처럼, 역사적 착시로 인해 민주주의 체제의 통계적 우위가 은폐된다고 해도, 그것이 발현한 유일한 체제는 아니라는 점이 분명하다. 민주주의가 인간에게 자연스럽다고 주장하는 이론과 경험들 사이의 이런 명백한 어긋남을 무지 탓으로 돌릴 수는 없는데, 민주주의의 기본 원리는 이해하고 찾기가 쉽기 때문이다. 그러므로, 사상이나 심성의 역사 쪽에서, 혹은 무슨 비상한 인지적 혁신이나 의식 구조의 변동에서 찾아보려는 것은 소용없는 일이다.

유일한 논리적 출구는 민주주의가, 존재하는 모든 것처럼, 존재하기 위해 가능성의 어떤 조건들(플라톤이 '부차적 원인'이라 불렀던)이 합쳐지기를 요구한다는 점을 가정하고, 이어서 검증하는 것이다. 식물이 싹트고 꽃이 피기 위해서는 일정한 조건의 온도와 습도를 요구한다. 경제적 발전은 특정한 정치적 조건을 토대로 한다. 지적인 재능과 미덕의 실행에는 어느 정도의 물질적 여유가 요구된다. 가능성의 조건은 엄밀하게 말하자면, 원인이 아닌데, 그 원인이 좌우하는 현상이 그것의 결과라는 의미에서도 아니다. 다른 말로, 온도와 습도는 낟알을 생산하지는 않는다. 또한 현상의 속성은 조건의 결과라는 의미에서도 아

닌데, 온도와 습도는 자작나무나 바오밥 나무의 유전형질을 결정하지
는 않는다.

그러므로, 우리의 이론은 다음과 같이 제시된다.

- 자유롭고 사회적이며 분쟁을 일으키는 종(種)으로서의 인간은 본능적으로 평화와 정의를 희망한다.
- 지도력 양식의 권력에 토대를 둔 체제로 정의된 민주주의는 평화와 정의를 달성할 최대의 가능성을 지닌 정치체제이다.
- 민주주의 체제가 태어나고, 뿌리를 내리고, 지속되며, 꽤 성공적이기 위해서는 가능성의 일정한 조건들이 합쳐져야 한다.
- 이런 조건들이 충족되는 즉시, 자유롭고, 목적 지향적이며, 타산적인 행위자로서의 인간은 민주주의 체제를 수립하기에 이르게 되는데, 그것의 속성을 표상들과, 행위들과, 제도들 속에 실현함으로써 그리한다.

우리는 간략하게나마 첫째, 둘째, 넷째의 논점을 다룬 바 있다. 셋째 논점은 두 가지 방법으로 해결될 수 있다. 경험적이고 귀납적인 방법은 참고자료만큼 많은 사례들을 배열하는데, 참을성이 허락하는 대로 거기에서 규칙성을 도출하고, 그 배열이 특별히 신뢰할 만하면, ‘법칙’을 도출하게 된다. 가설-연역적 방법은 민주주의의 속성에서 출발해서 다음과 같이 질문을 제기한다. 이런 속성이 실현되기 위해서는 무엇이 전제되어야 하나? 두 번째 방법이 더 확실한데, 현대 과학의 방법이기 때문이다. 연역해 낸 명제를 실험적으로 검증할 수 있는 역사적 자료를 산출한다는 조건으로 더 확실한데, 이는 경험적 방법이 자료에 지속적으로 의존한다는 것을 의미한다. 그러므로 우리가 다룰 논점은 다음의 두 가지이다. 즉 가능성의 조건들과 이 조건들의 결합이다.

1. 가능성의 조건

다음의 네 가지 결정적 조건들로 귀결시킴으로써 논의가 명료해질 것 같다. 즉 정치공동체의 영속성, 非제국화, 복수로 존재하는 의사결정의 자율적 중심, 행위자들의 미덕이다.

정치공동체는 없어서는 안 된다. 그것은 거의 자명한 이치인데, 본래 정치체제는 정치공동체 속에서 권력관계의 창설과 관리이기 때문이다. 정치공동체가 전혀 존재하지 않는다고 가정해보자. 즉 모든 정치공동체가 사라지게 되면, 현대의 정치철학자들이 자연상태라고 부르고, 그것보다 더 강하게, 언론계에서 정글의 법칙이라 부르는 상태로 전락하게 된다. 이 자명한 이치로부터 다음의 추론을 거쳐 덜 분명한 결과를 도출할 수 있다.

속성 상, 그리고 개념규정 상, 정치공동체는 경향적으로 내부의 평화 회복과, 외부와의 잠재적 전쟁을 상정하는 집단이다. 이런 상황을 더 묘사하자면, 정치공간은 내적인 저항과 외적 압력이 균형을 이룬 경계로 구획된 사회공간인데, 전자는 평화 회복을 받아들이도록 열중하고, 후자는 전시 작전 지역의 확장을 열망한다. 그 이미지는 부정확한데, 사회공간이 물리적 공간이 아니고, 외적 압력과 전쟁의 위협이 주변부만 아니라 정치공간의 각 지점에 자리 잡는다는 사실을 포착하게 해주지 못한다는 점에서 그러하다. 다른 말로, 평화의 승리는 전쟁에 대한 순간적이고 불안한 승리이다. 그러므로, 내적 저항은 중요성에서 외적 압력보다 우세한데, 전자는 상수로 간주될 수 있기 때문이다. 결국 정치공동체는 외적 압력에 대항하여, 그리고 그것에도 불구하고 태어난다. 이런 탄생이 일어나기 위해서는 지역적으로 압력에 대해 저항이 우세해야 하고, 그것으로 족하다.

이런 결론으로부터 두 가지 이론적 가능성이 열린다. 하나는, 정

치적 차원에서 폭력의 공격에 저항하기 위해 기본적 계약을 통해 개
인들이 연합하고 합의하는 것이다. 다른 하나는 정치적 차원이 전쟁과
정복에 의해 창설되고, 힘으로 편입된 개인들은 거기에 가입하기에 이
르고, 그들의 평화적 관계의 장으로 그것을 받아들이는 것이다. 다시
한 번, 이 두 가능성을 하나의 연장선으로 연결된 두 개의 극단으로 간
주하는 것이 타당하고 현실적이다. 첫째 가설은 정치공동체의 소수 성
원에 토대를 두고, 둘째 가설은 전쟁에 토대를 둔다.

　　이런 본질적 어긋남은 매우 상이한 두 가지 일반적 상황으로 이어
진다. 그 하나에서 행위자들이 폭력이 재출현할 위험을 관리하고 외적
인 도발에 대응하기 위해, 자발적으로 정치공동체로 조직되는 상황이
다. 즉 정치공동체의 영속성은 상황에의 영속적 적응을 통해 얻어진다.
다른 하나에서는, 행위자는 전쟁에 의해 정치공동체로 내몰린다. 전쟁
은 본래 불확실하고, 이로 인해 정치공동체들은 승리, 패배, 정복, 분
리에 따라 성립되고 와해된다. 정치 지도는 지속적 재편에 처하게 되
어, 정치공동체들의 불확실한 영속성은 우연한 역사를 통해 드러난다.
정치 지도가 적응을 통해 나타나든, 아니면 우연히 나타나든, 정치공
동체의 영속성은 요구되는데, 민주주의의 경험이 외부로부터의 정복 위
협과 내부의 내전 위험으로부터 안전하게 전개되도록 하기 위해서이다.

　　가능성의 두 번째 조건 역시, 아무 결론에나 도달하지 않기 위해
서는 좀 덜 명백하기는 하지만, 자명한 이치로부터 출발한다. 자명한
이치를 포착하기 위해서는 복합정치공동체transpolitie가 무엇인지를 환
기하는 것으로 시작해야 한다. 그것은 최소한 두 개의 정치공동체들에
토대한 행위 체계로서, 결국 평화와 전쟁이 번갈아 뒤를 잇는 사회공
간이다. 개념규정 상, 제국화는 한 복합정치공동체가 전쟁을 통해 정
치공동체로 변형되는 것이다. 이런 변형은 두 가지 강압적인 정치적
결과를 초래한다. 각 정치공동체는 생존을 위해서건, 정복을 위해서건,

군비 경쟁의 압력 하에 권력 집중이 불가피해지고, 이런 상황은 전제적(專制的) 경향이 득세하는 것을 유리하게 하며, 그것에 저항할 수 없게 만든다. 다른 한편, 이 경쟁에서 승리한 정치공동체이자 제국의 핵심은, 그것이 이전 체계 속에서 행위자의 일원이었든, 체계 외부에서 왔든, 제국 전체의 긴밀한 결합을 힘으로 유지해야 한다. 결론은 자명하다. 한 복합정치공동체의 통일을 통해 출현한 왕국이나 제국은 결코 민주주의 체제를 가져본 적이 없고, 언제나 신정체제이거나(이것은 신석기 시대 후기와 전근대 사회들에서는 표준이었다) 전제체제였다.

추론의 연결은 덜 분명하고, 보다 상세한 논리 전개를 요구함이 틀림없다. 그 본질적 맥락을 요약하면, 복합정치공동체는 상이한 세 가지 정치 지형을 채택할 수 있다는 이론적 시각을 지지하게 된다.

다극체제polypolarité로 말하자면, 행위 단위들이 다수, 즉 수 십 개, 적어도 20개이고, 각 행위 단위가 동원하는 강제력이 여타의 그것과 같지는 않더라도, 어느 행위 단위도 모든 동맹을 물리칠 정도로 여타의 단위들에 우세하지는 않은 체제이다. 다극체제에서는 수가 게임의 규칙을 규정하는 것을, 불가능하지는 않더라도, 어렵게 만든다. 또한 규칙들이 규정되었다면, 그것의 준수를 잠재적 배신자들에게 요구하는 것이 방해를 받는다. 실제로 많은 수가 동맹을 맺은 단위들 사이에 사전적 공모를 방해한다. 또 각 행위 단위는 다른 행위 단위의 공격을 받은 정치공동체를 구하러 달려갈 것인지를 혼자서 결정해야 하고, 보다 강한 적들에 홀로 맞서게 될 위험을 무릅써야 한다. 이것은 바로 지하철 안의 여행자들의 일원이 무장한 불량배의 공격을 받을 때, 그 여행자들이 해결해야할 상황이다. 신중함을 택한다면, 각자는 아무 것도 하지 않는 것이 낫다. 국제정치 무대에서, 속임수를 쓴 행위 단위가 처벌받지 않는 결과가 초래된다. 결국 전쟁은 지속적으로 발생하고, 이를 통해 매 회전에서 승자와 패자가 결정된다. 그리고 마침내 최종의 승자가 출현하는데, 그것이 왕국이나 제국을 창설하게 된다.

그 대립되는 극단에 **2두 체제**dipolarité, 즉 두 행위 단위로 된 체제이다. 조건은 같아서 거의 동등하게 동원된 강제력을 지녔는데, 그렇지 않으면 복합정치공동체는 없고, 하나의 정치공동체와 그 위성국(衛星國)이 존재하게 된다. 이런 정치 지형에서는, 그것이 안전이든 지배든, 승자가 모든 것을 차지한다. 각 단위는 다른 단위도 같은 방식으로 계산한다는 것을 계산해야 한다. 각 단위는 다른 단위가 이런 합리적 결론을 도출할 것을 추측해야 한다. 즉 승리하고 모든 것을 차지하기 위하여 첫 번째 기회를 이용하는 것이다. 그 누구도 서로 신뢰할 수 없다. 그러므로 각 단위는 희생물이 될 각오로 첫 번째 기회를 실제로 이용해야 한다. 결론적으로 2두 체제는 종국에는 반드시 왕국이나 제국으로 귀결된다. 3두나 4두 체제에서도 결론은 같은데, 3:1이나 2:2의 조합이 이루어지기 때문이다.

이 두 가지 극단 사이에서 **과두제**oligopolarité는 다섯부터 열 혹은 스무 개 행위 단위를 결합하고 있는데, 그들 각각은 여타 모든 단위들의 동맹을 압도할 만큼 충분히 강력하지 않다. 이런 정치 지형은 완전히 다른 게임을 규정한다. 각 단위는 다른 단위들을 희생시키는 정복의 전략으로 모든 것을 잃고, 아무 것도 얻지 못하게 된다. 그래서 각 단위는 현상 유지의 방어 전략으로 기울게 된다. 어느 단위도 모든 것을 얻을 가능성은 없다. 즉 복합정치공동체는 내생적 변동을 통해 정치공동체로 통일될 수는 없다. 소수의 행위 단위들과 그들 관계의 영속성으로 인해 **국제법**droit des gens이란 게임의 규칙이 자연적으로 만들어진다. 끝으로, 소수는 어느 단위의 잠재적인 패권주의적 의지에 위협을 느끼는 단위들의 공모와 동맹을 가능하게 한다. 과두체제는 안정적 균형에 바탕을 두지 않은 것처럼, 지속적인 균형의 회복에도 토대하지 않는데, 이런 균형 회복은 변동하는 동맹들 간에 균형이 동등하게 유지되게 한다. 이 체제 자체는 안정되고, 수 세기 동안에, 아니 심지어 수 천 년 동안에도 왕국이나 제국으로 통일될 가능성이 없다.

민주주의의 두 번째 가능성의 조건은 단순히 非제국화(이것은 부정적이고 동어반복적인 무언가를 가진다)가 아니고, 보다 정확히 말해서 과두체제적 복합정치공동체의 사전적 혹은 동시발생적 존재이다.

세 번째 조건은 **의사결정의 자율적 중심**의 존재인데, 정치권력의 속성에 의해 제기된다. 그것은, 우리가 지적한 대로, 강제력과 권위와 지도력의 혼합이다. 또한 저항할 수 없는 움직임에 따라 지도력이 권위 속으로 흡수되고, 권위가 강제력 속으로 흡수된다고 말할 수 있는데, 첫 번째 흡수는 사람들이 누군가의 특별한 능력보다는 그 사람을 예찬하기 때문에 일어나고, 두 번째 흡수는 폭력을 통해 모든 의견대립을 억제하고 금지하는 일이 가능해지기 때문이다(이런 주제에 관심이 있는 독자는 졸저, *Le pouvoir pur*, Paris, Calmann-Lévy, 1978 속의 상세한 논의를 참고하라). 이런 움직임은, 모든 권력은 그 자체로 절대(絶對)로 향한다는 격언에 근거하고 있다. 정치권력은 그 속성상, 정해진 정치공동체 안의 가용한 강제력을 통제하기 때문에, 모든 정치권력은 저절로 전제적이고 폭군적으로 되는 경향을 절대적으로 띠게 된다. 유일한 출구는 몽테스키외의 유명한 다음의 정식이다. 치명적인 악순환을 막기 원한다면, 권력에 권력을 맞서게 해야 한다. 그런데 민주주의는 속성상 그것을 원하는데, 그것이 전제와 폭군제의 정반대쪽에 서 있기 때문이다. 여하튼 민주주의에서 모든 권력은 자신이 하나 혹은 여럿의 대항세력들contre-pouvoirs과 대립되는 것을 보아야 한다.

문제 하나가 제기되는데, 거기에 두 가지 해결책이 있어 보인다. 하나는 공적 영역에서 정치권력의 심장부 자체의 권력에 권력을 대립시키는 것이다. 이런 해결책은 다음의 세 가지 이유로 허망한 것이다. 우선, 권력을 무력으로 만들어 버리지 않고서는, 권력을 그만큼의 대항세력들로 나눌 수 없는데, 이로 인해 목적의 실현이 어찌할 수 없이 위태롭게 된다. 그 다음으로, '국가 기능의 분리'라는 제도적 해결책은 치명적 악순환의 봉쇄에 달려 있다. 다시 말해서 그것은 문제의 해결책이 아니라, 불확실한 해결책이 제도로 옮겨진 것이다. 정치권력이 통제되지 않는 곳에서 입법부나 사법부의 독립은 허구이고, 헌법 본문이 아무리 그것을 보장하라고 요구해도 그랬다는 경험적 증거는 차고 넘친다. 끝으로 그리고 특히, 권력은 스스로 나눠지지 않는데, 그것이 자연적으로 절대화되는 경향이 있기 때문이다. 그러면 그것을 누가 나눌 것인가?

두 번째 해결책으로 만족해야 하는데, 그것은 **공적** 권력에 사적 권력을 대립시키는 것이고, 정치에 非정치를, 보다 흔한 어휘를 사용하자면(하지만 근대성에 국한해서 사용해야 한다), 국가에 시민사회를 맞서게 하는 것이다. 사적 영역은 시민들 나름의 업무에 종사하고, 그들 나름의 목적을 달성하기 위해 경제적, 종교적, 유희적, 가족적, 교육적 등등의 집단을 창설하는 그 시민들로 구성된다. 의사결정의 자율적 중심은 이 사적인 개인들과 집단들인데, 그들이 정치권력과 공적 영역에 대해 자율적이고, 스스로 그러기를 원하는 만큼 자율적이다. 사적인 중심들이 **주어져야** 하는데, 그렇지 않으면 공적 영역이 스스로 생산해야할 터이고, 이 경우 첫 번째 해결책에 의해 제기된 반론, 즉 어떤 권력도, 더구나 어떤 정치권력도 자신을 제한하지 않는다는 반론으로 복귀하게 된다.

민주주의의 네 번째 가능성의 조건으로서 **시민의 미덕과 정치적 미덕**은 충분하게 강조되었는데(7장 참조), 모든 분석을 통해, 순수하고 완벽한 민주주의조차도 미덕을 갖췄거나 악덕에 젖지 않은 시민들이 없이는 작동할 수 없다는 것이 분명하게 증명되었기 때문이다. 여기에 덧붙이자면, 미덕과 非악덕은 인간의 본성 속에 자연적으로 주어지는 것이 아닌데, 심층 심리적 경향과 초보적 계산은 악덕 쪽으로 끌어당

기기 때문이다. 미덕의 요구와 악덕에로의 경향 사이의 균형은 저울의 두 판 밖에 있는 요인들에 의해서만 결정될 수 있다.

2. 조건들의 결합

무수히 많은 가능한 연구들 속에서 길을 잃지 않기 위해서, 그리고 기어코 핵심을 간직하기 위해서, 우리는 실마리와 지름길을 찾아내야 한다. 사회형태론은 이런 목적을 위해 우리에게 도움이 될 수 있다. 그것은 우리에게 인간 사회의 유대이고, 모든 인간 사회를 구성하는 개인, 집단, 연결망들이 조화를 이루게 하는 연대성과 일관성의 원리이다. 사회형태론은 우리에게 분명히 요긴한데, 민주주의와 양립가능한 사회형태들과 민주주의를 절대적으로 무시하는 그것들 사이의 방대한 경험적 차별을 제시하기 때문이다. 후자에는 왕국, 제국과 아울러 봉건제와 카스트가 포함된다. 양립가능한 사회형태로는 무리bande, 부족tribu, 도시국가cité와 국민국가nation가 있다. 국민국가는 근대에 고유한 것이기에, 우리는 그것을 근대 민주주의의 발현에 기여했던 여러 요인들 중의 하나로 취급하려 한다.

a. 사회형태와 민주주의

우리는 **무리**를 다루면서 그것이 구석기 시대 단계에서 인류의 자연스런 사회형태였다는 개연성 있는 가설을 이미 주장했는데, 그 시대에는 인류가 다른 모든 생물 종들과 마찬가지로 자연사만을 체험했다. 무리의 조직도는 그 단순성과 우아함에 있어서 주목할 만한 것이다. 그것은 통합의 세 단계를 바탕으로 하고 있다.

첫째 단계는 부모로 구성된 핵가족인데, 성질이 조화를 이룰 수 없어서 언제나 이혼이 인정되고 행해졌다고 해도, 원칙상 안정적인 한 쌍과, 살아 남아 성년에 이른(유아사망률이 매우 높아서 둘 중 하나 혹은 셋 중 둘의 비율로 사망했기 때문에) 두세 명의 그들 자녀들로 형성되었다. 다섯 명으로 구성된 이 가족들은(원시인의 미분화상태에 관한 모든 전설들과 반대로, 이들은 매우 개인화되어 있었고, 심지어 개인주의적이기도 했다) 큰 무리horde를 형성하기 위해 평균 다섯 무리들로 조직되었는데, 이것은 일상적 생활과 경제적 존속의 단위였다. 큰 무리는 각자에게 보장된 완전한 탈퇴의 자유 때문에 매우 유동적이라는 특수성을 지니고 있는데, 그들은 계절마다 선택적 친화성에 따라 구성되고 재구성된다. 스무 개 정도의 큰 무리들이 민족ethnie을 형성하는데, 이것은 집단이 아니라 연결망으로서, 이를 통해 여자, 말, 생각, 믿음들이 유통된다. 이것이 인구학적이고 문화적인 단위이다. 잠재적인 인구학적 압력으로 인해 큰 무리 안에서와 그들 간에 긴장이 야기되고, 그것은 주위의 공터로의 분봉(分蜂)에 의해 해소된다. 이런 분봉은 점진적 확장을 초래하고, 이것은 수만 년을 거쳐 **호모 사피엔스 사피엔스**로 하여금 너무 적대적 환경인 남극을 제외한 전 지구를 점령하게 해주었다.

무리는 민주주의 원칙의 특별히 순수한 실현을 제시한다. 물론 그것의 제도는, 우리가 살펴본 대로, 근대성을 통해 산출된 제도(6장 참조)와는 아무 상관이 없지만, 그래도 그것은 민주적 제도이다(이런 제도들에 대한 상세한 논의, 그리고 일반적으로 조건들의 결합에 관해, 이 단락에서 다루는 모든 사항에 대해서는, 졸저, *Démocraties*, 3부와 4부, Paris, Calmann-Lévy, 1985 를 참조할 것). 우리의 가설이 정확하다면, 거기서 민주주의의 가능성의 조건들이 이상적으로, 더구나 영속적으로 결합되었다는 것을 추론할 수 있는데, 저장성이 없는 수렵과(이나) 채집자의 무리가 다른 체제를 경험한 사례가 없기 때문이다. 실제로 무리는 평화 회복의 경향을 띤, 그리고 실재하기도 한 정치공간을 경험했는데, 그것이 민족이다. 그 내부에서, 모든 절차와 계획들은 분쟁들에게 평화적 출구를 제공하기 위해 존재했는데, 존경받는 중재자의 자연스런 출현부터 분봉 때까지 그러했다. 그러나 민족의 단계를 정치공동체로 규정하기는 어려운데, 그 범위 이상으로는, 순전히 일화적인 것이 아니라면, 다른 어느 민족과의 접촉도 전혀 없기 때문이다. 민족의 이런 완벽한 인구학적, 경제적, 문화적, 영성적 자급자족 체제 때문에, 우리는 그것을 準정치공동체quasi-politie라고 밖에는 달리 표현할 수 없다. 정치공동체의, 이런 동작의 개시를 가리키거나 가상적인 지위는, 무리단계에서 전쟁을 몰랐다는 사실에서 비롯된다. 널리 공유되고 있는 착각과는 반대로, 전쟁은 자연적이 아니었고, 신석기 시대의 문화적 고안물이다(졸저, 1985의 5부, '전쟁의 탄생'에 관한 장, 658쪽 이하 참조할 것). 전쟁과 평화의 문제를 해결하기 위해 정치공동체라는 정해진 집단의 형성을 불가피하게 했던 것은 전쟁이었다. 전쟁이 없었더라면 제국화의 모든 두려움 역시 헛된 것이 되었을 것이었다.

이론적 시각에서 볼 때, 더욱 매력적인 것은 무리들의 균형이 실제로 과두제적 구조에 바탕을 둔다는 점인데, 이 과두제는 그것을 구성하는 20개 정도의 부족들에 의해 규정되고, 그것들의 유동성 자체로 인해 사회적 영향력에서는 항상 같고, 완벽한 항상성(恒常性)을 유지했다. 의사결정의 자율적 중심들은 개인, 가족, 큰 무리들인데, 각자는 통합의 각 단계에서 모든 폭군적 일탈을 통제했다. 끝으로, 미덕과 非악덕들은 직접적 만남과 소수로 인해 자연적으로 생성되었다. 자제는 지속적 직접 소통의 상황에서는 필수적인데, 이 소통은 큰 무리의 유동성에 의해서만 약해졌다. 예컨대 자제는 공격성을 거의 말로만 표현하는 것으로 나타난다. 개인주의는 자신의 특수이해를 확보하기 위해 고려할 대체물이 없다는 사실에 의해 불가피해지고, 이타주의도 같은 이유로 그러한데, 각자가 공동이해에 헌신하지 않는다면, 그것이 실현되지 않을 것은 분명하다.

부족tribu은 아마도 무리의 자연발생적 돌연변이인데, 인구학적 포화상태, 그리고 일정 지역의 전체적 점령을 통해 불가피하게 된 것으로서, 민족 단계 이상으로의 분봉을 어렵게 하거나 불가능하게 한다. 부족 안에서, 나머지 사회가 구축되는 기초적 사회 단위는 더 이상 개인도, 핵가족도 아니고, 삼세대나 사세대의 시간적 깊이를 가진 부계나 모계의 확대가족인데, 광범위한 분포에 따라 수자가 달라질 수 있다 해도, 아마 평균 50명 정도이다.

이 단위들은 용해와 핵분열의 기제 속에서 도출되는데, 다음 그림으로 이해하는 것이 더 쉬울 것이다.

A   B

	X_1	Y_1
	X_2	Z_1
		Z_2	Y_2

X   Y

Z_1과 Z_2는 확대가족이고, X_1, X_2, Y_1과 Y_2는 인척관계가 있는 가족들을 재편성함으로써 상급으로 규정된 혈족의 분절들이다. X와 Y, A와 B는 훨씬 더 포괄적인 가계이거나, 영역이거나, 이 두 가지 모두이다. A + B는 한 부족을 형성하고, 여러 부족들은 임시의 연합체로 결집할 수 있다.

부족이거나 혈족의 사회형태론이 작동하는 원리는 간단하다. Z_1

과 Z_2는 각자 자신에 대해서 가족회의나 가장이나 맏형의 중재로 그들의 모든 내부적인 문제들을 해결한다. 또한 어떤 분쟁, 보통 맏형과 막내 간의 분쟁이 해결책을 찾지 못한다면, 핵분열과, 별개인 두 단위의 결정에 따라 해결된다. Z_1과 Z_2가 갈등상태에 들어가면, 그것은 그들의 소관이다. 그들은 최선을 다해 그것을 해결하려고 노력해야 한다. Z_1이나 Z_2가 X_2에 대립한다면, 둘은 자연적으로 Y_2로 용해된다. 통합의 윗 단계에서도 마찬가지다. 즉 X_1과 X_2는 X를 형성하고, $Y=Y_1+Y_2$에 맞서게 된다. 또 X와 Y는 A에 맞서 B로 연합된다. A와 B는 다른 부족에 맞서 하나의 부족으로 연합된다. 분쟁이 야기됐던 단계에서 멈추자마자 융합은 와해되고, 각 단위는 나와는 무관하다는 식의 태도로 돌아간다.

그 우아함, 단순성, 효율성으로 무리만큼 놀라운 이 부족이란 사회형태는 모든 대륙들에서 구석기 시대부터 현재까지 발견되는데, 현재에는 그것이 소멸되는 경향이다. 우리는 그것을, 무리처럼 인류의 자연사 속의 한 단계로 간주할 수 있다. 부족 역시 민주주의에 가능성의 조건을 제공한다.

전쟁은 부족 속에서 태어났다. 그것이 태어나기 전에는 부족적 정치공동체들은 무리의 그것들처럼 가상적이었다. 다시 말해서 완벽한 자급자족 체제 속에서, 경향적 평화회복의 지역이었던 것은 부족 전체였는데, 우리는 이것을, 무리와 부족을 조화롭고 효율적으로 결합했던 오스트레일리아의 원주민들에게서 관찰할 수 있다. 전쟁이 일단 시작되자, 통합의 정도에서 한 단계가 드러나게 되는데, 그 단계 이하에서는 폭력이 억제되고 관리되며, 그 단계 이상에서는 전쟁이 점점 더 야만적이 된다. 하지만 이 단계는 부족마다 다르고, 같은 부족의 경우에도 시기에 따라 다르다.

부족 역시 과두제적 구조를 가지는데, 서로에게 자신을 인정하기를 원할 수 있는 분절들, 혹은 실제의 정치공동체들에게 요구되는 범위, 곧 적어도 다섯, 그리고 스물은 넘지 않게 제한되기 때문이다. 부족은 과두제의 지속성의 혜택을 본다. 매우 제한된 어떤 지역에서는, 왕국들이 마침내 출현하고, 제국들이 이 왕국들에 의해 정복되기 위해서는 5천~7천년이 걸렸다.

의사결정의 자율적 중심들은 가변적인 개념규정 속에 있는 분절들 자체이다. 각 단계에서 권력은 그것을 구성하는 단위들에 의해 억제되고 관리된다. 기초적 가족 단위에서 권력은 권위와 지도력 양식에 토대하고, 강제력은 아들과 형제들에 의해 관리된다.

무리에서처럼, 요구되는 미덕과 非악덕은, 평균적으로 직접적인 접촉, 소수, 환경의 제약, 스스로 모든 것을 할 필요, 강한 공동체적 감각에 의해 자연적으로 생성된다.

그러나 부족은 무리보다는 덜 순수하게 민주적이다. 식품의 생산과 저장은 사회 계층을 결정하고, 전쟁에 의해 더욱 강화되는데, 계층은 과두제, 귀족제, 완화된 신정제, 그리고 끝으로 절대적 신정제 정치체제의 점진적 상승으로 나타나지만, 절대적 신정제부터는 부족을 떠나게 되고, 점진적 상승은 전형적인 폭군적 단계를 가로지르게 된다.

도시국가cité는 무리와 부족보다는 덜 보편적인데, 공국(公國)과 왕국의 사이에서, 혹은 제국의 가장자리에서 부족의 **외관으로** 모든 대륙들에 존재한다고 해도 그러하다. 그것은 인류의 사회형태론적 발전의 한 단계는 확실히 아니고, 지역적 적응이다.

도시국가는 우선 작은 집단으로, 수백 명에서 수천 명까지, 예외적인 경우에는 수만 명의 개인들로 구성되어, 이웃한 부족이나 왕국들과 비교해서 작았다. 그 다음으로, 그것은 한 촌락이거나, 한 도회지에 집중된 집단으로서, 이 지역은 모든 주민들을 물리적으로 집합시키거나, 그렇지 않거나(얼마의 주민은 시골에 살 수도 있다), 그들 스스로를 도시국가의 구성적 요소들로 여기는 사람들의 집단에게 중심으로 느껴졌다. 끝으로, 도시국가는 구성 단위로서, 개인들을 직접 거느리지 않고, 그들을 매개하는 보다 광범위한 단위들, 즉 가족, 가계(家系), 동업조합, 더 작거나 더 큰 세대들을 보유했다. 도시국가의 가장 인상적인 특징들 중의 하나는, 사적 영역과 공적 영역의 분명한 구분으로서, 이는 공간의 조직과 건축에서 드러나는데, 광장과 공공 기념물들은 주거와 사적 지역들로부터 분리되었다.

도시국가는 민주주의에 가능성의 조건을 제시한다. 이 정치공동체는 그것의 개념과, 완벽하게 명료한 표시에 정확하게 부응하는 개념 규정을 받게 되는데, 도시국가와의 엄밀한 동일시 때문이다. 이런 동일시는 사회형태로서의 도시국가, 정치공동체로서 혹은 심지어 도회지로서의 도시국가 간에 혼동을 초래했다. 시민들 자신은 이런 구별을 하지 않았다. 그들은 외부의 모든 공격자에 대항하여 지켜주는 정치공동체와 스스로를 동일시하듯, 자신들의 촌락이나 도회지와 동일시했다. 과두제적 구조는 고립된 도시국가가 전혀 발견되지 않는다는 사실로 인해 확실하다. 도시국가들은 언제나 집단의 형상으로 나타나는데, 그 중의 각각은 제한된 수의 구성요소를 가졌다. 자율적 중심들은 사적 영역을 채우고, 구조화하고, 활기차게 하는 구성적 단위들이다. 끝으로, 미덕과 非악덕은 적어도 시골의 도시국가들에서는 직접적 접촉과 소수로 인해 의무적이 되었고, 모든 도시국가들에서는 외부로부터 가해지는 압력에 의해 그러했는데, 그 외부가 한편으로는, 과두제 내의 파트너/적수였고, 다른 한편으로는, 부족적, 왕국적 혹은 제국적 환경이었다.

이런 유리한 조건들은, 민족지(民族誌)와 역사 자료로 판단하건대, 결코 민주주의 체제로 이끈 것이 아니고, 과두제(그것이 순수한 것이든, 귀족제적 색조가 섞인 것이든)로 이끌었다는 것이 지적되어야 한다. 겉보기에 이상한, 이런 일반적 경향은 설명이 가능하다. 그 시작의 자료는 엘리트, 민중과 계급탈락자들déclassés로 이루어진 사회계층인데, 이 계급탈락자들은 혼란과 위기의 시기 이외에는 정치적으로 중요하지 않았다. 공적인 책무를 수행하기 위해서는 시간, 에너지, 사적 이득을 취할 기회상실의 대가를 치뤄야 했지만, 노골적인 부패가 아니라 수입이 좋은 업무의 기회에, 혹은 보호자인 체하는 입법으로 권력, 위세와 부 역시 가져올 수 있었다. 민중은 비축된 것이 없었기에, 공적인 책무의 비용을 전혀 받아들일 수 없었고, 이득을 취하기에는 더욱 어려운 입장이었다. 엘리트에게는 그런 계산이 반대로였다. 자발적인 거래가 성립할 수 있었고, 그것을 통해 민중은 공적 업무의 관리를 엘리트들에게 맡겼는데, 그들이 공동선을 보장한다는 조건으로였다. 그런데, 민중은 엘리트들에게 잘 통치하도록 강요할 수 있었는데, 소수의 민중이 집중되어 있는 도시국가의 여건상, 자발적 연합과 혁명적 동요를 이용할 수 있었기 때문이다. 도시국가들의 이런 정치적 균형을 보여주는 가장 찬란한 사례는 베니스 공화국으로서, 이런 토대위에서 1797년까지 천년 이상을 지속했다.

b. 근대성과 민주주의

이제 우리는 민주주의의 역사적 지위를 더 잘 포착할 수 있다. 민주주의는 유럽에 의해서도, 그리스에 의해서도, 또한 그 누구에 의해서도 고안되지 않았고, 모두에 의해서 고안되었다. 그 이유는 민주주의가, 무엇보다도 사회형태적이고 정치적인 현상이었던 신석기 시대의 변동으로 인해 만 년 동안 가능한 모든 종류의 체제들이 구체화되기까지, 인류가 지구에 존재하던 초기 수만 년 동안 인류의 자발적이고 정상적이고 독점적인 체제였기 때문이다.

서유럽은 민주주의를 다시 창안했다. 우리는 이 再창안의 시작을 1560년대 네덜란드 7개주 연합공화국Provinces-Unies에서의 반란으로 잡을 수 있고, 19세기 동안 내내 도처에 조금씩 전파되기에 이르렀다. 이런 재창안을 가능케 했던 주요한 요인들을 찾아내기는 얼마든지 가능하다. 또한 그것은 길고도 복잡한 기획이다. 몇몇 중심적 주제들의 정보 수집으로 축소하는 것에 양해를 구한다.

가장 중심적인 요인은 아마도 과두제적 구조의 지속이라는, 유럽 역사의 주목할 만한 특징일 것이다. 이미 마키아벨리가 언급하고 강조했듯이(예컨대, **전쟁의 기술** 2권 13장에서), 다른 거대 문화권들과 견주어, 유럽의 변별적인 정치적 특징은, 결코 하나의 제국으로 통일된 적이 없이, 언제나 여러 개의 정치공동체들로 나뉘어져 있었다는 것이다.

오늘날, 우리는 유럽이 정치적으로 통일되지 않았던 시기를 시간적으로 훨씬 더 거슬러 올라갈 수 있는데, 적어도 청동기 시대 중기와 기원전 3천년의 인도-유럽화indo-européanisation까지이고, 아래로는 현재까지이다. 즉 나폴레옹과 히틀러의 일시적 성공을 별도로 하면, 어느 순간에도 유럽은 정치적으로 통일되지 않았다. 수 세기에 걸쳐 끈질기게 추구했기 때문에 가장 진지했던 제국화의 시도는 로마의 그것이었다. 로마인들은 이미 엘베Elbe강에 도달했었고, 그들이 오데르Oder강, 이어서 비스툴라Vistule강, 그리고 아마도 니에멘Niémen강까지도 도달하는 것에 어떻게 방해를 받을 수 있을지 알지 못했다. 하지만 기원후 9년, 전대미문의 재앙이 일어났다. 즉 튀랭즈Thuringe 숲에서 아르미니우스Arminius라는 게르만 족장에 의해 바루스Varus의 3개 군단이 전멸을 당했던 것이다. 이 사건은 아우구스투스 황제와 그의 계승자들에게, 유럽에서 제국의 군사적 역량은 라인강과 다뉴브강에서 끝나야 한다는 것을 납득시켰다. 샤를마뉴 제국은 불가피한 기준으로 남아있었던 로마의 과거를 부활시키려고 시도했지만, 그 확장은 제한되었고, 그 지속기간은 더욱 더 그러했다.

너무 앞선 시기로 거슬러 올라가는 것이 내키지 않는다면(그래도 거대 문명권인, 유럽, 중동, 인도, 중국에 대해서는 그리 해야 하는데, 최소한 5천 년을 전망해야 한다), 그리고 이 매우 긴 역사의 최근 시기를 고집한다면, 대략 15세기부터 봉건제의 정치적 출구로 표현되었던 전쟁의 세기의 결말까지, 유럽의 국제정치 무대에는 언제나 적어도 5개의 적극적 정치공동체들이 동시에 존재했었고, 결코 10개 이상이었던 적이 없었음을 확인하게 된다. 그것을 빠르게 나열해보면, 영국과 프랑스는 모든 시기에, 스페인, 교황청, 베니스 공화국, 네덜란드, 스웨덴, 오스트리아, 프러시아 등은 이러저런 시기에 존재했었다. 복합정치공동체는 매번 이런 식으로 구조화되어서, 동맹들은 패권적이고, 심지어 제국적(특히 프랑스와 독일의) 의사를 억제하기에 언제나 충분히 강력했었다. 1706년의 라미레즈Ramillies, 1815년의 워털루, 1914년의 마른Marne, 1941년의 모스크바는 과두제적 상황에로 유럽이 봉쇄되었던 상징적 시기로 기억될 수 있다.

유럽의 정치공동체들이 형성되고 확고해진 것은 이런 틀 속에서다. 언제나 도처에서 그렇듯, 정치지도의 분할은, 한편으로 지리적이고 문화적 여건과 제약들과, 다른 한편으로 군사적이고, 왕조의, 결혼과 관련된 사건들 사이의 게임에서 초래된다. 유럽의 어느 정치공동체도 영원한 사회형태의 실현이 아니고, 인위적 창조도 아니다. 어떤 정치공동체들은 굳어지는데 오랜 시간이 걸렸다. 독일은 가장 주목할 만한 사례인데, 결국 1990년부터서야 존재했기 때문이다! 독일의 이런 수세기 동안의 정치적 미완성으로 인해 유럽의 심장부와 중심에 불안정성과 취약성의 지대가 자리 잡게 되었는데, 거기서 전반적 균형은 특별히 안정된 정치공동체를 요구했다. 이 야릇한 운명에 대한 가장 그럴듯한 설명은 다음과 같다. 10세기부터 13세기까지의 봉건제의 분산

후에 정치공동체들이 재구성되는 유럽의 단계는 서부에서 거의 14세기와 15세기에 이르게 되고, 독일에서는 15세기에 극복할 수 없는 장애를 겪게 되는데, 독일은 신성로마제국의 제위 계승자를 선출할 자격과 무력하게 만들 권한을 가진 선제후(選帝侯) **7명**, 나중에 **9명**으로 완벽하게 상징되는 과두제 상황에 우연히 처하게 되었기 때문이다.

민주주의가 마침내 발현된 네덜란드, 영국, 미국, 프랑스에서 과두제적 구조는 의심의 여지가 없고, 정치공동체들의 안정성은 보장된다. 이 정치공동체들 속에서 자율적 의사결정의 중심의 존재는 매우 다양한 여건들이 합쳐짐으로써 마찬가지로 확보된다. 우리는 두 세 가지 여건만 고려할 것이다.

가장 결정적인 여건은 아마도 사회구조, 더 분명히 말하자면 사회구성이었던 같다. 전 근대의, 전 산업화 단계의 유럽 사회들은 한결같이 귀족적이고 농민적이었다. 귀족제는 권력, 위세, 부에서 탁월한 가계들을 병치(倂置)함으로써 구성된다. 이 가계들은 외부의 권력과 상위의 권력 모두에 대하여 자율적이고, 심지어 자치 독립적으로 autocéphale 여겨졌고, 또 스스로 그렇게 생각했다. 민주주의의 기본적 특징은 시작부터 정해졌다. 즉 귀족은 동의하는 경우에만 복종하고, 특수이해와 공동이해의 고려를 통해서만 동의한다. 귀족 사회는 사회적 피라미드들의 공존과 병치로 표시될 수 있는데, 각 피라미드는, 지배적 가계의 피라미드인 하나의 '세대maison'로 정의되고, 그 세대는 휘하에 동맹들, 친척들, 고객들, 씨족들, 하인들, 경우에 따라서는 노예들을 거느렸다. 귀족적 피라미드들의 상부에는 아무 것도 없는데, 그것들 중의 하나가 그밖의 것들보다 조금 더 높고, 그 우두머리가 **동료들 중의 첫째**로 보이는 경우를 제외하고는 없었다. 그리고 후자의 경우에는 전쟁을 지휘하고, 귀족들 간에 중재자의 소임을 맡으며, 정치적이고 문화적인 통일성을 상징하기에 유용했다. 귀족 사회의 가장 멋진 역사적이고 문학적인 사례는 **일리아드와 오디세이** 속에 상세하게 묘사되고 있는데, 호머가 도시국가의 사회형태 속에서, 그리고 그것을 위해 구성했으며, 이런 상황이 그 묘사의 어떤 측면들에 영향을 미쳤다는 사실에 주의해야 한다고 해도 그러하다.

귀족 사회가 모든 정치권력에 대하여 가장 효율적인 견제세력을 대립시켰다는 점은 자명한데, 이들 견제세력은 그런 자질과 의지, 그리고 수단을 가지고 있었다. 어느 귀족사회가, 특수한 요인들로 인해 전제(專制)로까지 전락한 정치공동체 속으로 흡수당했을 때, 그 전제체제의 기반은 귀족들을 물리적으로 제거함으로써만 결정적으로 다져졌다는 것은 확실한 진실이다. 이와 같이, 갠지스 강의 라자raja(인도의 귀족)는 아리아 귀족의 뿌리까지 제거했고, 율리우스-클라우디우스 왕조의 황제들은 고대 로마의 귀족을 10명당 1명꼴로 죽였으며, 짜르 이반 4세는 러시아의 귀족을 소멸시켰다. 유럽에서는 어떤 군주도 이런 과격한 전복의 기회를 결코 가져본 적이 없었는데, 모두는 그들의 귀족들과 타협해야 했고, 그 귀족들에게 공직을 부여하고, 자신들의 행동에 대한 통제를 허용하며, 방대한 범위의 사회적 활동을 사적 영역으로 간주하고, 그들에게서 빠져나가는 것을 용인해야만 했다. 관점에 따라서 최악이나 최선으로, 군주는 베르사이유 궁의 루이 14세처럼 자신의 귀족을 복종시킬 수 있었으나, 오를레앙공 섭정시대부터는 복종이 최종적이 아님이 드러났다.

이런 귀족이 없이는 앙상레짐(구체제)이 입헌군주제로 결코 이행되지 않았을 것이라고 주장할 수 있는데, 그 귀족은 어디서 비롯되었을까? 그것은 유럽이 인도-유럽화된 이래로 약 5천 년 전부터 존재했다. 그것이 방랑하던 새 민중의 유입, 혹은 내생적 진전과 결합된 문화적 주제의 전파와 관련이 있었는지는 아직도 가려지지 않았다. 그 후로, 유럽의 모든 민족들, 즉 그리스족, 라틴족, 이탈리아족, 켈트족, 게르만족, 일이리족Illyriens, 발트 족, 슬라브족, 스칸디나비아족에서, 귀족은 지속되었다. 물론 시대마다 인구학적, 정치적이고 경제적인 우여곡절에 따라 계승자들과 가계들의 갱신이 이루어졌지만, 이 갱신은 항상 유기적이고 점진적이었다. 5세기와 6세기의 게르만족의 '대이동'조차도 한 귀족을 다른 귀족으로 교체하지 않았고, 로마의 귀족과 이방인barbare의 귀족이 통일되고 융합되어 카롤링거 왕조의 귀족이 되었는데, 봉건제는 이것을 강화하고 발전시켜 근대의 군주제로 물려주었다.

유럽의 사회구조는 시민사회를 담당할 수 있는 중심으로서 귀족만을 제시했다고 가정해보자. 정치적 성과는 실제의 과거와 완전히 달라질 수 있었을 것이고, 19세기와 20세기에 라틴 아메리카에서 일어났던 일을 예고할 수 있었을 것이다. 스페인 제국과 포르투갈 제국을 계승한 정치공동체들은, 그들의 독립 직후, 초기에 그들의 귀족적이고 과두제적인 단계에서 유럽의 정치 발전을 상기시키는 그런 발전을 겪게 되었다. 관건은 마찬가지로 귀족의 존재이고, 별도의 발전으로부터 생겨난 부르주아를 통해 합쳐지고 강화되었다. 그러나 그 다음 단계, 즉 고유한 의미의 민주주의로의 이행은 포퓰리즘과 군사독재caudillisme, 그리고 정치적 불안정 속에서 좌초했는데, 농민 대중이란 본질적 요소가 빠졌기 때문이다.

농민은 영농자, 즉 농업 노동자만이 아니고, 또한 한 세대, 즉 남편, 아내, 자녀들인데, 자기 경작지의 소유자가 아니더라도 적어도 그 관리인이다. 농민은 소규모의 기업인이고, 지킬 특수이해를 가지고 있고, 그렇게 할 모든 수단을 가지며, 미래의 전망과 자신의 노력으로부터 이익을 도출할 희망을 가지고 있다. 이 세대는 고립된 채로 살아가지 않고, 다른 세대들과 공생하며, 모이거나 흩어진 주거환경에서 살고, 모두 함께 자주적으로 관리되는 작은 공화국을 형성한다. 한마디로, 농민은 자유롭고, 고유의 목표를 가지며, 그가 택한 결정을 타산할 수 있다. 유럽은 서부와 중부, 그리고 북부와 남부의, 적어도 그 중요한 지역에서는 17, 18세기와 19세기에도 수천 만의 농민세대들과 수만 개의 작은 농촌 공화국들로 차 있었다. 바로 그들이, 그리고 그들의 자녀들과 손자들이 노동자, 사무원, 간부, 상인, 전문자유직, 교사, 요컨대 '중간계급'이라 칭하는 사람들이 되었고, 바로 그들이 확립된 민주주의에 사적인 사회적 토대를 제시했다.

유럽의 농민들은 어디에서 왔을까? 그것은 매우 장구한 역사로서, (기원전) 7천 년과 5천 년 사이에 동에서 서로, 남에서 북으로 진행된 신석기 시대화와 함께 시작되었다. 그것은 대부분 소유자인 경작자와 사육자 농민들의 공동체들을 만들어 냈다. 인도-유럽화와 귀족화의 물결은 이 과거의 기억을 희미하게 하지 않았다. 인도-유럽 사회들 모두는 소유자 농민 대중, 군인과 부족 회의 회원들을 포함한다. 이런 구조는 수천 년을 거치며 지속되었다. 3세기와 13세기 사이의 천년의 거대한 탈선을 인정해야 하는 것은 이런 배경에서인데, 이 기간에 자유로운 농민은 얼마간 대단한(그래도 다른 경우보다는 덜한) 예속상태에 편입되었다. 경제적인 동시에 정치적인 발전을 통해 **광대한 사유농지** latifundium를 만들기에 이르게 되는데, 이는 거대한 재산과 자급자족적인 경작으로서 모두에게 가장 유리한 경제적 방책이었다. 그 위에 9세기 중앙 권력들의 몰락과 그것에 일시적으로 대처하기 위한 봉건제의 창안으로 인해 귀족들에게는 농민 대중에 대한 권력이 주어졌는데, 그 권력은 과거에서 경험했던 모든 것을 초과했다.

이상의 그림에서 언급된 세부적 사항들을 통해, 왜 민주주의 미래는 어떤 일이 있더라도 예정되어 있었던가를 이해할 수 있다. 거대한 **경작지들**은 소수였고, 일시적이었으며, 어쨌든 로마식의 노예집단들에 의해서가 아니라 부역(賦役)에 의해 경작되었다. 부역에 처해질 수 있는 것들은 세대들이 경작하는 땅뙈기에 의해 계속 확보되었다. 핵가족은 민중들에게 수천 년 전부터 유럽적 규범이었다. 거대한 재산들은 세대들에게 위탁된 몫으로 재분할되었다. 11세기부터 상업과 도시의 부흥, 관계의 조밀한 연결망이 설치됨으로써 **광대한 사유농지들**이 구식이 되어버렸을 때, 그리고 토지 개간이 대량으로 이루어짐으로써 들판이 확장되었을 때, 반타작 소작인들métayers에 의한 소규모 개발과, 무엇보다도 농장주들fermiers이 도처에서 득세했다. 14세기부터, 그리고 여러 세기가 지날수록 점점 더 이 소작인들과 농장주들은 지주들이 되었고, 정치 발전의 사회적 기반이 될 거였다.

여기서 지적해둘 것은, 동유럽, 그리고 러시아에서도 이런 움직임은 16세기부터 완전히 반대로였고, '제2의 노예second servage'라는 신분이, 귀족에 의해 농민 대중에게 강요되었는데, 농노는 러시아에서 순전한 노예가 되었다. 그것은 1861년까지는 합법적으로 지속되었고, 실제로는 그 이상으로, 아마도 현재까지 잔존할 것이다. 이런 상이함은 유럽 대륙의 서쪽과 동쪽에서의 민주주의가 대조적인 운명을 걸었던 것과 무관하지 않다.

IX. 민주주의의 부패

그리스의 철학적 전통에 따르면, 한 정치체제의 부패는 내부적 해체와, 그 체제가 다른 체제로 변화하는 것이다. 이처럼 연결된 두 가지 문제가 제기된다. 즉 체제의 속성 자체에 각인된 부패의 싹과, 그 병의 치명적 결과이다. 후자의 문제는 다른 두 가지 문제를 차례로 제기한다. 즉 체제의 실제적 죽음과 후속체제의 문제이다. 플라톤에 의해 완벽하게 명료화된 이런 시각은 다음 두 가지 가정에 토대를 두고 있다. 곧 모든 체제들은 부패할 수 있고, 가능한 체제들의 수는 제한되어 있으며, 그로부터 체제들의 무한한 순환의 시각이 도출된다.

근대의 정치 철학은 근본적으로 다른 시각을 도입한다. 토대가 되는 명제는, 절대적으로 좋은 정치체제가 존재한다는 것이다. 두 가지 역사적 인식에 따르면, 이 명제로부터 도출할 결론들의 두 가지 다른 해석이 주어진다. 하나는 진화론적 인식을 수락하고, 인간은 시행착오를 통해서 좋은 체제를 조만간 실현하기에 이를 것이라고 믿는 것인데, 그것이 유일하게 안정적인 해결책이기 때문이다. 이런 입장은 예를 들자면, 스펜서Herbert Spencer나 하이에크Friedrich von Hayek에게서 찾아볼 수 있다. 다른 하나는 의지주의적volontariste 해석에 집착하는 것인데, 이에 따르면, 좋은 체제를 합리적으로 인식하는 것이 가능하고, 일단 인식이 되면 그것을 실현할 수 있다는 것이다. 이처럼 좋은 체제는 부패할 수 없다는 생각이 긍정된다.

어떤 시각을 채택할 것인가? 신중한 대답을 시도하기 위해서는,

민주주의에 영향을 줄 수 있는 상이한 두 그룹의 현상들을 구분하는 것부터 시작하는 게 현명하다. 그 하나는 플라톤적 관점에 예민한 반응을 보이는데, 이 관점에 따르면, 이상과 현실 사이에서 피할 수 없는 괴리를 강조한다. 이런 맥락에서 우리는 민주주의의 결점을 말한다. 그 다른 하나는 아리스토텔레스적 관점인데, 민주주의의 원칙으로부터의 일탈에 역점을 두고, 그것의 악덕, 결함, 부패현상들을 강조한다. 이런 현상들이 일단 잘 개별화되면, 그로부터 민주주의의 부패가능성에 대한 개연성 있는 파급효과를 분석하는 게 가능해진다. 민주주의의 죽음과 미래에 대한 분석은 다음 장에서 다룰 것이다.

1. 민주주의의 결점

우리는 두 종류의 결점을 찾아낸다. 이상과 현실 사이의 어떤 괴리들은 사실 민주주의가 아마도 매우 장기에 걸쳐 전개되는 민주화의 과정이라는 점에서 비롯된다. 다시 말해서 이 민주화 과정의 매 순간에, 당위적이고 실현될 수 있는 것과, 이미 행해진 것 사이의 괴리가 존속한다. 다른 결점들은 더욱 더 축소할 수 없는 것으로 보이는데, 이것들은 역사 속의 민주주의들이 그 이상에 접근하는 것을 방해하는 제약들의 무게에서 비롯된다. 이 결점들을 종류별로 민주주의 속의 원인에 결부시키고, 그 직접적 결과인 현상들을 찾아낼 수 있다.

민주주의의 지연은 민주주의 체제가, 그것에게 타개할 비민주적 유산을 남기는 다른 체제를 계승한다는 점을 가정한다. 그러므로, 무리와 부족들에서 그것을 확인하기는 어려울 것이다. 후자들의 경우에, 민족지와 역사는 차라리 신정체제 속에서 민주주의의 잔류(殘留) 효과를 조사해야 할 것인데, 그 잔류 효과는 귀족적이거나 민중적인 견제세력이 왕권을 통제하는 과정에서나, 왕에게 자기 백성들의 번영, 정의와 평화를 보장하는 것을 의무로 부과하는 이데올로기 속에서 나타난다. 예컨대, 아테네와 로마 같은 도시국가들의 형성 단계에서의 사건들 상당 부분을, 그 이전의 귀족제와 과두제 때문에, 민주주의의 지연, 혹은 채워야할 빈틈이란 가설을 통해 설명할 수 있다. 하지만 가장 명백하게 민주주의의 지연을 야기한 것은 대부분 상이한 원칙에 따라 작동하는 구체제의 상속자인 유럽의 현대 민주주의들이다. 그 몇몇 사례를 살펴보자.

특히 17세기와 18세기에 유럽의 여러 군주제들의 경제적 업무에 국가가 깊게 개입한 것을 지적할 수 있다. 이런 개입은 규제, 공기업의 창설, 대규모 기반시설 공사의 발주, 모든 종류의 새로운 생산 부문의 창설 등으로 나타났다.

사적 부문에 대한 공적 부문의 이러한 침식의 이유와 정당화는 다양하다. 가장 절박한 요인은 물론 세무적 성격의 것이었다. 즉 왕국의 금고는 텅 빈 것은 아니었지만, 적어도 필수품의 비용을 대기에는 언제나 충분히 차지 않았다. 세금은 무엇보다도 군사적 경비 때문에 강박관념이었는데, 군사적 경비 자체는 유럽적 균형을 유지하는 과두체제에 의해 강요된 것이었다. 이 점에 대해 경탄할 만큼의 명석한 분석을, 루이 13세 치하의 리셜리외Richelieu의 보고서에서 발견하는데, 그 분석에서 그는 프랑스의 대외적 입장으로 인해 경제 문제를 국방의 문제에 종속시키지 않을 수 없었다고 명쾌하게 설명한다.

그 이유들은 또한 주의(主義)에 관한 것이기도 했다. 중상주의가 적어도 18세기 중엽까지는 풍미했다. 그것은 한 나라의 부는 금의 비축량이고, 그 비축량은 수입과 수출의 균형에 따라 변한다는 생각에 토대를 둔 것이었다. 이 균형을 최대한 유리하게 만들기 위해서는, 국가가 양쪽을 통제해야만 했다.

이념적 이유도 빠지지 않았다. 온건하기도 했던 신정체제로서 유럽의 군주제들은, 이런 의미에서 그리스도교에 의해 더욱 자극을 받았는데, 전반적 번영만이 아니라 개인적인 빈곤층도 자신의 책임으로 생각했다. 이 개인적 빈곤은 모든 사회가 만들어내는 거의 억제할 수 없는 빈곤처럼, 구조적이거나, 농업 경제의 특징인 흉작과 기근의 연속처럼, 국면적이었다. 첫 번째 배려로는, 예컨대 17세기의 전환점에서 영국의 '구빈법poor laws'이 주어졌는데, 이것은 지역 공공단체에게 빈자들의 생필품을 공급하는 것을 의무로 부과했었다. 두 번째 배려는 곡물의 공적인 수입과 그것의 내부적 교역에 대한 지나치게 까다로운 규제의 결과였다.

마지막 이유는 덜 영예로운 것이지만, 국가의 경제적 개입이, 상당한 이익에 접근할 정도로 운이 좋은 개인들, 즉 사기꾼들과 또한 높은 작위를 가지고 있지만 금전적 고통을 겪는 귀족들이 그 이익을 얻을 기회였다는 것이다. 진정한 압력단체들이 형성되었고, 이들이 개입의 확산을 추진했다.

이렇게 다년간에 걸쳐 이루어진 발전의 결과는 민주주의가 공적 부문과 사적 부문의 분할을 물려받은 것이었는데, 이 분할은 원칙대로의 민주주의와는 막연한 관계가 있을 뿐이었다. 이로부터 객관적인 동시에 주관적인 괴리가 발생했는데, 전자는 시민사회와 국가 사이의 과업의 실제적 분담에서였고, 후자는 그 공평한 분담이 어떠해야 하는지에 대해 시민과 정치인들이 가졌던 인식에서였다. 이 괴리는 나라별로, 그리고 그들의 정치적 과거에 따라 달랐는데, 19세기에 미국보다는 유럽에서 훨씬 더 심했고, 영국보다는 프랑스에서 그러했다.

또 다른 민주주의의 지연은 포착하기가 더 쉽다. 구체제에 대한 혁명은 귀족과 평민 출신의 사회 엘리트들에 의해 추진되었다. 당연히 그래야 하듯이, 신정제적 군주제의 뒤를 이은 체제들은 처음에는 전혀 민주적이지 않았고, 얼마간 과두제적으로 시작했다. 단 한 가지 사례만 들어본다면, 잠재적인 정치단체의 절반을 확실히 대표했던 여성들에게는 언제나 투표권이 주어지지 않았고, 또한 얼마간 광범위한 비율의 남성들도 여러 가지 선거권 취득세censitaire 관련 조치로 투표권이 박탈당했다. 경제활동에서 공공 부문의 소임으로 마땅히 행해져야 할 것과, 과거로부터 물려받은 실제적 소임 사이의 괴리로 인해 저항의 현상과 개정의 시도들이 야기되었던 것과 마찬가지로, 선거제도의 결점은 보통선거와, 여성 참정권을 주장하던 여성들의 투표를 위한 운동으로 나타났다.

우리가 고려하려는 지연의 마지막 종류는, 유럽의 상이한 정치공동체들에서 새로운 체제들의 탄생을 둘러쌌던 다양한 상황과 연관지울 수 있다. 정념, 이해(利害), 이데올로기, 풍조들 같이 행위자들과 그들의 행위에 영향을 미치는 무한히 많은 매개변수들로 인해, 얼마간 절충된 타협들과 정치제도들, 사실은 오히려 정상적인 민주주의에서 요구되는 것과는 별로 상관없는 정치공동체들이 생겨나게 되었다. 예컨대, 프랑스에서는 정치공동체가 통일적이고 중앙집권화된 구조로 실현되는 정도가 매우 심했고, 그래서 민주주의에 더 잘 맞는 보조성과 직접성의 원리와 공존할 수 있는, 연방제적 구조와 반대되는 것이었다. 이런 상황은 이 정치공동체의 고대 역사를 통해 쉽사리 설명되는데, 이는 보다 최근의 역사가 프랑스는 半대통령제적이고, 半의원내각제적인 행정 조직을 왜 채택했는지를 설명하는 것과 마찬가지이다. 다른 말로, 이것도 저것도 아닌 행정 조직, 그래서 그 조직이 효율성과 안정성의 요구에 부응하는지가 의심스러운 것인데, 특히 바이마르 공화국의 선례에서 그러했다. 이탈리아는 1994년까지 비례 투표방식을 유지했는데, 그것의 폐해는 화합과 관용, 공화제의 효율성을 통해 제한적이 될 수 있었지만, 이탈리아처럼 취약하고 분열된 정치공동체에

서는 이런 식의 효율성이 공공 부문의 무기력을 초래했다. 이탈리아에
서처럼 프랑스에서, 그리고 유럽의 모든 민주주의들에서, 이와 유사한
사례를 발견할 수 있는데, 이런 괴리들은 문제를 발생시키고, 그것을
해결하려는 운동들, 지방분권화와 개헌, 지역 문화에 대한 존경과 복
구의 요청 등을 야기하고 있다.

반민주적 제약들은 억제할 수 없는 결점을 야기한다. 제약은 본래
행위자가 무시할 수도, 제거할 수도, 변형할 수도 없는 여건이다. 민주
주의에 부담이 되는 첫 번째 제약은 경제적 순환일 수 있다. 여기서 포
함하기 부적당한 이유로, 적어도 신석기 시대의 변동이래로, 그 어떤
경제도 장기간 안정적 상태를 유지할 수 있던 적은 결코 없었다. 농업
경제는 풍작, 평균작, 흉작의 연속을(1-2-1- 의 전형적 리듬을 따라) 경험
했고, 교역의 경제는 사업의 확장 단계가 감소기로 이어지는 것을 목
격하며, 현대의 경제는 성장, 침체, 후퇴, 위기를 교대로 겪는다. 그것
은 경제의 속성 자체로 강요되는 여건이다. 모든 체제들은 거기에 적
응해야 한다. 민주주의는 거기에 잘 적응하지 못하는데, 그것이 번영
을 약속하고, 실제로는 대부분 중장기적으로 그것을 이루기 때문이다.
다른 말로, 단기적으로는 시민들이 경제적 결핍으로 인해 격분한 나머
지, 정치체제를 바꾸면 경제적 요동을 없앨 수 있으리라는 환상에 빠
져들 수 있다.

그러나, 민주주의에 가장 적대적이고 넘을 수 없는 제약은, 분명
히 사회 계층인데, 그 자체로서, 그리고 무수한 부차적 제약들의 원천
으로서 그러하다. 우리는 순수하고 완벽한 민주주의에서 분배는 평등
하지는 않지만, 공평할 것이라고 증명한 바 있다. 각자는 자신의 역량
과 기여와 업적에 따라 권력, 부와 위세의 자기 몫을 받을 것이다. 경
직된 사회계층은 존재하지 않을 터이지만, 유동적이고 별로 눈에 띄지
않으며, 지속적으로 재정비되는 위계들은 많을 것이다. 한마디로, 개

인적 이동성이 아주 강해서 사회적 이동이 작용할 기회조차 주지 않을 것이다.

신석기 시대 이후의 역사적 현실 모두는, 이런 민주주의의 이상과는 거리가 멀어도 한참 멀다. 왜곡들은 불가피하고, 수렴하는 두 가지 기제를 따라 야기된다. 어느 시점에서 권력, 위세와 부를 더 많이 가진 사람들은, 그들이 그것들을 더 많이 가지고 있다는 그 이유만으로, 그것을 덜 가진 사람들보다, 어느 후일에 그것을 더 많이 보존할 가능성이 더 크다. 실제로 그들은 이 잉여의 일부를, 동맹의 비용을 떠맡기 위해, 보호받는 사람들을 부패시키고 자기들 편에 세우기 위해 유용할 수 있다. 둘째로, 이 첫 번째 이익의 수혜자들은 다음 세대에게, 같은 지위나 훨씬 더 좋은 지위를 차지할 더 많은 기회를 양도한다. 결과적으로 사회적 재생산의 비율이 높아지고, 그것의 불가피한 산물은 고유한 의미의 사회 계층인데, 거기서 권력, 위세, 부는 개인들이 운명적으로 처한 사회 계층에 따라 상당한 정도로 결정된다. 그 결과, 본래의 개인적인 역량, 기여, 업적들은, 모든 민주적 정의가 무시된 채, 지속되고 상속된 지위들에 의해 밀려나고 좌절을 겪을 수 있다.

이런 현상은 보편적이다. 그것은, 자원들이 비축되고(거나) 생산되며, 축적될 수 있게 되면서부터, 권력이 집중되고 제도화되며, 위세가 인물보다 사회적 소임을 더 중시하면서부터 목격되고 있다. 그러나 이 현상은 신정체제에 해를 끼치지는 않고, 정반대로 이 체제와 매우 잘 어울리는데, 이 체제가 정당한 위계를 초월적 원리와, 그 위계의 권능이 후손에게로 전환되는 과정에 정착시키기 때문이다. 이 체제는 사회적 엘리트들을 보유하고 있을 뿐만 아니라, 그들을 신성화하고 귀족 신분으로 승인할 수도 있다. 민주주의는 이런 방책을 가지고 있지 않으며, 조건에 대한 그 어떤 차별도 정당화할 아무런 정당한 수단도 가지고 있지 않다. 곧 시민들은 권리에 있어서 평등하게 태어난다.

여하튼 사회 계층이란 제약은 민주주의에서 정당하든 부당하든 불평등에 대한 항의들을 언제나 야기한다. 부당한 불평등으로 인해서, 재능이 표현되고 실현되거나, 삶의 출발선에서 각자의 기회를 균등하게 하기 위한 모든 시도들이 행해진다. 기회들은 부분적으로 교육기관에 의해 분배되기 때문에, 그 기관의 불평등성을 고발하는 것을 목격하게 되고, 온갖 시행착오에도 불구하고, 어린이들 각자가 평등한 교육의 혜택을 받도록 노력하는 의지도 만나게 된다. 항의들은 탈선하여, 민주주의 원칙에 따른 정당한 불평등에 보내질 수 있다. 그 항의들은 시기심과, 부자를 부유하다는 이유로 처벌하려는 열망에 의해 활기를 띠게 된다. 그리고 민주주의에서의 시기심은 일반적으로 권력 있는 자들을 대상으로 하지 않는데, 그들이 위험하기 때문이고, 위세를 가진 자들에게 그러한 것은, 그들이 호평을 받기 때문이다.

2. 민주주의의 부패

부패현상에 대하여 체계적인 검토를 한다면, 부족과 과잉으로 인한 부패라는 아리스토텔레스의 도식을 빌려서, 그것을 민주주의, 자유 및 정의의 본질적인 어떤 현실들에 적용할 수 있을 것이다. 예컨대, 시민이 자신의 자유가 선택, 자율, 그리고 직접적 참여의 부족으로 인해 부패하는 것을 어떻게 볼 수 있는 지를, 우리가 밝힐 수도 있을 것이다. 이에 관한 아주 상세한 검토는 이 책의 범위를 넘어서게 될 것이다. 우리는 정치적, 이념적, 도덕적으로 주요한 부패들에 국한할 것이다.

정치적 부패의 가장 좋은 사례이자, 가장 위험하기도 하고, 가장 피하기 어려운 사례는 **정치시장**marché politique이다. 시장을 말하는 사람은 교환, 분배와 탐색을 말한다. 이 중에 탐색을 무시할 수도 있는데,

정치시장에서 선하고 진실한 목적을 탐색하는 것은 행위자들의 주요한 관심사가 아니다. 교환은 사적 부문과 공적 부문 사이에 이루어진다. 사적 부문의 교환자들은 특수이해들이고, 이것들은 특권, 면제, 옹호, 지원금들을 요구하며, 그들의 파트너의 당선에 다양한 기여와 투표를 제공해야 한다. 이 파트너는 정치인들인데, 이들은 투표와 당선과 재선을 위한 지지를 요구하고, 특수이해에 유리한 입법, 규제, 융자를 제공한다. 고립되고, 개인적이거나 하찮은 집단들의 특수이해들은 영향력이 충분한 정치적 지지를 제공할 수 없기에, 그들이 효율적이 되려면 제휴해야 한다. 그것은 '압력단체'라고 불리운다. 압력단체가 타협이나 연합에 든 비용보다, 행사된 압력으로부터 얻어내는 이익이 큰 경우에만, 형성되고 지속되며 영향력을 행사할 기회를 가지게 된다는 것은 명백하다.

현대 민주주의에서 그토록 친숙하고 자연스러워 보이는 압력단체들과 '로비'현상들이, 무엇 때문에 민주주의의 부패가 되는 것일까? 그 대답을 우리 분석의 현 단계에서는 독자들 각자가 자발적으로 찾아내야 한다. 부패는 3중으로 되어 있다. 우선 그것은 공적 부문과 사적 부문 간의 매우 중요한 구분과 관련된다. 민주주의에서 공적 부문은 특수이해를 돌볼 필요는 없고, 단지 공동이해에 전념한다. 공적 부문이 특수이해들의 동맹을 통해 잠식되는 만큼, 부패는 더욱 더 증상이 뚜렷해지고, 그 반대 현상도 지체없이 나타난다. 즉 공적 부문이 사적 부문을 잠식하고, 아고리적 기제들에 개입하기 시작한다. 그 다음으로 부패는 정치인들을 건드리는데, 그들의 소임은 민주주의 원칙에 의해 매우 분명하게 정의된 바대로, 그들의 역량을 공동이해를 위해서 바치는 것이다. 한 입후보자가 시민들을 향해 사용할 수 있는 유일하게 정당한 설득방법은, 그가 공동이해를 탁월하게 해석하고, 그것을 실현하기 위해 자신의 역량을 발휘하는 것이다. 결속된 사인(私人)들의 부패는, 시장을 통해 특수이해들이 평균적 이해들로 응집됨으로써, 그들에게 자연적으로 배분되는 몫보다 훨씬 더 큰 몫을 얻으려는 것이다. 그것은 순전히 속임수이지만, 교활한 속임수인데, 적합한 입법 활동을 하도록 신경을 씀으로써 더 이상 처벌받을 수 없기 때문이다. 이와 같이 좋은 체제와 민주주의의 생존에 가장 필요한 토대들 중의 하나인 법률 자체도 부패하게 된다. 이 모든 부패현상들을 다음 하나의 정식으로 표현할 수 있을 것이다. 정치시장은 법률로 정한 속임수를 만들어낸다.

부패는 피할 수 없다. 얼마라도 그것을 겪지 않은 역사 속의 민주주의 사례는 없다. 부족 단계의 민주주의들에서조차도 부패가 어떤 사회적 범주들에게 유리한 관습으로 위장된 형태로 목격된다고 주장할 수 있다. 즉 남성이 여성에 대하여, 노인들이 젊은이들에게, 맏아들이 막내들에게, 부자들이 빈자들에게, 한마디로 정치권력에 직간접적으로 접근하는 모든 사람들이, 그것을 박탈당한 사람들에 대하여 부패가 행해졌다. 이런 부패는 불가피한데, 인간이 실제로 자유롭고 타산적이며, 이 자유로운 타산자가 적법한 속임수의 이익을 언제나 발견할 것이기 때문이다. 마찬가지로 정치인들에게는, 선거에서 이기기 위해 그들이 가진 추정상의 역량에만 의존하지 않는 것이 이롭다.

이 경우 행위자가, 모두가 속임수를 쓰면, 모두가 잃게 되기 때문에, 속임수의 위험을 줄이는 치밀한 계산을 하리라고 예상하는 것은 가능하지도 않다. 이 내기는, 치밀한 타산자들이 결속하여, 나쁜 타산자들이나 너무 치밀한 타산자들을 처벌할 수 있을 만큼, 충분한 다수가 될 수 있다는 가정에 토대를 둔다. 우리는 타협의 비용 때문에 이런 합리적 신중함을 기대할 수 없는데, 모든 이해(利害)들이 똑같이 효율적인 압력단체들로 형성될 수는 없다. 담합한 사람들이 이득을 보리라는 기대치는 영(零)이 아닐 뿐만 아니라, 게다가 매우 긍정적이다.

여기서 정치인들에 대해서도 사정은 마찬가지일 거라는 반론이 있을 수 있다. 압력단체들의 간청에 응하는 것이 분명히 유익한 일이라면, 입후보자들 모두는 거기에 응하고, 그것을 극히 싫어하는 시민들은 더 이상 입후보자들에게 관심이 가지 않을 것이다. 사실상 이익들은 상쇄되는데, 모두가 거기서 이득을 보기 때문이다. 추론은 정확하지만, 그렇다고 정치시장에서 퇴장하게 되지는 않는다. 입후보자들은 부정적 제약으로 인해 거기에 남아 있도록 강요되는데, 이는 광고에서 작용하는 제약과 같은 성질의 것이다. 즉 뭔가를 하는 것이 이득을 보장하지는 않지만, 뭔가를 하지 않는 것은 손해를 강요한다.

이 불가피한 부패들이 민주주의에 끼치는 위험에는 시장/아고리적 기제들의 기능 불량과 고장, 그리고 공동이해의 포기가 있다. 민주주의가 이런 결함들을 견디며 어떻게 오래 동안 살아남을 수 있을는지 우리는 모른다.

이념적 부패는 수많고 여러 가지이다. 요컨대, 민주주의의 원칙 각각은 오해들의 희생물이 될 수 있고, 그 오해들 각각은 이념의 확대를 야기할 수 있는데, 그것이 시행된다면 민주주의에는 위험하고 심지어 치명적일 수 있다. 가장 흔하고 가장 유해한 이념적 부패들 중에서 두 가지를 살펴보자.

민중의 주권, 혹은 훨씬 더 나쁜, 신격화된(대문자로 씌어진) '민중의 주권'은 민주주의 자체로부터 비판받기 어려워 보이는, 민주주의의 본질적 표현으로 보인다. 그럼에도 불구하고! 우선 민중은, 그리고 신격화된 '민중'은 더더욱 존재하지 않으며, 그것 자체로는 전혀 말이 없고 행동의 모든 의지와 능력이 없는 추상적 관념이고 집단이다. 이런 표현은, 그 말마디가 영어에서의 의미, 즉 '사람들'이란 의미를, 모든 언어들에서 가질 경우에만 받아들일 수 있을 것이다. 권력의 중심은 개인적으로, 그리고 사적 집단들로 해석된 사람들이고, 시민들이며, 구체적 존재들이고, 추상적 관념은 아니기 때문이다. 권력을 민중에게 부여하는 것은, 스스로 지명한 민중의 대표들이 민중을 대신하는 확실한 위험을 무릅쓰는 일인데, 민중은 말이 없는 추상적 관념이기 때문이다. 이런 관점을 일방적이고 일관성 있게 전개하면, 이념적 폭군제에 도달하게 되고, 거기서 '당(黨)'이라는 스스로 지명한 소수가 민중을 대신하게 되며, 자신을 권력의 정당한 중심으로 여기게 된다.

신격화된 주권의 개념은 위험을 증대하며 반민주주의적 찬탈을 완수하게 된다. '지배자Souverain'는 '최고의supréme'라는 의미의 라틴어에서 온 말이다. 이 말마디와 개념은 그리스도교적 신정제 전통에서 비롯된 것이다. 그리스도교적 신정제에서 권력은 전능한 하느님Dieu에 근거를 둔다. 왕이나 황제 같은 지배자는 그의 지상 대리자이다. 그 지배자는 전환을 통해, 하느님에게만 속하는 전능을 받는 것이 아니라, 하느님에게만 해명해야하는 권력을 받는다. 이 개념을 종교에서 분리시키고 민주화하라, 그러면 여러분은 반대 방향으로의 대체 운동을 통해 전능한 민중을 얻게 된다. 다른 말로 민중은 하느님의 자리를 차지한 지배자의 자리를 차지했기에, 민중은 하느님이고, 전능한 하느님처럼 **아무 것이나** 결정할 수 있다. 그러나 민중은 말이 없고, 아무 것도 결정하지 않는다. 그러므로 완전한 권력의 보유자가 되는 것은 스스로 지명한 민중의 대표자들인데, 여러분은 레닌, 스탈린, 히틀러, 마오와 그밖의 세기적 대죄인들을 보게 된다.

외관상으로는 위험하지 않지만 실제로는 치명적인, 또 다른 이념적 부패는, 민주주의가 '다수의 규칙'이라는 의견이다. 그것은 의견이 아니라 공적 무대에서는 진실이다. 시민들의 수와 공동이해에 대한 해석들의 분산이 임계점을 넘어, 토론을 통해 만장일치에 이를 가망이 없어지면, 다수결 투표가 하나의 해석과 팀을 선택하기 위해 가능한 유일한 기술적 해결책이다. 부패는 그 절차를 특수이해들의 타협으로까지 확장하는 것이다. 자유로운 교섭을 통해, 이 특수이해들을 평균적 이해들로 변형하기 위해서 규제되는 아고리/시장들에서 특수이해들을 만나게 하는 대신, 총회가 조직되고, 거기서 모든 특수이해들이 투표로 넘어가기에 앞서 공개적으로 표출될 수 있는데, 이 과정에서 다수가 드러나며, 그 다수의 배타적 이해가 그밖의 모두에게 강요된다. 전적으로 부당하고, 민주주의에서 불법적임이 분명한 이런 절차는 조직된 파벌들에 의해 모든 조작이 이루어지는 호기이자, 소수파 탄압을 정당화하는 기회가 된다. 다수의 규칙은 극단으로 가면 결국 전제(專制)가 된다.

도덕적 부패들 역시 여러가지이고 수가 많다. 그것들에는, 자유가 시민들에게 보장되고, 공과 사가 구분되며, 모든 정치적 의견과 모든 취향들이 정치적으로 정당하다는 원칙에 의해 조장되는 방종한 모든 행위들의 횡행이 포함된다. 그것들은 타산자들과 악덕자들이 매번 빠지게 되는 모든 속임수들을 포함한다. 거의 심리적이라고 규정지을 수 있고, 풍습에 대한 영향이 민주주의의 도덕적 토대를 약하게 만들 수도 있는 부패 한 가지만을 고려해보자.

근현대적 맥락에서 민주적 현실은 한 가지 점에 관해, 그 모델에 적응하는 경향이 있다. 즉 그것은 모든 것을 개인에 근거하게 한다. 이런 발전은 밝히기 어려운 요인들에서 비롯되는데, 여기에 민주화 자체가 결합된다. 또한 국민국가라는 사회형태는, 그것을 구체화하기 위해 정치공동체에 이상적으로 동일시된 국민국가, 단 하나를 위해서 모든 공동체들을 파기하는 경향이 있다. 또한 기술적이고 경제적인 발전을 통해 요구되는 일의 분담과 노동의 분업이 심화되며, 교육에 의해 개성화individualisation가 촉진되고, 상이한 이념들을 통해 개인주의가 전파된다. 원인들은 난해하지는 않다해도, 적어도 복합적이며, 결과는 모두가 볼 수 있다.

더 이상, 가족들, 가계들, 동업조합들, 본당구역들paroisses, 거주지구들, 협회들 등이 아닌 개인들이 사회조직의 기본 단위가 될 때, 대조적인 결과들이 이 개인들에게 영향을 미친다. 실현가능한 목표를 결정할 에너지와 능력에서 가장 강력한 사람들은 이런 '개성화individuali-sation'를 개인이 집단들과 공동체들에 동일시되고, 거기에 융합되어야 하는 상황과 대조되는, 해방과 충실화로 살 수 있다. 강한 사람들은 언제나 통계적으로 소수인데, 우리는 아마도 그 생성을 유전적 추첨 탓으로 여길 수 있을 것이다. 다수는 강하지도 약하지도 않고 정상적이다. 그들은 다양한 적응을 통해, 생전에 할 바를 혼자 결정하고, 도달한 결과에 대해 혼자 책임질 필요에 의해 제기되는 문제들을 극복할 수 있다.

두 번째 소수, 즉 약자들은 그 실제 인원이 구조적이고 국면적 맥락에 따라 달라지는데, 그들에게는 관리할 수 없는 문제들이 부과되고 있다. 불리한 조건들과 부적응은 유전적이고, 심리적이며, 감정적이고, 학교 교육과 관련되며, 직업적이고, 부모와 관련되며, 부부 간의 문제로 다양한데, 이로 인해 약자들이 근대적 개성화를 그들 자신을 위해, 그들 자신이 관리하기 어렵게 된다. 적응과 조절의 이런 문제들에 대해 사회계층의 파급효과가 크다는 점을 덧붙인다면, 외관상으로 축소할 수 없어 보이는, 소외계층의 폭넓은 주변부의 생성이 납득될 터인데, 이들에게는 제4세계quart-monde라는 꼬리표가 붙었고, 사회적 불운이 기회처럼 상속되기 때문에, 대대로 재생산되는 경향이 있다.

3. 민주주의의 부패불가능성

병의 원인은 알려졌고, 진단은 암담하며, 예측은 유보적이다. 거기에 표현의 자유에 의해 보장되고, 나쁜 소식들만이 뉴스이기 때문에 조심성 없이 촉진되는 악행과 불행의 광고를 덧붙여 보라. 그러면 피상적으로 민주주의를 관망하는 사람들이 왜 항상 그것의 운명에 대해 매우 비관적이 되는지를 알게 될 것이다. 네덜란드 7개주 연합공화국Prov-inces-Unies 시대부터, 그 얼마 뒤 영국의 입헌군주제까지의 근대 민주주의에 국한하면, 언쟁과 대립들의 광경, 추문들의 연속, 끝없는 비난들은 외부의 관찰자들을 난처하게 하거나 환호하게 하는데, 특히 프랑스에서 그랬다. 이 관찰자들은 새로움을 이유로 들었다. 스위스, 네덜란드, 영국, 미국의 괄목할만한 안정으로 표시된 3~4세기 후에, 또는 더욱 훌륭했던 베니스 공화국의 천년의 존속 뒤에, 우리는 오늘날 더 이상 그런 이유를 들 수 없다. 이런 경험적 자료들은, 민주주의의 결함과 부패들의 현실과 강도를 인정하면서도, 그럼에도 불구하고 좋은 형태를 갖춘 민주주의들은 지속가능하다는 결론을 통해 보강될 수 있다.

민주주의의 결함들을 고려해보자. 그것들은 치명적 타격을 가할 가능성이 별로 없다. 민주적 구현의 미완성에서 초래된 모든 결함들은 언제까지나 부족한 채로 남아있을 위험이 없고, 다른 한편으로 그것들이 연속적으로 보완됨으로써 민주주의의 안정을 강화하는데 기여한다. 우리는 이런 관점에서 1789년 이후의 프랑스의 정치사를 검토할 수 있다. 그 역사는 최대의 제도적 불안정성이란 흔적을 남겼는데, 그 원인은 무엇보다도 좋은 체제와 올바른 제도들에 대한 사회 정치적 엘리트들의 분열이었다. 이런 불안정성으로 인해, 프랑스가 그 이웃 국가들과 유사한 근대화의 속도를 경험했을 뿐만 아니라, 혹심하고 지속적인 전제적 부패를 전혀 경험한 적이 없었다는 사실이 은폐되고 있다. 그 역사에서의 이 두 가지 유리한 조건은, 그 역사를 통해 적어도 예컨대, 영국만큼 민주주의의 가능성의 조건들이 결합되고 있다는 사실에서 유래한다. 그 불안정성으로 인해 또 다른 중요한 발전이 은폐되는데,

정치적 위기들과 연이은 혁명들이 뜸해지고, 무엇보다도 시간이 흘러 감에 따라 강도가 낮아지는 것이다. 그 이유는 격동과 도약들 사이에 엘리트들은 서로 화해하고, 제도들은 민주주의에서의 마땅한 모습으로 더욱 더 적응해가는 경향이 있기 때문이다.

이런 사례는 일반적 가치를 지닌다. 민주주의의 결함은 그것을 메우기 위한 정치적인 여론의 움직임을 반드시 야기하는데, 이런 움직임은 조만간에 틀림없이 지지를 받게 되고, 그들의 승리는 체제의 안정에 기여하게 된다. 승리는 여러 가지 이유로 확실하다. 어떤 결함은 민주적 관점에서 볼 때, 너무나도 명백하게 부당할 수 있는데, 납세에 따른 차등 선거와 여성의 불평등이 그런 것들이다. 그것을 영속할 것을 주장하는 자들은 내세울 만한 아무 논거도 가지고 있지 않으며, 자신들의 편견과 이기적 이해(利害)들만을 신뢰할 수 있다. 이런 종류의 방어는 민주주의에서 무한정 유지되지 않는데, 그것의 마지막 방패가 폭력이고, 민주주의에서 그것을 부당하게 사용하면 신망을 잃어버리고 말기 때문이다.

결함은 비용이 너무 크다는 것이 드러날 수도 있는데, 손실을 야기하고, 경쟁 상대자들에게 이득을 제공함으로써이다. 경제의 민영화 정책과 대외 시장 개방 정책은 경제 분야에서 민주주의를 구현하는 방향으로 가는 것인데, 이것은 민주주의의 결함을 민주적 미덕이나 확신을 통해서가 아니라, 보다 더 이기적이고 인간적으로 보충하려는 것이다. 그 이유는, 그렇게 하지 않으면, 정치공동체는 자신에게 비싼 악조건을 과하는 셈이기 때문이다.

끝으로, 결함은 그것이 공적이고 사적인 행위자들에게 과하는 문제들과 난관들의 축적으로 인해 관리할 수 없게 될 수 있다. 지방분권화 정책은 이런 의미로 해석되어야 하는데, 단일 정부적 구조를 연방제적 구조로 바꾸려는 그 정책의 논리가 민주적이기 때문이다.

한마디로 지연된 구체화로부터 초래된 모든 민주주의의 결함들은 수정될 수 있고, 수정된다. 민주화가 시차를 두고 나누어 진행되고, 이는 예상 밖의 또 다른 간접적 수단을 통해 안정에 기여하게 된다. 억누를 수 없다고 생각될 수 있는 정치적 열정은 민주적으로 해결할 수 있는 문제들에 적용될 수 있고, 이로 인해 그것이 부당하고 반민주적인 전투를 개시할 위험을 피하게 된다.

다루기 힘든 결함은 특히 사회 계층으로부터 비롯하는데, 냉소적 의견을 야기한다. 사회계층은 거의 본래적으로 사회적 엘리트층의 구성원들을 전략적 지위로 이끈다. 사회적 엘리트들은 그들의 지위로부터 쫓아내려는 모든 시도들을 통제하고 저지하는 데 필요한 모든 수단을 가지고 있다. 결국 이런 이유로 혁명의 맨 첫 번째 가능성의 조건은 정치체제가 무엇이든, 그 엘리트들의 분열이다. 엘리트들이 게임의 기본적 규칙에 쉽사리 동의해버리는 민주주의에서는 이럴 가능성이 별로 없다. 프랑스, 이탈리아, 스페인, 그리스 등지에서의 얼마간 정도가 심하고 지속적인 엘리트들의 분열과 어느 정도의 정치적 취약성의 책임은 역사의 우연 탓으로 돌려야 한다.

또한 강조해야 할 것은, 평등의 열정만이 그것으로 살아가는 사람들을 설득할 수 있다는 것과, 사회적 엘리트들은 민중의 되풀이되는 격렬한 공격을 두려워해야 한다는 것이다. 인간처럼 타산적 동물에게서 나타나는 단순하고 본능적인 심리적 기제를 통해, 인간은 자신이 획득하기에 마땅한 기회를 가진 것만을 열정적으로 희구하도록 되어 있다. 계층이 가파르고 경직되어 있을수록, 그것에 대해 이의를 제기할 여지가 줄어든다. 그러나 계층이 분명치 않고 유연할수록, 논쟁의 가능성은 커지는데, 목표가 모호해지기 때문이다. 그래서 이상적 민주주의의 요구에 적합한 사회구조, 즉 평등하지 않지만 정당하며 변동하기 쉬운 구조는 시기심과 원한이 격렬해질 기회를 주지만, 그것들의 모든 실제적인 목표를 빼앗게 될 것이다.

부패에 대해서도 동일한 냉소적 추론을 이어갈 수 있다. 정치시장은 희생자들을 낳지만, 이 희생자들은 무력하다. 그들은 젊은이들이고, 그들의 노동시장에로의 진입은, 최저임금의 강요와, 일자리를 가지고 임금을 받는 사람들이 얻어낸 고용의 보장으로 인해 더욱 더 어려워진다. 그들은 또한 빈민들, 허약자들, 하층민들인데, 이들 모두는 압력단체로 뭉칠 수단이 없거나, 투표를 하지 않거나, 선거에서의 비중이 무시할만한 사람들이다. 이런 각성된 고려를 한다면, 정치시장에서는 왜 어린이들, 특히 아직 태어나지 않은 어린이들보다 노인들이 훨씬 더 잘 대접받는지를 충분히 알 수 있다. 소비자들 역시 정치시장의 희생자들인데, 그들이 구입하는 재화와 서비스들에 대해 지불해야할 것보다 더 비싸게 지불하기 때문이다. 모두가 소비를 하지만, 제휴의 비용은 일반적으로 과도하고, 더욱 심각한 것은, 중요한 소비자들은 또한 생산자이기도 하다는 것이다. 이런 이유로 그들은 정치시장의 이득을 보려고 생각하는데, 이것은 단기적으로는 진실이고, 장기적으로는 거짓이다. 합리적 타산자는 언제나 단기적인 것을 선택하는데, 너무 불확실한 장기적인 것을 멀리하기 때문이다.

도덕적 부패는 알려진 것만큼 치명적이지는 않다. 천성적으로 미덕을 타고난 사람이 별로 없다는 것이 정확하다면, 악덕을 타고난 사람도 별로 없는 것이 사실이다. 성적 편집광과 정신분석가들만이 모든 인간은 성적 편집광이라고 확신한다. 非미덕과 非악덕이 더 일반적인 경향인데, 이것이 민주주의에 거의 합당한 인적 자원을 마련해주기에 족하다. 중대한 악덕들은 사적 영역으로 남아 있거나 주변인들의 행위인데, 그 불법 방해의 능력은 분명하지만, 나이가 들어 진정되기 전에 조만간 경찰의 수중에 떨어져 감옥으로 보내진다.

앞에서 살펴본 논의들은 부패에 대한 민주주의의 면역성을 납득시키지 못할 수도 있다. 혹자는 다른 각도에서 고려하면서 합법적이거나 불법적인 수단을 통한 반민주적 전복은 거의 불가능하거나 매우 일어날 법하지 않다는 것을 보여줄 수도 있다. 혁명은 거의 배제된다. 블랑키Auguste Blanqui가 꿈꿨고, 말라파르트Curzio Malaparte가 두려워했던 바와 같은 습격은 아무런 결과도 갖다 주지 못했는데, 공적 의사결정의 중심들이 복수로 존재하게 되면, 매우 다수가 동시적으로 습격할 것이 요구되기 때문이다. 민주주의에서는 사적인 견제세력들이 결정적인 역할을 한다. 즉 그들이 자발적으로 궐기하여 쿠데타에 저항할 것이다. 물론 군대는 무력을 독점하고, 그것을 사용하는 최고의 능력을 보유하기에 성공적인 쿠데타를 꾸밀 수도 있다. 제대로 정립된 어떤 민주주의도 이런 시련을 겪은 적이 결코 없었는데, 위험한 전략적 지위에 있는 군인들은 빠르고 공평한 인사이동에 의해 통제되고, 경쟁에 의해 약화되어, 지도층과 같이 살기위해 전복적인 정치적 모험을 할 가능성이 별로 없기 때문이고, 또한 군대는 평화적이고 심지어 평화주의적이기까지 한 성향 때문에, 민주주의에서 야망을 가진 사람들에게는 좋은 경력이 아니기 때문이다. 테러 집단들에 관해서 고려하자면, 그들은 심대한 피해를 입히고 사적인 참사를 당하게 할 수 있으나, 테러행위를 통해 권력에 접근할 가능성은 전무하다. 그들은 범인처럼 쫓기다가 감옥이나 묘지에서 죽게 된다.

　　반민주적인 극단주의자들이 권력을 합법적으로 쟁취하는 경우를 생각할 수 있을까? 민중이 폭군을 선출하고 말지도 모른다는 공포가 근대 민주주의에서 끊임없이 제기되었다. 이런 공포는 헛된 것인데, 적어도 잘 태어나서 제대로 정립된 민주주의에서는 그렇다. 결국 그 공포는 반드시 반동적 집단들로부터 비롯되는데, 그들은 지식과 신중함으로 인해 자격을 갖춘 사람들, 즉 자신들에게 위임할 권력을 보유할 계획을 품고 있다. 이런 공포도 헛된 것인데, 시민들이 민주주의의 제도들 자체에 대한 깊은 혐오감에 사로잡힐 가능성이 전무하기 때문이다. 상황이 악화되고 불만이 증대되어 강렬해지면, 그것은 우선적으로 집권층에게로 향하게 된다.

시민들 다수의 온건함은 납득하기 어렵지 않다. 자유롭고, 목적 지향적이며 타산적인 사람들이 그들에게 평화와, 관용할만한 수준의 정의와, 중장기적인 번영을 보장하고, 그들의 의견, 취향, 원하는 대로의 이해들을 자유롭게 추구하게 하며, 정치시장에서 합법적으로 속임수를 쓸 가능성을 다수에게 부여하고, 다만 시민들 각자가 非악덕자이기만을 요구하는, 이런 체제를 실제로 파괴하기 시작한다는 생각을, 여러분은 어떻게 동의할 수 있는가? 확고한 다수가 이런 이익들을 포기하기를 바라는 것은 얼마나 터무니없는 생각인가? 어떤 역사적 선례도 견고하고 안정된 민주주의들에서 이런 의심을 갖게 하지 않는데, 불만으로 인해 시민들이 단순히 반대파에 투표하게 되는 미국, 영국, 스위스, 네덜란드가 그런 사례들이다. 시민들이 그들의 제도들의 정당함에 이의를 제기하게 되기 위해서는, 이어지는 정부들 모두가 수십 년간 지속되는 중대한 위기를 해결하는데 차례로 실패해야 할 것이다. 이런 상황은 개연성이 없지 않지만 불가능한데, 민주주의는 해결가능한 문제들, 그리고 시간을 두고 저절로 해결되지 않는 문제들 모두를 해결하기 때문이다.

우리는 여기서 역설에 직면한다. 이론상으로는, 민주주의의 부패가 그것을 죽이지 않는다는 의미에서, 민주주의가 부패할 수 없다고 논증한다. 그러므로 민주주의는 불완전하고 불멸한다. 그런데 모든 시대의 경험들에 따르면, 민주주의는 불완전할 뿐만 아니라, 모든 민주주의가 마침내 소멸한다는 점도 드러난다. 이제 우리는 이 역설을 풀어야 한다.

X. 민주주의의 죽음과 소생

가능한 가장 장구한 시간의 척도에서, 인류 역사의 척도에서 민주주의
는 정치공동체들과 함께 소멸한다. 민주주의가 다른 곳에서 다른 시기
에 언제나 소생에 성공했다는 것은 사실이다. 최근의 재현은 유럽과
서양에서 16세기와 17세기부터 이루어졌다. 어떻게 민주주의는 20세
기가 인류와 민주주의에 가한 시련을 모면하고 살아남았을까? 이 세기
의 끝에서 이 질문을 제기하는 것이 허락되고, 그에 대한 대답을 주장
하는 것이 가능하다. 끝으로, 오늘 우리가 관찰할 수 있는 것으로부터
민주주의의 미래가 어떨 것인지를 예측할 수 있을까?

1. 민주주의의 죽음

가장 매력적인 문제는, **부족적 민주주의**의 소멸, 즉 인류가 시도했던 바,
구석기 시대를 벗어나 신석기 시대로 탈출한 문제이다. 19세기의 과
학적, 기술적, 경제적 발전에 의해 왜곡된 인식에 따라, 오랫동안 진화
론적 해석이 강요되어 왔다. 이 해석에 따르면, 인류가 계몽주의와 산
업이란 결정적인 걸음을 떼어 놓기 전에, 포식(捕食)으로부터 동식물
의 길들이기, 직조(織造), 도기 제조, 도시화, 계층화, '문명'이라는 이상
한 이름을 붙인 모든 적응들로 진보한 것으로 되어 있다. 연대기가 분
명해지고, 두 번째 단계가 시간적 구획을 형성하지 않았음을 보여줌에

따라, 그리고 무엇보다도, 궁핍과 상실로 특성지워졌던 포식 경제의 이미지가 파괴되고, 더 개연성이 있는 풍요의 이미지로 대체됨에 따라, 이런 시각은 혼란스러워졌다. 그러므로 인간이 왜 그들에게 완전한 만족을 주었음이 분명한 상태를 자발적으로 떠나려 했었는지 납득이 되지 않는다. 그 대답 중의 하나는 대단히 거칠고 통속적인 방식으로, 미국으로부터 온다. 부부들은 처신할 줄 모르고, 너무 많은 아이들을 낳으며, 그들은 굶어 죽지 않기 위해 기술적 해결책을 발명하지 않을 수 없다. 어떤 고고학적 자료도 이런 의미로 주장하지는 않고, 추론을 통해 도달한 결론은 오히려 인구학적 증가가 자원 증가의 결과라는 것이다.

우리는 고고학적이고 민족지적이며 역사적인 자료들에 더 잘 맞고, 개연성이 더 큰 귀결을 구성할 수 있다. 첫 번째 단계는 순전히 가설적이다. 그 단계에서는 압력 때문이 아니라 인구의 포화상태, 즉 사실상 분봉(分蜂)이 어렵거나 불가능하게 될 정도로 인류가 공간을 점거했기 때문에, 인류의 자연스런 사회형태로서 부족이 무리bande를 대체하게 되었을 것이다. 그때부터 극복할 수 없는 갈등들은 더 이상 분열과 분산을 통해 해결될 수 없고, 다른 대안을 찾아야 한다. 즉 부족의 핵융합과 핵분열인데, 이를 통해 모든 권력에 대해 동등한 권력을 맞서게 하고, 폭력의 표현이 낳은 결과를 제어할 수 있게 된다. 이런 사회형태적 변형은 수많은 영역들에서의 새로운 잠재성을 내포하고 있다. 인간의 집단들과 연결망들은 훨씬 많은 수의 사람들을 모을 수 있다. 식품과 수공업적 생산은 유용해지고 돈벌이가 된다. 사회는 부유층과 빈곤층으로 나눠질 수 있다. 일의 분담이 나타날 수 있다. 전쟁이 무대 위에 등장할 수 있다.

이 모든 발전들의 복합적인 논리적 연관들을 재구성하는 일이 가능한데, 그것들은 정치 영역에서 두 가지 변화 축으로 수렴한다. 그 하나의 축은 정치공동체들과 연관되는데, 그것들은 점점 더 한정되고 총괄적이 된다. 여러 가지 정치적 수준의 부족 분절로부터 족장 관할구역들chefferies로, 그것들이 위계화된 연결망으로, 왕국으로, 그리고 제국으로 이행한다. 모든 문화권들이 이런 귀결을 겪지 않았거나, 그것을 완전히 뒤따르지 않았기 때문에, 논리적 필요성에 따라 변별적인 요인들이 작용했음에 틀림없다. 다른 변화의 축은 정치권력에 영향을 미치는데, 민주적인 것으로부터 과두제적이고 귀족제적인 것으로 되고, 온건하고 절대적 신정제적인 것으로 된다. 이 두 축은 서로를 강화해주고 서로를 결정하는데, 그 결과로 민주주의의 첫 번째 죽음의 책임을, 이 둘 모두에 돌려야 한다.

부족으로부터 제국으로의 이행에(중동, 중국, 멕시코, 안데스의 제국에서는 그 귀결이 완전히 내생적으로 전개되었다) 5천년 내지 7천년이 걸렸을 정도로 부족의 과두제적 구조는 정복하기 어려웠다. 민주주의의 죽음은 일반적이 아니었고, 얼마간 과두제화된 민주주의와 부족들은 19세기까지 살아남았다. 다른 곳에서는 왕국과 제국들의 주변과 틈새에서 완전히 새로운 민주적 경험들이 도시국가들에서 일어났는데, 페니키아와 그 식민지, 그리스와 그 식민지, 에트루리아와 로마에서 그러했다. 우리에게는 낭만주의와 19세기로부터 비롯된 親그리스주의적 과장을 통해 민주주의의 고안을 그리스에 돌리는 버릇이 있다. 이런 주장은 두 가지 주제에 관해서 경험적으로 거짓이다. 즉 그리스의 민주주의는 대략 10만년 동안 인류가 시행했던 체제의 재창안réinvention이고, 근대적 민주주의는 그리스의 경험(그 기억은 상실되었다)으로부터 아무 것도 받아들이지 않았다. 고대 민주주의들 역시 예외없이 모두 소멸했는데, 내부적 변화나 전복을 통해서가 아니라 외부적 정복에 의해서였다.

그리스의 도시국가들은 그 체제가 매우 순수한 귀족제/과두제적이었는데, 알려진 대로, 기원전 338년에 필립 2세가 다스리던 마케도

니아의 신정체제에 정복당했다. 만약 페르시아가 구조적 열등 때문에 서보다 무시와 태만 때문에 마라톤에서, 살라미나 섬에서, 플라타이아이에서 패하지 않았더라면, 그리스의 도시국가들은 훨씬 일찍 정복당할 수 있었고, 그리스의 모험은 거의 그 시초에 소멸될 수 있었을 것이다. 주목할 만한 점은 그리스 복합정치공동체의 통일은 외부로부터 부과되었고, 내부에서 비롯된 모든 시도들, 특히 아테네에 의해 개시된 시도가 실패했다는 것인데, 그 시도는 펠로폰네소스전쟁(기원전 431-404년)의 참화에 이르고 말았다.

로마 공화국의 죽음은 훨씬 더 개성적이고, 그 종류에서 유일하기까지 하다. 로마는 도시국가였는데, 처음엔 라티움의 언덕들 위에 세운 시골의 도시국가였고, 나중에 그것의 첫 정복지들, 즉 라티움의 다른 도시들과 중부 이탈리아 중에서 에트루리아를 소유했을 때는 도시의 도시국가였다. 그것의 체제는 초기의 몇 세기 동안, 귀족 계급과 원로원이 공적 영역을 독점했을 때에는 매우 순수한 형태의 귀족제였다. 또한 민주적 요소들은 평민Plèbe에게 빼앗겼는데, 이로 인해, 정치단체를 지칭하기 위해, **로마의 원로원과 대중**senatus populusque romanus이라는 로마 공화국의 유명한 표현이 만들어졌다.

로마의 운명은 매혹적이고, 적어도 폴리비오스Polybe 이후의 관찰자들을 매혹한다. 이 경우는 그 있을법하지 않음으로 인해 매혹적인데, 라티움의 아주 작고 초라한 도시국가가 유럽의 절반, 근동(近東) 지역, 그리고 사하라 북부 변경을 하나의 제국으로 통일했다는 것과, 8세기 동안 지속된 전쟁 후에 달성한 제국화로 인해 역사의 중심이 중동으로부터 서북부 유럽으로 이동한 점이, 전혀 개연성이 없는 이야기이기 때문이다. 특이한 모든 것이 불가사의이듯, 로마의 불가사의는 오늘날에도 지속된다. 폴리비오스가 체제의 민주적 요소들에 의해 강화된 응집력과, 귀족제적 요소들에 의해 촉진된 탁월성과, 어떠한 상황에도 대처할 수 있는 권력의 집중을 통해 보장된 효율성의 행복한 조합을 통해 설명을 시도한 것은 옳았다. 수세기가 걸린 라티움의 통일 이상으로, 로마는 2두 혹은 3두체제의 복합정치공동체에 항상 가담했는데, 이 체제는 내재적으로 불안정하고, 패배를 인정하지 않고는 탈퇴를 결정할 수 없었다. 요컨대 로마는 정복하느냐 아니면 소멸하느냐의 유일한 양자택일에 항상 직면했다.

로마의 정치공동체는 정복했으나, 그 공화국 체제는 소멸했다. 그 체제는 패하지 않을 수 없었는데, 매우 귀족적이고 과두제적이었어도 민주적 체제는 지속적으로 제국을 관리할 수 없었기 때문이다. 제국에 고유한 긴장들, 내부에서 분리를 지향하는 긴장들과, 이웃들이 변경(邊境)에 가하는 외적인 긴장들을 통해 제약들이 부과되었는데, 이 제약들은 중심으로의 권력집중에 의해서만 억제될 수 있다. 그러나 권력이 집중될수록 야망가들에게는 권력의 찬탈이 더욱 유혹적이고 더욱 용이해졌다. 즉 한 번의 군사 쿠데타로 충분했다. 기원전 2세기부터 스키피오 아이밀리아누스Scipion Émilien에 맞섰던 유명한 논쟁에서 카톤 랑시엥Caton l'Ancien은 로마가 제국을 획득함으로써 그 체제와 영혼을 상실할 위험을 선언했었다. 체제는 제국이 완벽해진 거의 바로 그 날에 소멸했다. 로마제국의 완성을 기원전 31년과 악티움 해전으로 추정할 수 있다. 기원전 21년부터 악티움 해전의 승자 옥타비아누스는 아우구스투스가 되었고, 1453년 오스만에 의한 콘스탄티노플 함락으로 중단될 제위의 첫 번째 황제가 되었다.

로마의 새 지도자들이 제국에 맞추어진 제도들을 갖추게 하기 위해, 어떤 어려움에 직면했는지를 연구하는 것은, 분석자에게 매력적이다. 우리는, 제국이 절대적 신정제를 요구하고, 거기서 사회적 엘리트는 권력의 시민적, 종교적, 군사적 기구이며, 왕조는 이 기구를 효율적으로 통제할 수 있다는 것을 증명할 수 있다. 스키피오는 헬레니즘 시대의 제도를 채택하면 충분하다고 생각했다. 하지만 악티움 해전의 패자, 안토니우스에 의해서, 그리고 클레오파트라와의 연애를 통해 이미 위태로워진 이 제도들은 제국 초기에 아직도 뿌리 깊은 공화제적 풍습에 혐오감을 주었고, 로마인들에 의한, 일종의 로마의 신격화와도 모순되었다. 사실인즉 율리우스-클라우디우스 왕조와 네르바-안토니누스 왕조 치하에서, 권력의 실상이 물론 분명하게 전제적이었다해도, 제국의 제도들과 이념은 잘 정의되지 않았다. 모든 점에서 중국식 해결책으로 지향되었다고 볼 수 있는데, 거기서 스토아 철학은 중국에서 유교가 제안했던 역할을 수행했을 것이다. 마르쿠스 아우렐리우스의 치세 (161-180)가 그것의 가장 명쾌한 증거이다. 그러나 쿠데타들과 궁정혁명들에 의해 사태의 추이가 바뀌었고, 4세기 초에 가장 예기치 않았던 해결책, 즉 콘스탄티누스가 유럽 정치의 유산 속에 지속적으로 각인한, 그리스도교적 영감을 받은 절대적 신정제가 발현할 때까지 그러했다.

라틴 제국 속에서 로마의 게르만족 왕위계승자들에 의해 정착되고, 카롤링거 왕조의 계승자들, 그 후 유럽의 구체제들에 의해 발전된 정치체제들은 모두 '완화된 신정제hiérocratie tempéré'와 그것의 변형들로 분류될 수 있다. 그렇지만 민주주의가 11세기부터 다시 한 번 재창조되었던 것은 이런 맥락에서이다. 사람들은 일반적으로 이런 재탄생이 이중적이었다는 것을 잊고 있다. 11세기와 12세기에 시골의 수많은, 매우 작은 공화국들이 거의 동시적으로 발현했다는 사실은 거의 언제나 잊혀졌는데, 그것들이 봉건 영주권의 낙후된 결과이든, 귀족과 수도원들에 의해 시도된 대량적 개척의 결과이든 그렇다. 이 공화국들은 독립국들이 아니었고, 도시국가도 아니었으나, 자주적으로 관리되는 공동체들이었다. 그것들은 유럽에서 수세기에 걸쳐 연달아 기반이 다져진 정치공동체들 속으로 있는 그대로 통합되었다. 우리는 그것들을

19세기 유럽, 적어도 서부의 시골을 구조화하는 농촌의 자치도시들에서 재발견한다.

다른 재탄생은 도시국가들의 그것인데, 첫 번째 것의 현대판이다. 도시국가들은 두 가지 상이한 상황들로 인해 발현했음에 틀림없다. 도시로서 그것들은, 수세기 동안의 농촌화와 자급자족 후, 11세기에 교환, 상업, 화폐경제의 부활과 결부되어야 한다. 평화와 전쟁의 권리를 가진 주권적 정치공동체로서 중세 도시국가들은 9세기와 10세기의 군주제적 제도들의 해체와, 그것으로부터 비롯된 정치영역의 봉건적 분산 탓으로 존재하게 되었다. 도시들은 독립되어 있었는데, 그저 아무도 그것들을 통제할 만큼 충분히 강력하지 못했기 때문이었고, 또 군주들은 그들이 정복하기를 원하는 봉건 제후들에 대항하는 게임을 도시들이 해주는 것에 같은 관심을 가지고 있었기 때문이었다. 도시국가들(모든 도시국가들처럼 매우 분명하게 과두제적 체제를 발전시켰다)은 이탈리아 북부와 중부, 네덜란드, 프랑스, 라인강 유역, 독일 남부, 스위스, 발트해 연안에서 발전하였다. 근대 유럽이 그 고유한 경험을 위해 교훈을 도출하는 것은 바로 이러한 민주적 경험들로부터이다. 이 도시적 민주주의들 모두는 소멸했는데, 어떤 것들은 1797년의 베니스와 1806년의 프랑크푸르트처럼 매우 늦게 소멸했다. 그것들은, 공국(公國)들과 왕국들이 14세기와 15세기부터 재편성되며 왕권을 다시 잡았기 때문이거나, 그것들 스스로 완화된 신정제의 공국으로 변형되었기 때문에 소멸했다. 프랑스는 첫 번째 가능성의 모델인데, 거기서 모든 도시국가들은 왕의 '좋은 도시들'이 되었다. 메디치家 치하의 피렌체와 토스카나 대공국은 두 번째 결과를 예시한다.

2. 근대 민주주의의 죽음과 생존

민주주의의 근대적 순환은, 유럽과 이주 식민지들에서 민주주의의 개화만을 놓고 보면, 근본적인 혁신의 득을 보았고, 아직도 보고 있다. 민주주의 진영은 전체적으로 가장 강력해서 더 이상 외부로부터의 정복 때문에 소멸할 수는 없다. 경험적 자료는 경이적이다. 민주화된 유럽은 19세기에 1914년까지 세계를 지배했고, 민주적인 미국은 1945년부터 세계를 지배하고 있다. 이제 1914년부터 1945년까지의 괄호를 채우고 설명하는 일이 남아 있다.

유럽과 서양이 세계적 규모에서 우월하다는 것을 설명하려고 시도하는 일은 이 책의 차원을 넘어서는 일일 것이다. 기껏해야 민주주의 자체를 실마리로 삼아 논의의 윤곽을 그려볼 수 있을 것이다. 다음과 같은 주장들이 기능하다. 즉 민주주의가 일반적으로 언제나 더 효율적이고, 특히 근대 민주주의는 특별히 그러했다. 또한 근대 민주주의는 지금까지 민주주의에 치명적 약점으로 부과되었던 수의 장애에서 벗어나는데 성공했다. 이어서, 근대 민주주의는 평화적이지만 평화주의적은 아니고, 민주주의의 적들이 탓하는 도덕적 결함으로 고통을 겪지 않는다.

다른 조건이 모두 똑같다면, 민주주의는 언제나 더 효율적인데, 무엇보다도 만족스런 공공질서를 사람들에게 보장하면서도 그들의 사적 활동을 구조화하고 활성화하며 규제하는 아고리적 기제 덕분이다. 전체적인 결과는 각자에게, 그리고 모두에게, 더 많은 것을 주고, 그들 나름대로 최선을 다할 것을 격려하는 것이다. 이 격려는 시장에서 재능, 업적, 기여들에 상응하는 권력, 위세, 부의 몫으로 보상받게 됨에 따라 그만큼 더 열렬해지게 되며, 그 몫들의 소유는 소유권에 의해 개인과 그 가족에게 보장된다. 이런 명제들은 민주주의 이전의 과정들에 대해서 유효한데, 비록 현재의 착시(錯視)와, 왕국과 제국들을 찬미하는 역사서술의 무의식적 경향으로 인해, 다음 사실이 은폐되었더라도 그러하다. 즉 왕국과 제국들이 수많은 부채를 얻어 살았고, 권력을 전제적으로 장악하기 전에, 그리고 그런 권력의 장악이 느슨해지는 시기 동안에, 창의적 시기를 가졌다는 사실이다. 이런 명제들은 근대 민주주의에 대해서는 분명히 유효하다. 유럽과 서양의 우월성은 무엇보다도 과학적, 기술적, 경제적 차원에서였다. 그 우월성은 17세기부터 계발되었고 19세기에 확연히 나타났다.

그런데, '자본주의'의 경제적 발전은 민주화의 결과라는 것, 즉 그 원리의 정치적 구현을 민주주의라 부르는 원리가, 경제영역에서 구현된 것은 상당히 확실한 것이다(졸저, *Les origines du capitalisme*, Paris, Gallimard, 1971년, 1995년 출판, 참조할 것). 1600년과 1630년 사이에 아고리적 기제의 탄생은, 현재로서는 역사서술상 불가사의로 남아있다. 하지만 그 후 과학이 17세기와 18세기에는 보통 속도로, 19세기에는 폭발적인 속도로, 20세기에는 기하급수적 속도로 발전했던 것 역시, 같은 원리가 이성적 인지 영역에서 구현된 것이다. 사실 이 발전은 학자들과 그들의 팀들에 의해 수행된 탐색의 제도와 조직들에 기초한 것인데, 그들은 가설, 이론과 실험의 시장에서 서로 만나고, 거기서 동료 공동체의 승인을 받았다. 과학의 이런 궤적은 사적 영역의 특권, 의견의 자유, 脫종교화, 그리고 민주주의 체제들이나 민주화 과정에 있는 체제들만이 보장할 수 있는 일련의 조건들에 근거를 두고 있다. 기술적 우월성은 과학을 기술에 적용한 것과, 언제나 더 효율적인 기술에 대한 경제적 요구로부터 비롯되었다. 그런데 모든 기술에는 그것의 민간적인 적용과 군사적 적용에 아무런 구별이 없다. 서양의 군사적 우월성은 그것의 과학적 우월성과 경제적 우월성이 결합된 결과인데, 1980년대에 불균형이 확연해졌고, 미국의 군비 프로그램은 소련을 무릎 꿇게

했으며, 몇 년 만에 그것을 와해시켰다.

18세기에도 이론가들과 컬럼니스트들은(예컨대 루소) 민주주의가 매우 작은 정치공동체에서만 가능했다고 확신했다. 이런 확신은 고대와 중세의 교과서적인 기억들과, 제국의 우두머리가 되었던 로마 공화국의 소멸에서 비롯되었다. 철학자를 비난했던 것은 역사와 현실이다. 미국의 창설자들은 새로운 정치공동체에 연방제 구조를 부과함으로써 미래에 대한 내기를 했는데, 이 내기에서는 숫자가 민주주의에 대해 무관한 요인이다. 이 내기는 남북 간의 분리전쟁으로 잘 명명된 전쟁 직후인 1865년에 시작되었는데, 그때까지는 연방의 견고함이 별로 검증되지 않았기 때문이다. 다른 한편, 유럽에서조차 민주화는 장구한 역사를 이어받고, 그 광대함으로 인해 민주주의에 적합하지 않다고 평판이 난 정치공동체들에 영향을 미쳤다. 민주화는 이렇게 예측된 장애를 무시했다. 역사적 발전을 통해 이런 수자의 문제제기는 구식이 되었고, '고대인들과 근대인들의 관점으로 본 민주주의'에 대한 난해한 토론으로 변형되었다. 실제로 숫자가 민주주의의 양태에 무관하지 않고, 제도와 조직들이 5천 명의 시민들과 5억 명의 시민들에 대해 똑같지 않다는 것은 여전히 사실이다.

근대 민주주의는 평화적이다. 평화의 정신은 여러 방향에서 유래한다. 가장 분명한 방향은 평화의 정신, 관용, 절충에로의 내적인 성향이 외부로 전환되는 것이다. 우리가 살펴본 대로, 체제 자체에 의해 요구되고, 적어도 非악덕들(무기력, 무관심, 사기)처럼 사회적, 정치적 행위자들에 의해 계발된 미덕들은 국제무대에서 거기에 더 잘 맞는 확고부동함, 용기, 비타협성, 영웅적 행위 등과 같은 다른 미덕들에 자리를 내주기가 어렵다. 대외적 위기에 직면한 민주적 지도자들은 첫 번째 반응으로, 그 위기를 쌍방 모두의 적절한 분량의 선의(善意)를 통해 평화적으로 해결해야할 문제로 취급하려할 것이다. 그들은, 모든 민주주의의 상토(床土)처럼 계발된 과두제적 체제가 실제로 방어적 전략, 게임의 규칙, 사람들의 권리에 토대를 두기 때문에 더욱 더 그런 경향이 있다. 적어도 1648년 베스트팔렌 조약 이후 자리 잡은 유럽 '국가들 간의 협력'으로 인해, 유럽의 지도자들은 공산주의와 파시스트 불한당들에 대처할 준비가 되지 않았는데, 후자들의 이념과 체제들은 모든 게임의 규칙을 준수하는 것이 면제되었다. 평화의 정신이 숨을 쉬는 세 번째이자 마지막 방향은 시민사회의 활발함과, 보다 분명히 말하자면 경제 영역의 활발함이다. 사적 행위자들로서 자신들의 개인적인 일들에, 부유해지려는 관심에, 그리고 안락과 여가의 추구에 바쁜 시민들은 군대에 관심이 없다.

이런 해석에 대해 19세기 식민지 경영의 현실을 반론으로 내세울 수는 없다. 그 현실은 민주주의 자체에 의해서가 아니라, 압력단체들에 의해 중계된 협잡꾼들에 의해 주도되었는데, 이 압력단체들은 차례로 정치 분파들의 지지를 받았고, 이 분파들은 민족적이고 민족주의적인 일치를 통해 강화되고 고상해졌다. 이 모두는 앞에서 강조했던 유럽적 우월성 때문에 쓸데없이 그러했다.

평화의 정신은 평화주의pacifisme가 아니다. 평화주의는, 민주주의에 적합한 것으로서 행복과 천복의 중간적 목적으로서가 아니라, 최종적 목적으로서 **어떤 대가를 치르고서라도** 평화를 추구하는 이념이다. 평화의 정신, 관용, 절충은 한계에 봉착하는데, 그 한계를 넘으면 민주주의를 죽일 위험이 있다. 민주주의자들은 그것을 알고, 그것을 넘지 않는다. 非민주주의자들은 그것을 모르고, 평화의 정신과 퇴폐적인 평화주의를 혼동한다. 그들의 자각은 잔혹한데, 일본의 군국주의자들, 나치 당원들, 공산주의자들과 이라크가 그것을 증명해주었다.

근대 민주주의는, **보편적으로는**, 견고하게 자리 잡은 것으로 보이고, 예견 가능한 미래에는 아무 것도 그것을 내부로부터도 외부로부터도 파괴할 수 없어 보인다. 즉 체제의 내재적인 부패불가능성이 분명히 인정받은 것으로 보인다. 그럼에도 불구하고, **구체적 민주주의들은**, 민주주의들의 대부분까지도 내부적 찬탈이나 외부적 전복을 통해, 양차 세계대전 사이에 붕괴되었다. 1940년 여름, 유럽에서는 스위스와 영국의 민주주의만이 생존하였다. 영국은 1940년 7~8월에 독일 국방군Wehrmacht에 의해 침략당하고 정복될 뻔했고, 스위스는 영향력이 별로 없었다. 미국 민주주의의 존재, 영속과 불패가 없었더라면, 민주주의의 근현대적 과정은 실제로 1940년경에 너무 이른 종말을 맞을 수도 있었다. 정치공동체로서 미국의 존재는, 모든 정치공동체들이 그러하듯이 하나의 역사적 우연이다. 즉 미 합중국은 존재하지 않을 수도 있었다. 반대로 그것의 영속성은 우연이 아니고, 안정성과 효율성이 요구되는 민주적 제도들에 만족스러울 정도로 근접한 탓이다. 민주주의의 전형으로는 권하지 않는 대통령중심제조차도, 미국 정당들의 감소된 권력을 통해 대부분 결함이 교정되는 것을 목격하게 되는데, 이런 상황으로 인해 대통령은, 의회의 다수가 그와 같은 당적(黨籍)을 갖지 않을 때조차도 통치할 수 있다. 미국의 불패에 관해서는, 물론 그것을 지리적 위치와 정치공동체의 거대함에 결부시켜야 하겠지만, 또한 그리고 무엇보다도 민주주의의 과학적, 기술적, 경제적, 도덕적 우월성이 거기서 특별히 성숙했다는 사실에서도 찾아야 한다. 사실 민주주의의 우월성은 도덕적이기도 하다. 시민들이 일단 전쟁을 하기로 결정하면, 그들은 거기에 열정, 창안, 그리고 그들의 목숨을 건다는 감정을 통해 강화된 집요함을 보이며, 공동선과 그들의 특수이해들을 위해 나서게 된다.

민주주의가 유럽에서 몇몇 유럽 민주주의들의 죽음으로 인해 소멸할 뻔했다는 것은 여전히 사실이다. 이탈리아, 독일, 스페인, 프랑스에서의 이런 죽음들 모두는, 일반적으로 민주주의의 내재적 악덕에 의해서가 아니라, 특수한 상황들, 잘못 고안된 제도들, 의심스러운 탄생에 의해서 설명된다. 바이마르 공화국의 사례만을 고려해보자. 그것의 붕괴는 여러 차례 본보기로 제시됐었다. 그것의 사례는 민주주의에 대한 본보기가 아니라면 완전하다. 그것은 가장 나쁜 전망 속에 탄생했다. 1871년 비스마르크에 의해 통일되기 전의 독일은, 민주주의의 가능성의 조건들에 관해, 중부와 서부 유럽의 나머지 국가들과 같은 이득을 보았다는 주장을 할 수도 있다. 하지만 통일의 상황과 양태들로 인해, 프러시아와 비스마르크는 전통적이고 완화된 신정제인 입헌군주제와, 권위주의적 경향의 근대적 의원내각제 사이에서 잡종의 타협안을 부과할 수 있었다. 이 체제는 1918년 11월에 붕괴되었는데, 전반적인 봉기에 의해서라기보다는, 왕조에 강요된 양위로 인해서였다. 바이마르 공화국은, 결국 그것이 태어났던 대로의 존재를 아무도 원하지 않았고, 반드시 그것을 방어할 준비가 되어 있지 않았지만, 두 번의 습격 후에도 살아남았는데, 하나는 1919년 공산주의자들의 그것이었고, 다른 하나는 1923년 파시스트들의 그것이었다. 이런 성공을 통해 이 체제의 미래를 낙관적으로 예측할 수 있었고, 1949년 또 한 번의 군사적 참화를 겪고 창설된 연방공화국처럼 견고하고 지속적인 정착을 예견할 수 있었다.

불행하게도, 채택된 제도들은 효율성과 안정성에 가장 적대적이었다. 비례투표제는 통치할 수 있는 모든 다수의 형성을 막았고, ½ 대통령중심제, ½ 의원내각제의 행정부는 무능을 부추기거나 습격을 불러왔다. 제도들의 결함들은 전대미문의 엄혹한 경제 위기가 정부를 무능의 나락으로 떨어뜨리고, 극단의 정치적 양극화를 야기했을 때 노정되었다. 그러나 이런 경제 위기는 영국, 미국 및 잘 정립된 민주주의들 모두에서 민주주의를 위태롭게 하지 않았다. 설상가상으로, 당시의 정당한 지도자들은 터무니없이 어리석어서, 잔인한 인간에게 맡김으로써 배고픔을 진정시킬 수 있으리라는 예측을 했다. 더 이상 잊지 말아야 할, 또 다른 상황이 있었는데, 그것은 민주주의 그 자체와는 아무런 관계가 없었다. 즉 독일 동부에 소련의 위협적 존재, 가상에 불과했던 공산주의자들의 위협에 직면한 몇몇 독일 엘리트들과 상당수 민중의 공황(恐慌) 상태, 자주 공포와 공황을 통해 집약된, 구원은 상반된 극단 쪽에만 있다는 확신이다. 왜 유럽에서 민주주의가 거의 소멸했는지, 그리고 세계에서 미국이란 반석 없이는 소멸했을 것인지를 설명하게 해주는 것은, 바로 이런 요인들과, 역시 모두 민주주의 자체와는 별로 연관이 없는 다른 요인들이다.

운명은 민주주의의 근대적 과정이 1940년경에 닫히기를 바라지 않았다. 미래에도 그것이 지속해서 전개될 가능성을 점쳐볼 수 있을까?

3. 민주주의의 미래

아무도 미래를 알 수 없다. 할 수 있는 모든 것은 현재의 세계 상황에서 민주주의의 가능성을 평가하는 것이다. 그런데 현재는 1989~1991년 공산주의의 이념지배체제적 장애가 제거됨으로 인해, 그 근저까지 혼돈에 빠지고 말았다. 가장 단순하고 확실한 것은, 민주주의의 가능성의 첫 세 가지 조건들을 하나씩 재검토하면서, 세계적 차원에서 인간사의 현재 흐름을 따라, 그것들이 결합될 가능성을 점쳐보는 것이다.

‘구세계’에서 구석기 시대의, 부족의, 고대의, 중세의, 그리고 근대의 민주주의는 **과두제적 국제체제**를 요구했는데, 이 체제는 적어도 다섯 정치공동체들, 그리고 스무 개 이상은 아닌 정치공동체들을 하나의 공동게임체제로 통합한 것이다. 현재는 전 세계로 확장된 새로운 국제체제의 발현을 인지하는 것이 가능하다. 1991년 12월, 공산주의 체제의 공식적 종말은 역사적으로 중요한, 또 다른 대사건인 소련의 와해와 겹쳐 일어났다. 러시아가 가까운 미래에, 독립국가연합과 다른 발전들이 암시하고 제시하는 것처럼, 러시아 제국을 복원하는데 성공한다 하더라도, 1945년에 설립된 양극체계의 소멸이란 소득은 확실히 유지될 것으로 보인다. 거의 반세기 동안의 미국과 소련의 관계를 통해서, 그런 체계의 불신과 불안정의 논리를 교육적으로 목격하게 되었다. 그러나 과학과 기술의 발전은 핵무장이라는 전혀 새로운 과제를 부과했는데, 그로 인해 양극간의 모든 직접적 군사적 대치는 불합리하게 되었다. 여하튼, 전쟁이 대리인들에 의해 수행될 수 있는 경우를 제외하면, 상상할 수 있는 모든 형태의 선전포고된 비군사적 경쟁들로 대체되었다. 그로부터 레이몽 아롱Raymond Aron이 '호전적인 평화'라고 잘 명명했던 상황이 생겨난다.

둘 빼기 하나는 하나다. 소련의 소멸은, 과거의 모든 양극 체계가 단 하나의 정치공동체로 융합되었듯이, 미국의 패권과 진정으로 보편적인 새 제국으로 귀착될 것인가? 그럴 확률은 영(零)이고, 우리는 확신을 가지고 그것을 단언할 수 있다. 미국의 패권이 전적으로 군사적인 차원에서 확보된 것은 의심의 여지가 없다. 미국만이 지구의 아무 지점에나 그들의 위력을 투입할 능력을 가지고 있다. 그들은 한 세대나 두 세대 기간 정도로 예견되는 미래에 이런 우월성을 유지할 것이 확실하다. 하지만 군사적 패권이 정치적 패권과 전지구적 제국으로 변형될 가능성이나 위험은 전무한데, 일치하는 두 가지 이유에서 그러하다. 첫 번째 이유는 미국의 정치체제인데, 그 민주적 원리가 충분히 활성화되어서 모든 장기적인 패권적 전략이 극복할 수 없는 내부적 반대에 부딪힐 것이기 때문이다. 민주주의가 와해되기 시작해야할 터인데, 아무 것도 이런 상황을 가능한 것으로 지지하게 놓아 두지 않는다.

두 번째 이유는, 패권적 의지가 인정받는다 하더라도, 그것은 이내 보편적 저항에 봉착할 것이고, 이런 저항은 억제할 수 없을 것이기 때문이다. 미국의 군사력은, 미국으로 하여금 정복당할 위험이 전혀 없게 보장하고, 지구의 모든 지역에서 그들의 필수적 이해를 확보할 수 있게 해주지만, 미국이 제국을 창설하게 해주지는 않는다. 그 이유는 핵 공격은 합리적 공격으로는 쓸모가 없기 때문이다. 다른 말로 핵의 집중 포화로 소멸된 정치공동체를 정복하는 것은 양식(良識)이 결여된 것이다.

둘도 아니고 하나도 아니라면, 국제무대에서의 행위자는 몇인가? 인도, 중국과 미국 같은 거대한 정치공동체들이 소련처럼 해체된다면, 본래 의미에서의 다극체계가 불가능하지는 않지만, 이런 가설은 개연성이 별로 없다. 이런 정치공동체들이, 설령 분리 독립을 지향하는 세력들에 의해 동요된다고 해도, 그것들은 제국이 아니기 때문이다. 이제 가장 있음직한 구성은 다섯에서 열 개의 행위 단위(그 이상은 아닌)들을 결합한 과두적 체계인데, 면적과 인구 수에서 수백만인 정치공동체들, 그 이상에 맞는 공간이 없기 때문이다. 위험을 무릅쓰고라도 그 명단을 작성한다면 다음과 같다. 즉 미국, 인도, 중국, 러시아는 거기에 확실히 포함될 것이다. 유럽은 연방이 된다면 가능하다. 브라질은 정치제도들을 안정시키고 합리화한다면 가능하다. 그 다음엔 일본 주위의 태평양 열도일 수 있고, 아프리카에서는 어느 정치공동체일지 아직 알 수 없다.

그 결과는 통합된 역사에 처음으로 올라탄 인류에게 결정적일 것이다. 과두적 체계는 매우 장기적으로, 천년 규모로 안정되고, 이로 인해 폭력의 표출은 통제될 것이다. 물론 과두적 복합정치공동체가 전쟁의 가능성을 제거해 주지는 않는다. 그러나 소수의 극들oligopôles은 나름대로 모든 직접 공격을 예방하기에 충분한 핵무장을 했을 것이기 때문에(과두적 체계는 사실 행위 단위 각각이나 그 행위 단위들의 동맹들이 다른 쪽의 위력과 대체로 동등하게 전개된 위력을 보유하는 것을 전제로 한다), 그들 간의 전쟁은 거의 불가능하고, 그 체계의 지방적이고 지역적인 틈새들에서 발발할 수는 있을 것이다. 이 체계의 지속적인 안정성으로 인해 게임의 규칙의 규정이 가능해지고, 이것은 국제정치적 법률의 대대적인 계발과, 그것의 준수를 검증하기 위한 공통된 절차들로 나타날 것이다. 이런 이유로 공통의 문제를 해결하기 위해 공통된 기관과 기획들이 양산될 수 있을 것이다. 사람들은 더 이상 완전한 복합정치공동체도 아니고, 아직은 하나의 정치공동체도 아닌 어떤 것과 관계를 갖게 될 터인데, 그것은 오히려 세계적 규모의 국가연합일 것이다. 이런 그림이 현재에 벌써 그려진 것이 독자에게 명백하지 않은지는 그들 각자가 평가할 것이다.

민주주의와 민주화는 또한 안정된 **정치공동체**를 요구한다. 정치공동체가 단일 정부적이거나 연방적인 구조를 채택할 수 있다는 것을 우리는 알고 있다. 최근 수세기에, 그리고 최근 수천 년 동안에 단일 정부적 구조는 어떤 사회 형태, 특히 도시국가와 국민국가에 의해 선호되거나, 절대적 신정제와 특히 전제 같은 어떤 정치체제에 의해, 혹은 사회 형태와 체제의 협력에 의해 선호되었다. 그러나 연방적 구조는 민주주의에 더욱 더 잘 들어맞는다. 그것은 권력의 위임이 시민들의 뜻에 가장 가깝게 유지되게 해준다. 그것은 전제적인 부패에 대해 걸림돌을 증가시킨다. 그것은 공동이해 문제의 해결책을 탐색하는 것을 용이하게 하는데, 지방적이고 지역적인 실험을 되풀이하게 하고, 가장 유망한 해결책들을 빌려옴으로써 확산시켜준다. 그것은 종족, 역사, 문화, 종교, 그리고 적대감으로 기우는 문화적 인종별로 인류를 분할할 수 있는 모든 것에 대해 가장 대립적이고, 다양한 주민들이 정치적으로 공존하는데서 발생하는 어려움을 감소시키는 장점을 가지고 있다.

현행의 전망으로는 연방적 구조가 유리하다고 주장할 수 있다. 추정상의 소수의 극들 대부분은 이미 연방들이거나 연방으로서만 탄생할 수 있을 터인데, 예를 들자면 유럽이나, 남부 아프리카에서 가능성 있는 아프리카 극이다. 인간 사회들은 점점 더 복잡해지고 서로 연결되어 간다. 즉 다중심적 구조와 비정형적(非定型的) 지배hétérarchiques를 통한 규제들이 상호연결과 복잡성을 관리하기 위해 유일하게 효율적인 해결책이다. 지구가 하나의 주(州)가 된다는 것은 진부한 이야기지만, 진부한 이야기도 진실일 수 있다. 여러 가지 중에서 있음직한 결과는 동질화는 아니고, 반대로 접촉이 긴밀해지고 잦아짐으로써 차이들과 사람들이 그것들에서 느끼는 의식이 예민해질 것이 분명하다. 반대로 지구가 좁아짐으로써 그것은 통일된 하나의 인구 풀로 바뀌고, 모든 의미의 이주를 촉진하고야 말 것이다. 여기에 덧붙이자면, 국제정치적 체계를 통해 수행된 정치적 재편성을 촉진하는 압박들과, 소수민족집단들과 민족주의들 및 이 모든 운동들과의 근본적 양립불능이다. 이런 압박들의 최종 결과는 공존의 문제가 제기되는 것인데, 그것에 대해서는 연방적 구조가 장기적으로 시행할 수 있는 유일한 해결책이다.

마지막 논의는 더 미묘하지만 꽤 실제적이다. 아마도 근대성과 근대화의 가장 변별적 특성은, 프리드리히 쉴러Friedrich Schiller가 18세기 말에 '고지식함naïf' 대신 '감정적인 것sentimental'을 사용하는 것에 대한 글을 쓰면서 근대성의 발현 때부터 분명하게 인식했던 것이다. 이 특성은 무의식적인 것le spontané에 대한 반성적인 것le réflexif의 승리이다. 인간의 군집성sodalité이란 특성은, 집단, 정치공동체, 그리고 사회에서의 삶이 실체적 현실들에의 조직적 가입에 바탕을 두는 일은 점점 적어지고, 개인들, 소규모 공동체들과 기능적 집단들, 예컨대 기업들에 의해 정해진 게임의 규칙들의 규정과 준수에 바탕을 두는 일은 점점 더 많아지는 것을 의미한다. 이런 진단이 정확하다면(사회학자들은 오귀스트 콩트에게서 사회학이 공식적으로 태어난 이래로, 그리고 18세기에서 19세기로의 전환 이후로 다양하지만, 일치하는 용어로 그것을 주장하기를 멈추지 않았다), 정치공동체의 구조가 유연하고 연방적일수록, 전체는 더욱 더 응집력이 커진다고 주장할 수 있는데, 그것은 분리 독립 지향적 세력들이 전체적으로 분산되고 소멸되는 경향이 있기 때문이다. 이런 운동들이 새로운 사회 형태의 발현으로 이어질 가능성을 배제할 수 없다. 이런 사회형태는 유럽공동체가 유럽연합이 되는 범위 내에서, 유럽에서의 일정한 발전을 이미 예감할 수 있는데, 이것은 전대미문의 역사적 사회형태이다. 사람들은 이것을 너무 자주 잊고 있다.

이제 우리는 소위 시민사회, 사적 부문, 의사결정의 자율적 중심에 대한 성찰을 마무리하려 한다. 민주주의에서는 국가의 침해에 대항하기에 충분히 견고하고, 이해들의 조정 문제를 스스로 해결하기에 충분히 활기 있는 시민사회가 요구된다. '구세계'에서는 자율적 중심들이 가족, 가문, 귀족, 농민, 부르주아지들이었다. 옛날의 민주주의들이 의거했던 이런 중심들은 사라졌고, 사라지도록 운명 지어졌거나, 존재하지 않는다. 미래의 민주주의는 자신의 새로운 사회적 토대를 발견해야 한다. 그것들을 찾아내기 위해 너무 멀리 바라볼 필요는 없다. 거의 확실히 돌이킬 수 없는 공산주의의 전락과 소멸을 통해, 경제적 근대화를 향한, 자본주의와 다른 방식에 대한 모든 환상이 결정적으로 붕괴됐다는, 엄청나게 신기한 상황이 도래했다. 현재 모두는, 이념에 영향 받지 않은 정신은 언제나 알았던 것, 즉 지속적인 경제발전의 조건은 소유권, 시장 그리고 기업가들의 결합이라는 것을 알고 있다.

이념지배체제의 실패와 도태 이후, 개연성이 있는 민주주의의 유일한 대안은 권위주의 체제régime autoritaire이다. 그런데, 권위주의 체제는 스스로 임명한 팀, 대개 군부가 찬탈한 정치권력의 독점과, 사적 부문을 공공 부문으로 흡수하기를 거부하는 것으로 정의되는데, 이 체제는 원칙상으로는 자본주의에 적대적이지 않다. 다른 한편, 경제 발전은 모든 정치공동체들에 대해 저항할 수 없는 매력을 행사하고, 또 계속 그럴 것이라고 가정할 수 있기 때문에, 내기를 받아들일 정도의 합당한 가능성을 가지고, 다가오는 수십 년 동안에 자본주의가 모든 정치공동체들에서 채택될 것이고, 도처에서 소유권이 보장되며, 시장은 가능한 한 가장 공정한 가격을 산출하고 상대적 희소성을 가장 잘 반영하는 방식으로 관리되며, 기업가들은 자유롭게 투자하게 될 것이라고 단언할 수 있다. 이런 결정을 하지 못하는 권위주의적 찬탈자들은 그들의 정치공동체들에게 침체, 더 나아가 감퇴를 강요하게 될 터인데, 국제정치적 경쟁상황에서는 이런 국면이 오래 용인되지 않을 것이다.

이런 동일한 경쟁상황에서는 정치인들이 유용하고 효율적인 경제 대책들에 그들의 정성을 쏟지 않을 수 없게 될 것이다. 그 경제 대책들은 두 영역으로 나누어지는데, 한 가지 영역은 발전의 구조적 토대들, 시설들과 고급 교육에의 투자를 격려하는 것인데, 이런 교육은 모든 재능에 맞추기 위해, 그리고 모든 직능을 배양하기 위해 충분히 다양하고 유연하다. 다른 영역은 다음과 같은 것들인데, 관리하기가 더 어렵다. 즉 인플레이션을 가능한 한 영에 가장 가깝게 관리하는 예산, 세무, 화폐 정책을 시행하기, 가격이 가장 타당하고 가장 필수불가결한 경제 정보라는 근거 있는 확신 속에 가격의 진실을 격려하기, 세계 시장에 문호를 개방하도록 강제하기 위해서, 그리고 비교 우위의 법칙에 최대한 순응하도록 강제하기 위해서만 경제 영역에 개입하기이다. 한마디로, 지구에서는 20 내지 30년 전부터 아시아에서 태어난 '호랑이들'이 양산되는 것을 목격하게 될 것이 확실하다. 특히 국제정치체계 안에서 소수의 극oligopôle 중 한 극을 차지하려는 지원자는, 그의 체제가 민주주의건 권위주의건, 이런 식으로 행동하지 않을 수 없는데, 그렇지 않으면, 그의 지위를 상실하거나 그것을 결코 획득하지 못할 것이다.

있음직한 이런 발전들의 결과는 일반화된 경제 발전과, 다가올 수십 년간 지역들과 정치공동체들 간의 격차가 감소하는 경향인데, 그것은 부자와 빈자들 간의 재분배를 통해서가 아니라 빈자들의 부유해짐을 통해서이다. 어떤 인간 집단도, 그 정치체제와 정치인들에 의하지 않고는 빈곤을 강요받지 않는다. 경제 발전은 사회적 차원에서, 교육받고 기업, 협회, 다양한 집단들로 모여든 중간 및 고위 간부들의 양산으로 나타난다. 바로 이것이 의사결정의 새로운 자율적 중심들인데, 이것들이 현대 사회의 사적 영역을 구조화한다. 이 중심들은 이미 정립된 민주주의에 신중간계급이라는 안정적인 사회적 토대를 제공한다. 권위주의 체제들에서, 교육받고 자신들의 중요성을 의식하고 있는 이 중간계급은 조만간 그들의 자유와 온당한 체제를 요구할 것이다. 1987~1988년 한국과 1992년 태국에서의 대사건은 다가올 수십 년 안에 확산되고 말 사건들을 신빙성을 가지고 예고한다.

그 이상으로는 아무 것도 예측할 수 없고, 예감하는 것조차도 불가능한데, 역사적 상상력은 현재의 확대 적용을 넘어서는 작동하지 않기 때문이다. 이 낙관적 느낌에 의지하자. 그리고 그것의 주요한 장점은 아마도 20세기의 비극적 역사가 지금까지 양산했던 소름끼치는 우리의 예상들을 바꾸는 것일 뿐이다.

결론

민주주의의 나라로의 우리 여행은 할애된 시간은 짧았고, 거쳐 간 땅은 광범위했다. 나는 그것을 통해 도출할 수 있는 몇 가지 유용한 교훈들을 강조하고자 한다.

아마도 첫 번째 교훈은 18세기에 도입된 사실판단과 가치판단 사이의 구분을 극복할 지적 수단을 강구하는 것이 확실히 가능하다는 것이다. 그 구분은 물질계와 생명계에서는 분명히 유효하지만, 인간계에서 유효한지는 의심스럽다. 보편적 인간은 더 큰 가치를 부여하는 동물이기도 한데, 그는 달리 할 방도가 없기 때문이다. 그가 달리할 수 없는 것은, 그의 본성과 조건으로 인해, 그의 생존을 위협받지 않으려면 반드시 해결해야할 문제들이 그에게 제기되기 때문이다. 문제와 해결책들이 존재하면서부터 잘 제기된 문제들과 참되고 좋은 해결책들이 존재하는데, 이는 잘못 제기된 문제들과 거짓되고 나쁜 해결책들이 존재하는 것과 마찬가지다. 인간적 모험의 행위자들에게 좋은 해결책과 나쁜 해결책은 동등하지 않다. 그들에게 평화, 정의, 번영, 효율, 행복, 천복 등을 보장하는 해결책들을 찾아내는 것이 중요하고, 그것들의 반대 상태로 이끄는 해결책들을 회피하는 것이 중요하다. 인간적 모험을 설명한다고 주장하는 학자는, 자신의 연구 대상 자체를 놓치지 않으면서도, 무의식적이고, 타고났으며, 근거 있는 이런 가치부여를 무시할 수 없다. 그에게는 행위자들이 강조하는 것을 젖혀놓을 과학적 권리가 없다. 이런 입장은 과학에로 향하는 또 다른 요구, 즉 동일한 객관성을 가지고 그의 모든 연구대상들을 검토해야 한다는 요구와 모순되지 않는다. 우리는 민주주의와 전제정치에 대해 똑같은 합리적 엄격함을 적용할 수 있는데, 그것들을 똑같은 인간적 차원에 놓아야 한다고 생각할 필요는 없다.

우리 연구의 두 번째 교훈은 18세기까지 지배적이었던 전통으로의 복귀일 수 있다. 이 전통은 인간사들 속에서 정치 영역과 정치체제의 중심성을 강조해왔다. 중심적이라 함은 궁극적인 것도, 최고의 것도 의미하지 않는다. 보편적 인간의 최후 목적은 정치적이 아니고, 윤리적이며 아마도 종교적이다. 하지만 임박한 목적과 마지막 목적들이 너무 불만족스럽지 않게 달성될 수 있기 위해서는, 상당히 견딜 수 있는 정치체제에서 사는 것부터 시작해야 한다. 19세기에는 인간의 제도 중심에 정치가 아니라 경제가 있다는 이상하고 위험한 의견이 퍼졌다. 그 의견은 이상한 것인데, 경제를 결정하는 주요한 요인들이 정치적인 것이라는 것을 납득시키기 위해서는, 경제가 나름대로 무엇에 결부되는지를 자문하는 것으로 족하기 때문이다. 그 의견은 위험하기도 한데, 정치적 요인들을 부차적이고 무시할 수 있는 것으로 치부하게 만들 수 있기 때문이다. 거기서부터, 경제적 위기나 발전을 핑계로 민주주의를 희생하기까지는 한 걸음만 남아있었다. 이 걸음은 20세기에 정치적이면서도 경제적인 재앙들을 야기하기 위해 자주 결행되었다.

세 번째 교훈은 역사적 가설의 가치를 지니고 있다. 근대성은 17세기 유럽에서 시작되었고, 20세기말에는 전 지구로 확산되었던 인간 운명의 격변이었는데, 그것은 역사가, 사회학자, 철학자들에게 이중의 문제를 제기했고 제기하고 있다. 첫 번째는 그 새로움의 속성과 그것의 표현들에 관련된다. 그것은 오래전부터, 근대성이 인간 조건의 모든 측면들에 영향을 미치고, 그것은 동시에 정치적이고, 인지적이고, 종교적이고, 기술적이고, 경제적이며, 인간 활동이 표현되는 어느 영역

도 영향을 받지 않은 채로 남아있지 않다고 분석되었다. 두 번째 문제
는 이 격변을 설명하게 해주는 결정적 요인은 무엇인가인데, 미해결로
남아 있다. 우리의 해결책은 항상 같은 의미를 가진다. 즉 근대성은 그
핵심에서 거대한 현상이며, 모든 영역들에서 보편적 가치를 지닌 원리
들이 구현되는데, 그 원리의 정치적 구현을 민주주의라고, 경제적 구
현을 자본주의라고 부른다. 이 구현의 주도적 요인은 정치영역의 중심
성 때문에 정치적이다. 16세기와 17세기의 전환점에서 유럽의 구체제
를 선동하기 시작했던 것은 바로 민주화의 운동이었고, 근대성의 궁극
적 원인은 바로 이 운동이다.

　　마지막 교훈은 모든 종류의 진화론을 결단코 거부하는 것이다. 19
세기에는 일반적 인류 역사의 개념이 인기를 끌게 되었는데, 그것은
진보로의 일정한 단계들이 필연적으로 연속된다는 것과, 진보로의 진
행이 불가항력적이라는 것을 결합한 것이었다. 나는 매우 다른 시각을
기꺼이 주장하겠다. 경험적 자료를 검토해보면, 인류는 그에게 결정적
인 여러 단계들을 거쳐 왔다는 것이 분명하다. 이원적(二元的)이거나
삼원적(三元的) 인식 사이에서 주저할 수 있는데, 전자는 구석기 시대
동안의 인류의 자연사와 신석기 시대 이후의 다양한 역사들로 구분하
는 것이다. 후자는 근대를 별도의 단계로 간주하는데, 근대가 지금도
인류 역사들을 모든 인류에 공통된 첫 번째 역사로 통일하도록 만들기
때문이다. 그러나 나에게는 이 단계들의 연속은 아무도 찾아내지 못했
던 내재적 운동에 의해 야기된 불가항력적인 것이 아니고, 무한히 많
은 돌발사들과 우발적 사태들의 결과인데, 그것들에 대한 명료한 이해
는 회고적으로만 가능하다. 진보에 대한 진화론적 확신은 전적으로 폐
기되어야 한다. 물론 지식들과 기술들의 진보를 말하는 것은 가능하겠
지만, 미국이나 스위스의 민주주의가 부족의 민주주의에 대한 진보라
고 누가 감히 주장할 것인가? 경제 발전이 인간들을 더 번영하게 만든

다고, 근대성이 인간을 더 현명하고 더 행복하게 해준다고 누가 감히
주장할 것인가?

주요 용어사전

압축된 텍스트를 쉽게 읽기 위해서, 자주 사용되는 전문용어들의 정의를
여기에 모아두었다.

공평 équité

정의의 상위 형태로서, 보다 더 정당한 방향으로 법률과 권리를 교정하
기 위해 사례들과 상황을 고려하는 차원이다.

군집성 sodalité

활동의 단위로서 목적을 추구하고 행동할 수 있는 집합적 행위자로 정
의되는 집단을 형성하는 인간의 능력

권리 droit

각자가 자기의 몫을 받도록 지켜주는 정의의 영역으로서 분배 정의, 계
약적 정의, 징벌적 정의, 교정적 정의를 통합한다. 권리와 법률을 혼동하
지 말 것.

귀족 aristocratie

권력, 위세 및 부에 대한 접근성, 정치 권력으로부터의 독립성, 추종자,
고객 및 고용인에 대한 통제력을 통해 구분되는 가문들 전체.

목적 fin

인간의 본성과 조건에 의해 제기된 근본적인 문제에 주어진 이상적 해결책이다. 건강, 번영, 평화, 천복 등이 우선적인 목적들이다. 목적은 인간의 활동 영역별로 추구된다.

목적지향성 finalité

자유, 합리성과 함께 인간 본성의 토대를 이루는 특성으로서, 인간의 목적들을 추구해야만 하는 본성이다.

미덕 vertu

어느 정도 선천적이거나 후천적이고, 무의식적이거나 숙고한 것이기도 한 항구적 성향으로서, 행위자로 하여금 목적을 추구할 수 있게 한다.

발현 émergence

구조를 생산하는 행위자가 자신의 그런 행위를 의식하지 못한 채, 구조가 점진적이고 불연속적으로 형성되는 역사적 현상.

법률 loi

좋은 체제의 불문 법률에 의해 규정된 게임의 규칙을 성문 법률이나 관습으로 옮겨 놓은 것.

변태 perversion

부패의 한 형태로서 가치를 전도시키는 것인데, 거짓을 진실로, 악을 선으로, 해로운 것을 유용한 것으로 간주하는 행위이다.

보조성 subsidiarité**(의 원리)**

연방적 정치공동체의 조직 원리로서, 공동이해와 연관된 모든 공적 문제
는 그 구조의 가장 낮은 층위에서, 그리고 시민과 가장 가까운 층위에서
처리해야 하며, 낮은 층위에서 해결할 수 없는 문제만 높은 층위에서 관
여해야 한다고 규정한다.

복합정치공동체(국제정치공동체) transpolitie

최소한 두 개의 정치공동체들로 구성된 행위 체계로서, 정치공동체들의
수에 따라 복합정치공동체는 다음과 같이 매우 다른 합리성에 따르게
된다.

- 2두 체제(두 개의 정치공동체들로 구성)dipolaires, 또한 3두와 4두체
  제(세 개나 네 개의 정치공동체들로 구성)tri-et tétrapolaires는 본성적으
  로 불안정하고 조만간에 제국적 통일로 이행한다.
- 과두체제(다섯부터 20개의 정치공동체들로 구성)oligopolaires는 안정적
  이고 매우 장기간 지속가능하다.
- 다극체제(수십 개의 정치공동체들로 구성)polypolaires는 불안정하고
  종국에는 보다 제한된 구성체로 이행하게 된다.

부패 corruption

각각의 사회 영역에 정해진 목적에 부합하지 않고, 그 목적을 달성케 하는
법규에도 부합하지 않는 행위. 부패는 변태perversion와는 다른 것이다.

비정형적(非定型的) 지배 hétérarchie

한 조직 전체의 여러 구성요소들이 의사결정을 하는 상층부의 개입 없
이 연속적 교정을 통해 서로를 본받음으로써 조직의 목적에 기여하는
조직방식.

사교성 sociabilité

개인들과 집단들이 모든 종류의 교환을 진행할 조직망(네트워크)을 형성하는 인간의 능력.

사회통합성 socialité

사회형태morphologie를 형성하는 인간의 능력인데, 사회형태는 개인, 집단, 조직망을 응집력이 높은 사회로 결합시킨다.

아고리 agorie

희랍어 아고라agora(집회, 광장, 시장)에 근거를 둔 신조어로서, 행위자들이 교환하고 분배하고 탐색하기 위해 공급과 수요를 가지고 만나는 사회 공간들을 가리킨다. 경제적 아고리는 좁은 의미의 시장이다.

위계 hiérarchie

한 조직 전체의 요소들이 방향이 정해진 하나의 서열로 배열된 구조로서 상위 등급은 권력, 위세와(나) 부의 차원에서 하위 등급보다 우월하다.

이해(利害) intérêt

어떤 동기나 이유와 관련될 수 있는 인간 활동의 모든 내용으로서 이해는 다음과 같이 나누어 질 수 있다.

- **개별적 이해** intérêt singulier

  이해가 특이하게 한정된 활동에 의해 추구되는 경우

- **특수이해** intérêt particulier

  사회적 행위자가 자신의 모든 개별적 이해들에 선호하는 순서를 결정할 경우

- **개인적 이해** intérêt individuel

  한 개인의 특수이해를 가리킬 경우

- **집단적 이해** intérêt collectif

  한 집단의 특수이해와 관련되는 경우

- **공동이해** intérêt commun

  어떤 개별적 이해가 한 정치공동체의 구성원 각자의 특수이해, 개
  인적 이해와 집단적 이해 각각에서 겹쳐서 나타날 경우

- **평균적 이해** intérêt moyen

  아고리들agories 나름의 특수이해들이 자발적으로 결합되고 집계
  된 결과의 이해

- **일반적 이해** intérêt général

  어떤 집합체를 구성하는 행위자들과는 모호한 그 집합체 자체로서
  의 이해라는 허구를 고안한 경우의 이해이다. 일반적 이해는 특수
  이해를 타인들에게 부당하게 부과하고자 할 때 취하는 위장이다.

자유 liberté

목적지향성, 합리성과 함께 인간의 본성으로서, 이 본성은 잠재적이고
문화 속에서 구체화되어야 한다는 사실을 표현한다. 자유는 세 가지 정
의 혹은 차원을 가진다.

- 가능한 것들 속에서의 선택choix

- 선택과 관련된 숙고 과정에서의 자율autonomie

- 선택과 숙고 과정의 공정함rectitude으로서, 활동 속에서 숙고 끝
  에 참된 것, 선한 것, 유용한 것을 선택하는 행위

정당성 légitimité

합법적으로 제정된 성문 법률이, 평화와 정의를 보장하는 좋은 체제에 의해 규정된 불문 법률에 적합한 정도.

정의 justice

시민들 간의 평화라는 정치의 목적을 달성하기 위해 우선적으로 요구되는 수단이다. 정의는 다음 두 가지 관할영역으로 이루어져 있다.

- 법률은 정치공동체 안에서 게임의 기본적 규칙을 규정하는 **헌법적 정의**와 상황적 규칙을 규정하는 **법률적 정의**를 관리한다.

- 권리는 **분배 정의**, **계약적 정의**, **징벌적 정의**와 **복원적 정의**를 포괄하는데, **분배 정의**는 시민 각자에게 권력, 위세와 부의 자기 몫이 돌아가게 하는 것을 목표로 한다.
  계약적 정의는 계약이 교환과정에서 평등을 준수하도록 감시한다.
  징벌적 정의는 법률과 권리를 위반한 자에게 징벌을 가한다.
  복원적 정의는 모든 형태의 정의에 영향을 미치는 모든 일탈행위를 교정한다.

정치 시장 marché politique

민주주의가 부패한 형태로서 다음 같은 아고리가 공식적으로나 비공식적으로 등장하게 된다. 즉 이 아고리에서는 압력단체들이 정치인들의 당선이나 재선을 지원하는 것을 교환조건으로 하여 그들에게서 후원, 면제, 법정 보조금 등을 얻어내려 한다.

정치 체제 régime politique

한 정치공동체 안에서 정의와 평화의 실현에 적합한 방법들의 총체인데,

보다 자세히 말하면 한 정치공동체 속에서 권력 관계의 규칙이다. 하나의 정치 체제는 여러 가지 방식으로 다음과 같이 규정할 수 있다.

- **귀족 체제** aristocratique

  귀족 가문 만이 권력의 중심일 경우

- **전제 체제** autocratique

  한 개인이나 한 팀이 폭력과 책략을 통해 권력을 독점하고 그런 수단으로 권력을 행사하는 경우

- **민주 체제** démocratique

  한 정치공동체의 구성원 모두가 권력 위임의 모든 경우에 중심에 있는 경우

- **신정(神政) 체제** hiérocratique

  한 왕조가 출현하여 초월적 원리의 대리자로 받아들여지며, 한 정치공동체(족장관할구역, 왕국이나 제국)의 평화, 정의와 번영을 확보할 책임을 지게 되는 경우. 신정체제는 왕조의 권력이 자율적 사회세력, 특히 귀족 가문에 의해 통제될 때 온건해진다. 반대로 신정체제는 사회 지도층이 권력을 쥔 군부, 행정 기구 및 종교기관들과 뒤섞이는 경향을 띠게 될 경우 절대화된다.

- **이념지배체제** idéocratique

  독재자가 어떤 유토피아의 실현을 주도하는 경우로서, 독재자는 그 유토피아를 공포정치에 의존함으로써 현실에 부과하려 한다.

- **중우(衆愚) 체제** ochlocratique

  민주체제의 시민들이 선동가의 언동에 취약한 군중(희랍어 ochlos)의 상태로 변모된 경우

- **과두(寡頭) 체제** oligarchique

  재산이나 소득이 일정 수준에 있는 부유층만이 권력의 중심에 있는 경우

- **금권(金權) 체제** ploutocratique

  과두 체제를 경멸적으로 지칭하는 경우(ploutos는 희랍어로 부자이다)

정치공동체 politie

그 구성원들이 상호간에 정의를 통한 평화를 추구함으로써, 그리고 그들의 공동이해와 특수이해를 실현할 수 있는 장치와 절차를 갖춤으로써 함께 살기로 결정한 인간 집단이다. 여기서 공동이해는 공적 영역에서, 특수이해는 사적인 아고리에서 실현된다.

직접성 immédiateté(의 원리)

연방제 정치공동체의 조직 원리로서 시민 각자가 관련되는 연방제의 각 차원과 직접 관계를 맺도록 규정한다. 반면에 매개성은 각 차원이 하위 차원 정치 기관의 위임과 전환에 의해 부여된 경우에만 실체를 지니게 되는 원리를 가리킨다.

투표 scrutin

선거 절차의 기술적 방법으로서 다음 두 가지가 있다.

- **다수결 투표**

  정해진 선거구에서 다수를 얻은 후보자가 당선되는 경우로서, 다수결 투표에서는 1차나 2차(결선)투표, 단기명 투표와 다기명 투표가 가능하다.

- 비례 투표

의석이 획득한 투표수에 비례하여 선거구 안에서 대결중인 여러 명단에 배분되는 경우

평화 Paix

정치의 목적으로서, 정치공동체들 사이에서는 평화가 전쟁의 부재상태를 지칭하지만, 한 정치공동체 내부에서는 평화가 갈등의 부재가 아니라 갈등의 비폭력적 해결이다.

합리성 rationalité

목적지향성, 자유와 함께 인간의 본성으로서, 목적의 추구와 자유의 행사 과정에서 제기되는 문제들을 해결할 능력을 가리킨다.

합법성(또는 적법성) légalité

헌법적 정의가 법률을 제정하기 위해 따라야할 절차를 명시한 범위 내에서, 한 법률이 헌법적 정의의 요구에 적합한 정도.

활동 영역 ordre

어떤 목적과 그것을 실현하기 위해 계발된 방법들의 체제를 따라 한정된 인간의 활동영역. 정치, 경제, 종교, 윤리 등은 분명한 영역들이다.

참고문헌

고전적 저작

ARISTOTE, *La Politique*, trad. J. Tricot, Paris, Vrin, 1962; *Éthique à Nicomaque*, trad. J. Tricot, *ibid.*, 1972; *Rhétorique*, trad. M. Dufour, Paris, Les Belles Lettres, 1960.

AUGUSTIN, *La Cité de Dieu*, s.l., Desclée de Brouwer, 1959-1960.

CICÉRON, *De la République et Des lois*, trad. Ch. Appuhn, Paris, Garnier, 1954.

CLAUSEWITZ, *De la guerre*, trad. Naville, Paris, Éd. de Minuit, 1957.

HEGEL, *Principes de la philosophie du droit*, trad. R. Derathé, Paris, Vrin, 1975.

HOBBES, *Léviathan*, trad. Fr. Tricaud, Paris, Sirey, 1971.

HUME, *Essais politiques*, Paris, Vrin, 1972.

IBN KHALDUN, *Discours sur l'Histoire universelle*, trad. V. Monteil, Beyrouth, 1967.

KANT, *Métaphysique des mœurs*, Première partie: Doctrine du droit, Paris, Vrin, 1971.

KAUTILYA, *L'Arthasastra*, extraits choisis et publiés par M. Dambuyant, Paris, Marcel Rivière, 1971.

LOCKE, *Deuxième Traité du gouvernement civil*, trad. B. Gilson, Paris, Vrin, 1967.

MACHIAVEL, *Le Prince*, in *Œuvres complètes*, Pléiade, Paris, 1958.

MARX, *L'idéologie allemande*, in *Œuvres*, t. III, Pléiade, Paris, 1982; *Critique de l'État hégélien*, trad. K. Papaioannou, 10/18, Paris, 1976.

MONTESQUIEU, *De l'Esprit des lois*, Pléiade, Paris, 1951.

PLATON, *Le Politique*, trad. A. Diès, Paris, Les Belles Lettres, 1950; *La République*, trad. E. Chambry, *ibid.*, 1947-1948; *Les Lois*, trad. E. des Places et A. Diès, *ibid.*, 1951-1956.

ROUSSEAU, *Du contrat social*, Pléiade, Paris, 1964.

SPINOZA, *Traité des autorités théologiques et politiques et Traité de l'autorité politique*, Pléiade, Paris, 1954.

THOMAS D'AQUIN, *Selected Political Writings*, ed. by A. P. d'Entreves, Oxford, Basil Blackwell, 1959.

현대의 저작

H. ARENDT, *La Condition de l'homme moderne*, trad. fr., Paris, Calmann-Lévy, 1961.

R. ARON, *Études politiques*, Paris, Gallimard, 1972.

J. BAECHLER, *Le Pouvoir pur*, Paris, Calmann-Lévy, 1978; *Démocraties*, Paris, Calmann-Lévy, 1985; *Contrepoints et Commentaires*, Paris, Calmann-Lévy, à paraître en 1995.

M. BLOCH, *La Société féodale*, Paris, Albin Michel, 1939-1940.

J.-M. BUCHANAN et G. TULLOCK, *The Calculus of Consent*, Ann Arbor, University of Michigan Press, 1977.

G. BURDEAU, *L'État*, Paris, Seuil, 1970.

V. EHRENBERG, *L'État grec*, trad. fr., Paris, Maspéro, 1976.

A. P. D'ENTREVES, *La Notion de l'État*, trad. fr., Paris, Sirey, 1969.

E. E. EVANS-PRITCHARD et M. FORTES (eds), *African Political Systems*, Oxford University Press, 1940.

J. FREUND, *L'Essence du politique*, Paris, Sirey, 1965.

G. GLOTZ, *La Cité grecque*, Paris, Albin Michel, 1928.

F. A. HAYEK, *Droit, législation et liberté*, trad. fr., Paris, PUF, 1980-1983.

B. DE JOUVENEL, *De la politique pure*, Paris, Calmann-Lévy, 1964.

B. LEE et J. DE VORE (eds), *Man the Hunter*, Chicago, Aldine, 1968.

L. MAIR, *Primitive Government*, Londres, Pelican Books, 1962.

J. MIDDLETON et D. TAIT (eds), *Tribes without Rulers*, Londres, Routledge and Kegan Paul, 1958.

G. MOSCA, *Elementi di scienza Politica*, 5e éd., Bari, Laterza, 1953.

R. NOZICK, *Anarchy, State, and Utopia*, New York, Basic Books, 1974.

J. RAWLS, *A Theory of Justice*, Cambridge, Harvard University Press, 1971.

I. SCHAPERA, *Government and Politics in Tribal Societies*, Londres, Watts, 1956.

C. SCHMITT, *La Notion de politique*, trad. fr., Paris, Calmann-Lévy, 1972; *Der Nomos der Erde*, Köln, Greven Verlag, 1950.

M. WEBER, *Wirtschaft und Gesellschaft*, Köln-Berlin, Kiepenheuer u. Witsch, 1964 (trad. fr. partielle, *Économie et Société*, t. I, Paris, Pion, 1971).

E. WEILL, *Philosophie politique*, Paris, Vrin, 1956.

왜 민주주의인가?

민주시민교육의 첫걸음

초판 1쇄 발행 | 2019년 4월 24일

지 은 이 | 쟝 베슐레르(Jean Baechler)
옮 긴 이 | 최종철
편　　 집 | 배원일
발 행 인 | 김태진
발 행 처 | 진인진
등　　 록 | 제25100-2005-000003호
주　　 소 | 경기도 과천시 별양상가 1로 18 614호(별양동 과천오피스텔)
전　　 화 | 02-507-3077-8
팩　　 스 | 02-507-3079
홈페이지 | http://www.zininzin.co.kr
이 메 일 | pub@zininzin.co.kr

ⓒ 진인진 2019
ISBN 978-89-6347-409-0 93300

* 책값은 표지 뒤에 있습니다.